BASCHA MIKA

Die Feigheit der Frauen

GOLDMANN
Lesen erleben

Buch

Was ist nur los mit uns Frauen? Wir wollen frei und gleich sein, doch wo sind wir angekommen nach einem halben Jahrhundert Emanzipationsdebatte? Alle Sündenböcke sind ausgemacht, alle Entschuldigungen aufgebraucht, alle Spiele gespielt. Jetzt wird es ernst. Jetzt sind wir dran. Reden wir also mal nicht über die Strukturen. Reden wir über uns selbst.

Ohne Rücksicht auf political correctness fragt Bascha Mika, warum kluge, gut ausgebildete Frauen viele Chancen auf ein selbstbestimmtes Leben verspielen, warum sie sich von Liebe überlisten, vom Hormonkomplott matt setzen oder in die Komfortzone locken lassen. Sie zeigt, wie Frauen sich selbst im Wege stehen, in Rollenfallen stolpern und zu Komplizinnen ihrer eigenen Selbstentwertung werden.

Bascha Mika ermutigt zu selbstbewussten Entscheidungen, Lust an Veränderung und Liebe auf Augenhöhe. „Wir Frauen brauchen ein Pfund Mut statt einer Tonne Ausreden. Ohne Wagnis wird das nichts mit der Selbstbestimmung.

Wir kennen es doch, dieses Kribbeln, wenn sich etwas bewegt. Die Unruhe, die uns erfasst, wenn wir aufbrechen. Vielleicht sind wir ängstlich, aber doch voller Erwartungen. Freiheit kann frostig sein, aber auch herrlich beglückend. Der Schock der frischen kalten Außenwelt ist bestürzend – und wunderbar."

Autorin

Bascha Mika lebt als Publizistin und Autorin in Berlin. Geboren in Polen, kam sie als Kind in die Bundesrepublik. Nach einer Banklehre studierte sie Germanistik, Philosophie und Ethnologie. Daneben begann sie journalistisch zu arbeiten. Sie war Redakteurin, Reporterin und elf Jahre Chefredakteurin der tageszeitung (taz). Als Honorarprofessorin an der Universität der Künste Berlin bildet sie journalistischen Nachwuchs aus.

Bascha Mika

Die Feigheit der Frauen

Rollenfallen und Geiselmentalität.

Eine Streitschrift
wider den Selbstbetrug

Mit einem Vorwort
zur Taschenbuchausgabe

GOLDMANN

Verlagsgruppe Random House FSC-DEU-0100
Das FSC®-zertifizierte Papier *München Super* für dieses Buch
liefert Arctic Paper Mochenwangen GmbH.

1. Auflage
Taschenbuchausgabe Mai 2012
Wilhelm Goldmann Verlag, München,
in der Verlagsgruppe Random House GmbH
Copyright © 2010 der Originalausgabe
by C. Bertelsmann Verlag, München,
in der Verlagsgruppe Random House GmbH
Umschlaggestaltung: UNO Werbeagentur, München
in Anlehnung an die Gestaltung der Hardcover-Ausgabe
(R.M.E. Roland Eschelbeck und Rosemarie Kreuzer)
KF · Herstellung: Str.
Druck und Einband: GGP Media GmbH, Pößneck
Printed in Germany
ISBN: 978-3-442-15720-4

www.goldmann-verlag.de

Inhalt

Vorwort zur Taschenbuchausgabe

Wer sich nicht streiten will, soll keine Streitschrift schreiben. Für mich ist das vorliegende Buch ein Angebot: zur Auseinandersetzung, zur Diskussion, zum Gespräch. Die »Feigheit der Frauen« will eine Debatte auslösen: Über das Selbstverständnis von Frauen in diesem Land, über unsere Lebensentwürfe, unser Verlangen nach Selbstbestimmung und unser Handeln im Alltag.

Kaum war die Streitschrift erschienen, wurde ich von der öffentlichen Resonanz regelrecht überwältigt. Vor allem aus Teilen der Medien prasselten Kritik und Vorwürfe vehement auf mich ein. Umso erstaunter war ich, wie wenig die Leserinnen diesem Urteil folgen mochten, wie viele positive Reaktionen mich von dieser Seite erreichten.

»Haben Sie das Buch über mich geschrieben, über mein Leben?« Immer wieder haben Frauen mir diese Frage gestellt. In Briefen und Mails, bei Lesungen und Diskussionen. Sie berichteten, wie häufig sie sich in den Porträts und Fallbeispielen wiedergefunden haben und wie stark stellenweise ihre Betroffenheit war. Viele nahmen »Die Feigheit der Frauen« zum Anlass, mir ihre Lebensgeschichte zu erzählen, persönlich oder auch schriftlich. Es sind Zeugnisse von weiblichem Leben, die einer eigenen Betrachtung und Würdigung wert wären. Biographische Landkarten zur weiblichen Realität.

Besonders angerührt hat mich, dass das vorliegende Buch offenbar dazu beitragen konnte, Dinge klarer zu sehen und eigenes Verhalten zu hinterfragen. »Ich bin gerade fertig mit meinem Studium und wollte mit meinem Freund in eine andere Stadt ziehen. Er hat dort bessere Berufschancen, ich habe dort gar nichts. Nun werde ich nochmal gründlich nachdenken.« – »Ich habe ihr Buch gelesen, einen Familienrat einberufen und die Hausarbeit neu verteilt.« – »Ich wollte nie darauf bestehen, dass mein Mann in Elternzeit geht. Er hat ja immer gesagt, dass ihm das beruflich schadet. Jetzt verlange ich, dass auch er Verantwortung für unser Kind übernimmt.«

Doch auch bei den Leserinnen zeigte sich nicht nur Zustimmung zu meinen Thesen. Manche sagten mir deutlich, wie wütend und gekränkt sie bei der Lektüre des Buches waren und kritisierten meine sprachlichen Zuspitzungen. »Warum sprechen Sie von feigen Frauen? Wäre Verzagtheit und Mutlosigkeit nicht angemessener?« Zweifellos, dies gestehe ich meinen Kritikerinnen gerne zu, klingen diese Begriffe sehr viel freundlicher. Aber würden sie uns den Erkenntnisprozess erleichtern?

Den polarisierenden Ton gab bei Erscheinen des Buches die überregionale Presse vor. »Feigheit der Frauen« schied die Geister, vor allem die der Journalistinnen. Entweder waren sie begeistert oder vergrätzt – und dann stand die Schärfe, mit der sie ihre Kritik vortrugen, meiner Provokation in nichts nach.

Besonders die Frage der Mutterschaft war für die eine oder andere Kollegin offenbar ein wunder Punkt. Jeder Profi weiß, dass Journalisten hauptsächlich über Dinge berichten, die sie nicht selbst erlebt und erfahren haben. Gerade auch, wenn es um existentielle Fragen geht wie Krieg und Morden, Vergewaltigung und Tod. Journalisten recherchieren, das ist ihr Job. Deshalb war es für mich ziemlich irritierend, als ausgerechnet Kolleginnen mir vorwarfen, dass ich über Mutterschaft schreibe, ohne selbst Mutter zu sein. Mutterschaft ist zweifellos eine einschneidende Lebenserfahrung. Aber sollte es wirklich das einzige Thema sein, mit dem sich nur betroffene Autorinnen auseinandersetzen dürfen?

Auch dass mich in der »Feigheit der Frauen« der sogenannte subjektive Faktor beschäftigt, hat mir einige Rügen eingetragen. Von journalistischer, politischer oder auch wissenschaftlicher Seite. Meine Streitschrift behandelt das Alltagsleben von Frauen, ihre Entscheidungen im Privaten und ihren allzu häufigen Verzicht auf Selbstbestimmung gerade in diesem Bereich, der ihnen weitgehende Entscheidungsfreiheit lässt. Doch wer sich als Autorin nicht in die Reihe stellt und ausschließlich die politischen Strukturen beklagt, unter denen Frauen hierzulande leiden, begeht angeblich Verrat an der weiblichen Sache. Wer neben den desaströsen gesellschaftlichen Verhältnissen die weibliche Verantwortung ins Spiel bringt, »arbeitet der Gegenseite zu und ist nicht hilfreich«, wie es eine allseits bekannte, feministisch orientierte Politikerin bei einem Gespräch über mein Buch ausdrückte.

Es sind auch diese Beharrungskräfte, die zur katastrophalen Situation von Frauen beitragen, es ist die Orientierung am bereits Bekannten und die Weigerung, die weibliche Realität nicht nur im Politischen, sondern auch im Privaten in den Blick zu nehmen. Denn was die Strukturen angeht, haben wir kein Erkenntnis- sondern ein Umsetzungsproblem. Mit dem Wissen über die Macht der Strukturen können wir ganze Bibliotheken füllen. Doch über unsere weibliche Komplizenschaft mit den Verhältnissen – darüber schweigen wir uns öffentlich hartnäckig aus. Da haben wir nicht nur ein Umsetzungsproblem, da hapert es bereits an der Erkenntnis! Diese Erfahrung führte mich zu der »Feigheit der Frauen«.

Sehr spannend war für mich, dass sich die anfänglich polarisierte Haltung der Presse weder in den übrigen Medien, noch in den Veranstaltungen zum Thema wiederfand. Im Gegenteil: Bei unzähligen Lesungen und Diskussionen, die unter anderen von politischen Parteien und Stiftungen, Hochschulen, Verbänden, Vereinen und Gleichstellungsstellen im ganzen Land zur »Feigheit der Frauen« organisiert wurden, gingen die Teilnehmerinnen sehr souverän mit den Thesen um. Selbstverständlich stimmten viele nicht völlig mit mir überein, selbstverständlich kamen viele Kritikpunkte zur Sprache – doch entscheidend war stets ein anderer Punkt: Frauen wollen die Debatte führen, sie wollen sich miteinander verständigen und Veränderungen vorantreiben. Das Bedürfnis danach und der Druck, unter dem Frauen hierzulande stehen, ist unendlich groß. Das habe ich überall gespürt.

Dem Leben von Frauen öffentlich Aufmerksamkeit zu verschaffen und ihre Anliegen kontrovers zu diskutieren, ist mit dem vorliegenden Buch zu meiner Freude gelungen. Ich wollte eine Debatte, ich habe sie bekommen und wäre stolz und glücklich, wenn diese Auseinandersetzung uns ein Stück weiterbringt.

Vorwort

Was ist bloß los mit uns?

Immer wieder bin ich in den vergangenen Jahren Frauen begegnet, die mich irritiert haben. Klug und gut ausgebildet waren sie, traten selbstbewusst und eigenständig auf, schienen so gar nicht anfällig für die Verführungskraft alter Rollen. Und plötzlich scherten sie aus – verabschiedeten sich von ihren früheren Wünschen und Ambitionen und wählten ein klassisch weibliches Lebensprogramm.

Je öfter mir dieses Modell begegnete, desto größer mein Unbehagen. Überall sah ich Frauen, die in meinen Augen weit unter ihren Möglichkeiten blieben, die ihre Kraft und ihre Fähigkeiten vergeudeten. Meine Fassungslosigkeit wuchs und auch mein Zorn. Warum kämpfen wir nicht für ein selbstbestimmtes Leben? Wieso versagen wir Frauen immer wieder an Punkten, wo es um uns selbst geht? Wollen wir nicht frei und gleich sein? Sind wir stattdessen bequem und feige?

Jede von uns kennt das Bedürfnis, sich den alten Mustern zu ergeben. Jede kennt den inneren Einflüsterer, der mit Ängsten droht und uns weiß Gott was verspricht. Aber wir wissen doch, dass wir mit dem Weiblichkeitsschema nicht glücklich werden, wenn unser Lebensentwurf mal ganz anders aussah. Warum wählen wir trotzdem die traditionelle Rolle – massenhaft? Darüber müssen wir reden!

In zahlreichen Gesprächen bin ich meiner Irritation und meinen Fragen nachgegangen. Mit jungen und älteren Frauen, mit Erwerbstätigen und Hausfrauen, mit Müttern und Nichtmüttern. Mit ExpertInnen, BeraterInnen, WissenschaftlerInnen.

Ich habe mir viele, sehr viele Geschichten erzählen lassen. Habe weiblichen Erfahrungen nachgespürt und unterschiedlichen Frauenleben. Manchmal war ich erstaunt, wie die Berichte nur so hervorsprudelten, sobald ich mein Thema anschnitt.

Alle Fallbeispiele, die ich anführe, sind authentisch, alle darin geschilderten Personen real. Allerdings habe ich Namen und Orte verfremdet, um die Persönlichkeit meiner GesprächspartnerInnen zu schützen.

Nur zum Teil konnten meine Recherchen unmittelbar in den Text einfließen, doch im Hintergrund ist die Fülle des gesammelten Materials mit verarbeitet. Denn darum geht es im vorliegenden Buch: um das gelebte Leben von Frauen. Um ihre Wünsche, Träume und ihre Entscheidungen in der Wirklichkeit. Um die Motive, die sie treiben, und die Erwartungen, denen sie folgen.

Dabei will ich überindividuelle Muster aufzeigen und herausarbeiten. Aus diesem Grund spreche ich in der Regel verallgemeinernd von Frauen, von uns Frauen. Selbstverständlich gibt es eine Vielzahl sozialer und biographischer Unterschiede, abhängig von Schichten und Milieus, Bildung und Einkommen, Ost und West …

Aber es gibt eben auch die roten Linien, die sich gleichermaßen durch die unterschiedlichsten Frauenleben ziehen. Um diese Linien deutlich zu machen, habe ich mich in den Interpretationen auf signifikante weibliche Verhaltensweisen konzentriert.

Die Kapitel des Buches folgen den möglichen Sollbruchstellen im weiblichen Leben – doch nicht biographisch-chronologisch. So können die Kapitel in der vorgestellten Reihenfolge gelesen werden, oder auch einzeln für sich.

Mit der »Feigheit der Frauen« werde ich mir nicht nur Freundinnen machen, das weiß ich. Ich höre schon den Vorwurf, warum sich denn ausgerechnet eine Autorin kritisch mit weiblichem Verhalten auseinandersetzt, als gäbe es nicht schon genug männliche Gegenspieler. Die Antwort ist schlicht: Weil es sein muss. Weil wir bereits zu lange gewartet haben, auch aus Angst, Beifall von der falschen Seite zu bekommen.

Es wird Zeit, dass wir beginnen, die Debatte zu führen. Damit wir nicht nur behaupten, frei und gleich zu sein, sondern auch so handeln. Und damit sich die gesellschaftlichen Verhältnisse grundlegend ändern. Unser Mut ist gefragt.

Der Sog – zu Beginn

Sie heißt Eva. Eva hat einen Mann, zwei Kinder, einen mittelgroßen Hund und einen mittelkleinen Garten am Reihenendhaus.

Ab halb sieben läuft ihr Programm: Eine schnelle Tasse Kaffee mit ihrem Rainer, Frühstück für Kinder und Hund, Charlotte und Max in die Schule gebracht, eingekauft, aufgeräumt, Essen vorbereitet, danach ist schon wieder Zeit, die Kinder zu holen. Der Einkauf, der Garten, ihre Pilates-Gruppe, der Lauf-Treff. Zweimal in der Woche geht Max zum Fußball, Charlotte zum Judo, beide haben Klavierstunden. Hinfahren, abholen, zu Freunden bringen. Die Hausaufgaben, Elternsprechtage, Kindergeburtstage.

So sieht es aus bei Eva. Sie ist zufrieden – sagt sie. Da sind ihr Mann, die Kinder, das Haus… Eva ist achtunddreißig, Max und Charlotte sind fünf und sieben Jahre alt. Rainer ist gerade Oberarzt geworden, er verdient genug für sie alle. Doch wenn Eva nachts aufwacht, kommt die Angst: Was, wenn sie Rainer verliert? Was, wenn die Kinder weg sind? Was, wenn…

Alle ihre Freundinnen leben so oder so ähnlich. Alle benehmen sich, als hätten sie es gut getroffen. Soll Eva damit rausrücken, dass sie sich ihr Leben eigentlich mal anders vorgestellt hat?

Sie war immer ehrgeizig. Eine gute Schülerin, eine prima

Abiturientin, ihre Ausbildung zur Bankkauffrau hat sie hervorragend abgeschlossen. Sie wollte finanziell auf niemanden angewiesen sein. Was es heißt, ohne eigenes Geld dazustehen, hatte sie bei ihrer Mutter erlebt. Das sollte ihr nicht passieren. In ihrer Familie würde es partnerschaftlich zugehen, alles sollte geteilt werden, auch die Haus- und die Kinderarbeit. In der Liebesbeziehung auf Augenhöhe zu leben, ist doch kein Problem, dachte sie, man muss es nur wollen. – Das war der Plan.

Als sie in der Bank mit Ende zwanzig ihre erste Abteilung übernahm, war Eva wahnsinnig stolz – und lernte Rainer kennen. Ein interessanter Typ, der wusste, was er wollte. Ihr schwante zwar bald, dass ihr Held sehr konventionell gestrickt war, was Frauen anging, aber das würde sie schon ändern, dachte Eva. Sie war sehr verliebt.

Kurz darauf bewarb sich Rainer für seine Ausbildung zum Facharzt auf eine Stelle in Nordrhein-Westfalen. Er zog weg von Bremen. Eine Zeit lang pendelten sie, doch Eva fürchtete, das würde die Beziehung sprengen. Gleichzeitig wurde ihr der Arbeits- und Leistungsdruck in der neuen Abteilung zunehmend unangenehm, und die Stimmung war auch nicht sonderlich kollegial. Eva zog Rainer hinterher. Einen Job in der neuen Stadt hatte sie nicht. Den würde sie schon noch finden, glaubte sie. Stattdessen wurde sie schwanger.

Wie wird das mit dem Kind, wer kümmert sich? Rainer freute sich, Vater zu werden, wollte aber auf keinen Fall beruflich aussetzen; das könnte er sich nicht leisten, meinte er. Obwohl Eva ihre Arbeit vermisste, verstand sie ihren Liebsten irgendwie, und vor allem wollte sie nicht mit ihm streiten. Ein Jahr plante sie auszusetzen, um dann neu zu starten.

Sie konzentrierte sich auf Kind und Mann. Als Charlotte zwei Jahre alt war, überlegte sie, beruflich wieder einzusteigen. Ihre Mutter war entsetzt: Wie sie sich das vorstellte? Das Kind alleine lassen? Rainer arbeitete pausenlos. Sollte sie jetzt von ihm verlangen, zurückzustecken und sich mehr um die Kleine zu kümmern? Wo er doch ganz selbstverständlich erwartete, dass sie ihm den Rücken freihielt. Eva wurde wieder schwanger. Und dann kauften sie das Haus.

Ihr Sohn Max war aus dem Gröbsten raus. Eine Stelle suchen, wieder reinkommen? Nach fünf Jahren zu Hause wusste Eva nicht mehr so recht, wie sich das Arbeitsleben anfühlte. Außerdem wartete auf Rainer ein Posten als Oberarzt. Wie sollte das alles gehen?

Irgendwie war sie nicht glücklich. Etwas war anders geworden, das spürte sie. Wo war ihr Selbstbewusstsein? War es der Blick von ihrem Garten auf die Welt, der so manche Perspektive vermissen ließ? Sie rieb sich auf zwischen Mann und Kindern, ohne dass für sie etwas übrigblieb. Was war denn ihr eigenes Leben? Hatte sie Ziele? Aber dann beruhigte sie sich wieder: Da war ja ihre Familie, und was sollte sie mit einem Job, der sie nur unter Druck setzte.

So sieht es aus bei Eva. Sie ist Ende dreißig und wird sich irgendwann eine kleine Stelle suchen. Ansonsten kann sie sich ja beschäftigen – mit den Kindern, mit dem Haus, dem selten anwesenden Mann. Sie sei zufrieden, sagt sie. Es wäre ja auch nicht anders gegangen, sagt sie. Sie habe doch ein erfülltes Frauenleben, sagt sie. Es hat sich eben einfach alles so ergeben.

Die Verlockung

Was ist los mit Eva? Und Millionen anderen Frauen, die es ähnlich treiben wie sie? Sie sind klug, gut ausgebildet und halten sich für modern. Irgendwann einmal träumten sie von einem selbstbestimmten Leben. Einem Leben, das nicht begrenzt ist durch typisch weibliche Rollen. Sie wollten für sich selbst verantwortlich sein, ihre Chancen nutzen. Haben sie ihre

Wünsche in eine Flasche gestopft, zugekorkt und auf die Reise über die Meere geschickt? Damit sie von ihnen nicht mehr belästigt werden?

Was ist passiert mit Eva und Millionen anderen Frauen? Sie hocken in der Falle und betreiben ihre eigene Vermausung. Dabei haben sie früher selbstverständlich die gleichen Rechte für sich beansprucht wie Männer – das Beste aus beiden Welten: Liebe und Geborgenheit im privaten Leben, im öffentlichen Raum Bestätigung und Anerkennung. Eine Familie gründen und sich im Beruf beweisen. Eigenständig sein. Und jetzt behaupten sie, Erfüllung geht anders, und lassen ihr Leben zerkrümeln zwischen der Zuneigung zu ihrem Mann und den Bedürfnissen ihrer Kinder.

Ihre Bildung dient ihnen gerade mal zur gepflegten Unterhaltung mit Gästen, und ihr trainiertes Gehirn darf das kleine Einmaleins bei den Schulaufgaben rechnen. Währenddessen versickert ihre Selbstbestimmung zwischen Ehepflichten und Sandkasten.

Als Eva in ihr Erwachsenenleben startete, war die Geschlechterfrage für sie kein Thema. Plumpe Rollenspiele hatten in ihrem Zukunftsentwurf keinen Platz, weibliche Selbstbeschränkung ebenso wenig. Der Mann als Brötchengeber und die Frau verwiesen auf den Unterstützungsbereich? Das fand sie ja schon bei der eigenen Mutter unerträglich.

Ihr Zukünftiger sollte ein wirklicher Partner sein. Mit ihm wollte sie alles teilen – die Berufs-, aber auch die Haus- und die Kinderarbeit. Eine gleichberechtigte Beziehung zu führen, war für sie keine Frage, sondern selbstverständlich. Ihr Wohl und Wehe auf die männliche Karte setzen? Viel zu trügerisch. Die Aussicht, auf den familiären Handlungsraum beschränkt zu sein? Richtig beklemmend.

Und doch ist sie genau dort gelandet.

Eva ist bequem geworden. Und feige. So wie Millionen andere Frauen, die es ähnlich halten wie sie. Da war ihr Anspruch auf Eigenständigkeit, da war aber auch die Verlockung der altbekannten Frauenrolle. Der sind sie erlegen: Haben sich einen Mann gesucht, der ihre Idee einer Partnerschaft unter Gleichen boykottiert. Sind geflüchtet vor den Ansprüchen einer unfreundlichen Berufswelt. Haben das Kind genutzt, um in die heimische Überschaubarkeit zu desertieren – und dort zu bleiben.

Eva hat sich selbst entmachtet und sich für die Unmündigkeit entschieden. Sich unterworfen, statt sich zu behaupten. Hat sich verführen lassen von einem Lebensentwurf, der nicht ihr eigener war, und sich herüberziehen lassen in eine Rolle, die sie früher verachtete.

Frauen wie Eva leben in der Deckung. Hübsch versteckt hinter den Mauern, die sie selbst hochgezogen haben. Mit einem Mann, der den Lebensrahmen bestimmt und ihr finanzielles Auskommen sichert. Mit den aufreibenden Anforderungen eines Familienlebens, das sie nicht nachdenken lässt und so eingerichtet ist, dass es ohne sie nicht läuft.

Immer wieder gab es Punkte in ihrer Biographie, an denen Eva sich so oder so hätte entscheiden können: für oder gegen eine schablonenhafte weibliche Existenz. Eva hatte die Wahl. Doch das sieht sie nicht. Sie kann jede Menge Gründe anführen, warum es für sie so kommen musste und nicht anders ging. In ihren Augen hat sie individuelle Entscheidungen getroffen und keinem Anpassungsdruck nachgegeben. Sie lügt sich in die Tasche, aber das leugnet sie. Schließlich trägt sie noch immer den Anspruch auf einen freien Lebensentwurf vor sich her, der von keinem Rollenbild beherrscht ist.

Zuzugeben, dass sie in die Falle gegangen ist, dass sie ein Leben aus zweiter Hand führt und sich selbst betrügt, wäre allzu schmerzhaft.

Irgendwann ist Eva in den Rollen-Kokon gekrochen, den die Gesellschaft und ihr Umfeld für sie bereitgehalten haben. Dort hat sie sich eingerichtet und kommt nicht mehr heraus. Es sei denn, sie würde richtig was riskieren.

Der Anspruch

Wir reden von Eva – doch gemeint sind wir alle. Wir Frauen. Denn wir alle sind an diesem Spiel beteiligt, auf die eine oder andere Art. Als Töchter, Mütter und Schwestern, als Freundinnen, Kolleginnen und Erzieherinnen. Das Leben von Eva ist ein Massenphänomen, Millionen von Frauen haben diese Existenz gewählt, und Millionen unterstützen sich gegenseitig darin.

Selbstverständlich gibt es Frauen, die nie den Anspruch auf Eigenständigkeit hatten, sondern sich auf ein behütetes Leben mit dem männlichen Versorger freuten. Aber um die geht es hier nicht. Die wollten, was sie bekommen haben; ihre Chance, glücklich zu werden, ist dadurch vielleicht gar nicht so schlecht.

Nein, wir reden von den anderen. Von denen, die auf ihrer Wunschliste einmal Selbstbestimmung und Unabhängigkeit hatten. Die auf eigenen Beinen stehen wollten und deren Zukunftsbillett auf ein selbst verantwortetes Leben ausgestellt war. Die stets daran glaubten, dass Männer und Frauen gleich sind – im Guten wie im Schlechten.

Immer mehr Frauen denken so, unter den gut Ausgebildeten sind sie längst in der Überzahl. Bei jungen Frauen zwischen zwanzig und dreißig Jahren will die überwältigende Mehrheit ein möglichst selbstbestimmtes Leben führen.[1] In ihrer Vorstellungswelt prangt auf der typischen Frauenkiste ein großes Totenkopfsymbol; in dieser Kiste wollen sie, weiß Gott, nicht landen. Sie haben Besseres vor, als irgendwelchen Rollenklischees zu genügen.

Soweit der Selbstentwurf. Doch dann stolpern diese Frauen trotzdem massenhaft in die Abhängigkeit und übernehmen traditionelle Rollen. Sie latschen auf ausgetretenen weiblichen Wegen daher und behaupten dennoch, eigene Spuren zu hinterlassen. Sie begnügen sich mit den Kitschversprechen einer marzipansüßen Liebe und pfeifen auf egalitäre Ansprüche. Sie suchen ihr Heil beim Manne und machen seinen Lebensplan zu ihrem. Sie fürchten sich vor der Welt draußen und schaffen sich ihren Schutzraum drinnen. Sie wählen die eigene Ohnmacht. Freiwillig.

Der Misthaufen

Frauen und Männer sind hierzulande gleichberechtigt, heißt es. Doch das ist nur Theorie, nicht die Praxis. Im wirklichen Leben haben die meisten modernen Paare die Aufgaben untereinander geteilt wie die Eltern und Großeltern – hübsch entlang der Geschlechtergrenzen. Selbst die jetzt Zwanzig- und Dreißigjährigen.

Auch wenn Väter einen hooper-trooper-Kinderwagen schieben und Mütter am Sandkasten mit einem Smartphone spielen, hat sich nicht wirklich etwas verändert. Es scheint nur so. Das Grundmuster ist erschreckend gleich geblieben: Der Mann als Versorger draußen in der Welt, die Frau daheim bei Haus und Kindern, vielleicht mit einem Halbtagsjob. Er zahlt bar, sie mit Lebenszeit und Eigenständigkeit. Ein schleichender Prozess der weiblichen Selbstabwertung.

Doch der Unterschied zu früheren Generationen ist eklatant: Heute haben Frauen die Wahl. Ihr Los ist selbst gezimmert. Eigener Beruf, eigenes Konto, eigenes Geld – es ist erst ein paar Jahrzehnte her, dass Frauen zu all dem die Zustimmung ihres Mannes brauchten. Inzwischen kann sie niemand zu einem Leben zwingen, das sie nicht wollen. Sie selbst treibt es in die Falle. Sie schlüpfen in ein Rollenkorsett, das den Bewegungsspielraum auf weibliches Maß reduziert, und behaupten dabei das Gegenteil. Das ist Selbstbetrug!

Denn die Spielräume sind doch da. Frauen sind fähig und in der Lage, Rollenmuster zu durchschauen und weibliche Klischees zu durchbrechen. Das betonen sie ja auch immer wieder, wenn sie danach gefragt werden. Warum landen sie trotzdem scharenweise in der Weiblichkeitsfalle?

Ohne Zweifel – die gesellschaftlichen Verhältnisse machen es Frauen nicht leicht. Wenn man sich diese Republik ansieht, ist die Lage desaströs, der grundsätzliche Befund niederschmetternd. Vielleicht hat sich das Bewusstsein gewandelt, aber kaum die Realität. In allen Fragen der Macht sieht es übel aus für den weiblichen Teil der Gesellschaft. Denn: Wer dominiert in der Wirtschaft? Wer in der Politik? Und wer dominiert die privaten Beziehungen?

Die Antwort ist klar. Wenn Macht bedeutet, den eigenen Willen durchsetzen zu können, lässt sich nur feststellen: Wir leben in einer männlich dominierten Gesellschaft – wenn auch nicht mehr im Patriarchat. Deutschland ist in Sachen Emanzipation finsteres Entwicklungsgebiet. Beim Spiel um die Macht sitzen Frauen nicht mit am Tisch. Männer haben die Vorherrschaft, das Geld und die Aufmerksamkeit. Die Welt ist ein Misthaufen, sie hocken oben drauf und krähen.

Männer haben uns Frauen ausgetrickst und abgewatscht, mit falschen Versprechen gelockt und mit Kind und Küche allein gelassen. Sie kassieren die höheren Löhne, bestimmen die politische Agenda, haben jede Menge gläserne Decken eingezogen und lassen uns gekonnt auf dem Spielplatz stehen. Wir haben in diesem Land wenig zu melden. Das lassen wir nicht nur zu, sondern geben uns kleinlaut zufrieden. Immer noch.

Da haben wir eine Frau als Kanzlerin und eine Präsidentengattin mit Tattoos. Ändert das irgendetwas? Dass es eine Handvoll Frauen in Spitzenpositionen gibt, sei es in Politik, Wirtschaft oder Kultur, hat uns das irgendwie weitergebracht? Insgesamt stehen wir doch immer noch in der zweiten und dritten Reihe. Unser politischer Einfluss ist lächerlich, unser ökonomisches Drohpotential der reine Witz und unsere gesellschaftliche Durchsetzungskraft geringer als die jeder Bürgerinitiative gegen einen Bahnhofsumbau.

So weit, so unappetitlich. Doch das ist nur die halbe Wahrheit. Denn nach vierzig Jahren Geschlechtertheater müssen wir feststellen: Wir selber haben's vermasselt. Wir Frauen. Wir reden und schreiben und regen uns auf und verfluchen unsere Ohnmacht gegenüber den gesellschaftlichen Strukturen – aber wie handeln wir denn Tag für Tag?

Wir lassen dieses System nicht nur zu. Wir machen mit. Wir selbst halten es am Leben. Warum sonst wohl sind unsere bisherigen Veränderungsstrategien meist wirkungslos? Weil wir keine Gegnerinnen des Systems sind, sondern Komplizinnen!

In der Geschlechterfrage gibt es keine saubere Trennung mehr zwischen Opfern und Tätern. Wir bestätigen durch unser Handeln die Ordnung von übergeordneter Männlichkeit und untergeordneter Weiblichkeit – und stellen so die Machtstrukturen immer wieder neu her. Die Opfer-Täter-Grenzen sind verwischt, die Mechanismen kompliziert und schwer durchschaubar. Wir sind Opfer und Täterinnen zugleich. Genau wie Männer Täter und Opfer sind. Doch im Gegensatz zu ihnen übernehmen wir ein Geschlechterregime, das uns abwertet.

Seit Jahrzehnten starren Frauen auf dieses Regime und fordern, dass es sich ändert. Die Strukturen sind katastrophal, und Frauen leiden darunter. Aber warum sind sie so zählebig? Warum schaffen Frauen es nicht, sie in die Luft zu jagen?

Weil wir es gar nicht wollen! Weil wir nicht nur leiden, sondern auch genießen. Sich abhängig zu machen, war schon immer ein weibliches Erfolgsrezept. Die alten Strukturen sichern uns einen Platz, den wir kennen. Ihn zu wählen, ist risikolos und bequem. Öffentlich haben wir der Männergesellschaft den Kampf angesagt, heimlich profitieren wir von deren Bestand.

Wir nutzen das System als Ausrede, um nicht auf uns selbst schauen zu müssen. Auf unseren eigenen Anteil an der Geschichte. Und selbst wenn wir bestreiten, dass es heute noch eine grundsätzliche weibliche Benachteiligung gibt – wie viele junge Frauen es bedauerlicherweise tun –, macht es das kein Stück besser. Im Gegenteil. Diese Frauen leben in gefühlter Sicherheit und Gleichberechtigung, und das oft auch nur in einer begrenzten zeitlichen Phase. Je stärker sie die Strukturen leugnen, desto weniger sind sie gewappnet gegen deren paradoxe Mechanismen.[2]

Und die haben uns voll im Griff. Selbst im privaten Bereich, dort, wo wir großen Einfluss haben könnten, verzichten wir darauf, unsere Eigenständigkeit zu behaupten. Wir selbst suchen uns doch den Mann aus, den Beruf, wie wir mit Kindern leben, wie wir die Erwerbs-, die Haus- und Familienarbeit organisieren. Wir selbst treffen all diese Entscheidungen. Doch erst, wenn wir ohne Gehalt, ohne Rente, ohne Zukunft dastehen, ohne die Kinder und vielleicht auch ohne Mann, erst dann geruhen wir zu bemerken, was wir angerichtet haben. Wie wenig wir für uns selbst erreicht haben im Leben.

Wir sind nicht nur Teil der Lösung – wir sind auch Teil des

Problems. Wer sich freiwillig in die Ohnmacht begibt, überlässt eben einem anderen die Macht. Wenn wir wirklich etwas verändern wollen, müssen wir begreifen: Niemand übernimmt für uns die Verantwortung. Es kommt keiner. Kein Vater, keine Mutter, kein Lehrer, kein Freund, kein Mann. Niemand übernimmt für uns die Verantwortung – wenn wir es nicht endlich selber tun.

Der Katzentisch

So viele kluge Frauen beschäftigen sich seit Jahrzehnten mit Strategien, um die männliche Dominanz auszuhebeln. Weibliche Komplizenschaft, weibliche Verstrickung in das System sind dabei kaum Thema. Warum wohl? Weil es einfacher ist, sich als Opfer zu begreifen statt als Mittäterin – ein Opfer darf auf seine Ohnmacht pochen. Und weil zu viele Frauen fürchten, auf diesem Weg könnten Männer aus der Verantwortung entlassen werden.

Diese Furcht ist Unsinn. Sogar kontraproduktiv. Selbstverständlich müssen sich neben den Frauen auch Männer ändern, damit alle ein Leben jenseits von Geschlechtszuschreibungen wählen können.

Doch warum sollten Männer das wollen, wenn es für sie auch anders weitergeht? Der Logik von Machtverhältnissen folgend, werden sie sich nur ändern, wenn sie gezwungen sind. Weil wir ihnen die Gefolgschaft verweigern. Weil wir nicht mehr mitmachen. Weil sie dann ihren Rollenstiefel nicht mehr weiterleben können. Doch dazu braucht es Einsicht von unserer Seite. Und neues Handeln. Sonst werden wir keinen Druck zur Veränderung aufbauen können.

Niemand will dabei das männliche System kopieren. Wozu auch? Es gibt doch genügend weibliche Vorstellungen von der

Welt. Damit diese sich entfalten können, brauchen wir einen ebenbürtigen Platz in der Gesellschaft und nicht eine Ecke am Katzentisch.

Doch die bittere Erkenntnis lautet: Wir geben uns mit dem Katzentisch zufrieden. Wir wollen gar nicht selbstbestimmt sein. Und auch nicht gleichberechtigt Einfluss nehmen. Denn dann müssten wir auf die Privilegien verzichten, die uns die Unterordnung bringt. Wir müssten uns auf unbekanntes, freies Terrain begeben, wo uns die kalten Winde um die Ohren pfeifen. Das ist nicht nur lustig, wie wir ahnen. Da bleiben wir doch lieber in Deckung.

Die Mutprobe

Es gibt Momente, in denen wir uns entscheiden müssen. Was wollen wir, wo soll es hingehen? Ein Fenster in die Zukunft öffnet sich, so als würden wir aus unserem Haus in eine beleuchtete Landschaft schauen. Überall entdecken wir Pfade, Wege, Kreuzungen. Dann geht das Licht aus, und wir erkennen nur noch die schmale Straße, die unmittelbar vor uns liegt. Alles andere ist im Dunkeln versunken.

Wir müssen dieses Fenster nutzen. Das helle Licht, das uns die unterschiedlichen Wege zeigt, den Augenblick, in dem unsere vielfältigen Möglichkeiten aufscheinen. Denn im Dunkeln werden wir nur noch die eine Straße sehen, die vor unserer Nase entlangläuft und sich bequem begehen lässt. Und wenn wir Pech haben, wird sich das Fenster der Möglichkeiten für längere Zeit nicht mehr öffnen.

So oder so ähnlich funktionieren biographische Schnittstellen. Hier werden Weichen gestellt. Hier handeln wir für die Zukunft.

Wir selbst haben es in der Hand, ob diese Schnittstellen zu Sollbruchstellen werden, an denen unser Verlangen nach dem prallen Leben von traditionellen Mustern zerlegt wird. Oder ob wir unerschrocken den eigenen Ideen folgen.

Das ist die Mutprobe. An diesen Stellen müssen wir beweisen, wie ernst wir es meinen mit unserem Anspruch, frei und gleich zu sein. Auf Risiko spielen? Auf Sicherheit setzen? Selbstbestimmung ausprobieren? Unterwerfung üben? Manchmal ist eben auch das Leben wie ein Abenteuerroman, in dem sich die Helden entscheiden müssen: mutig oder kleinmütig? Wir haben die Wahl.

Denn überall dort, wo sich unsere ursprünglichen Lebensentwürfe an neuen Anforderungen brechen, lauern die Rollenfallen. Wenn sie zuschnappen, werden unsere Selbstversprechen geschreddert: Vorstellungen und Überzeugungen landen auf dem Müll, Selbstbilder werden umgekrempelt, Wünsche entsorgt.

Wie bei tiefen Kratern auf der Straße müssten hier riesige Warnschilder stehen. Denn nirgendwo sonst ist das Risiko so groß, dass Frauen in der Grube landen – bei den uralten Weiblichkeitsmustern und konservativen Geschlechterbildern.

Auch junge Frauen sind gefährdet. Denn sie kommen gar nicht auf die Idee, dass sie aufpassen müssen. Sie halten sich für cool genug, den Geschlechterquatsch an sich abperlen zu lassen, und erliegen gerade deshalb der Verführung traditioneller Muster.

Die entscheidende Frage lautet also: Wann müssen wir uns der Mutprobe stellen, um welche Wegmarken geht es?

Weiblichkeit – wie wird sie modelliert? Wo lauern die Fallen des ritualisierten Rollenverhaltens, wenn Mädchen heute aufwachsen? Jeder Junge lernt: Du fällst auf die Schnauze, ja und? Du bist nicht tot, also stehst du wieder auf. Mädchen bleiben liegen. Denn so wird es von ihnen erwartet. Sich klein zu machen und hilflos zu tun, damit jemand kommt und sie aufhebt. Warum gehört der Wille, sich durchzusetzen und Auseinandersetzungen sportlich zu nehmen, noch immer nicht zu den Top Ten im Mädchen-Trainingscamp?

Liebe, Partnerschaft – warum knicken Frauen ein, wenn ein Mann daherkommt? Warum vergessen sie ihren Egalitätsanspruch, nur weil ihr Liebster nichts davon wissen will? Er gibt sich modern, aber leben will er wie der eigene Vater. Zwingt uns jemand, das männliche Streben ernster zu nehmen als unser eigenes?

Arbeitsteilung – wieso übernehmen wir freiwillig den größten Teil an öden Aufgaben im Haus? Eigentlich wollen wir doch alles teilen. Stattdessen mutieren wir zur Allzweck-Kümmerin der Familie, zur Herrscherin über Feudel und Waschmaschine. Müssten wir uns nicht endlich mal von der inneren Kittelschürze verabschieden?

Muttersein – wird hier unserer Eigenständigkeit das Genick gebrochen? Für Frauen, die es vorher nicht erwischt hat, lockt die Rollenfalle an dieser Stelle besonders verführerisch. Familie und Beruf zu vereinbaren, ist enorm anstrengend. Alle Eltern, die das partnerschaftlich hinbekommen, sind Helden des Alltags. Zumal es kaum Vorbilder gibt, wie ein emanzipiertes Familienmodell heute aussehen kann. Welche Tücken hält das alte Mutterbild für uns bereit?

Berufsarbeit – verschleudern wir unsere Fähigkeiten und Qualifikationen? Geben wir den Job auf? Wann, warum und was passiert dann? Erobern wir ihn später wieder zurück und damit auch ein Stück unabhängiges Leben, ökonomisch und emotional? Davon hängt vieles ab. Was geschieht, wenn es mit der Partnerschaft nicht mehr klappt und wir plötzlich ohne Ernährer dastehen?

Wie Frauen sich in der Berufswelt verhalten, was sie fördert und hindert, ist eine wichtige Frage. Auch in diesem Bereich zeigt sich neben den männerdominierten Strukturen viel typisch weibliches Rollenverhalten, viel Feigheit und Kleinmut. Und auch hier geht es um Wege zur Veränderung. Ich werde mich im Folgenden mit diesem Feld jedoch nicht unmittelbar beschäftigen. Dazu ist von berufener Seite fast alles gesagt und geschrieben, was zur Aufhellung beitragen könnte. Vielmehr interessieren mich die Konsequenzen, die die Flucht von Frauen aus dem Berufsleben nach sich zieht.

Die Faszination

Die klassischen Männer- und Frauenrollen sind nicht nur eine Offerte, es gibt auch einen starken gesellschaftlichen Druck, ihnen zu entsprechen. Die Strukturen von Staat und Wirtschaft fördern die traditionellen Muster – vom Ehegattensplitting über Lohnungleichheit und gläserne Decken bis zum fehlenden Kita-Angebot. Aber auch in ihrem persönlichen Umfeld sind Frauen diesem Druck ausgesetzt. Dafür sorgen sowohl ihre Lebenspartner als auch Mütter, Freundinnen und anderes weibliches Personal.

Der Druck ist das eine, das andere ist der Sog. Denn die Rollen selbst üben eine unheilvolle Faszination aus. Sie versprechen uns Frauen ein einigermaßen kommodes Leben, das nicht irritiert wird durch Experimente. So werden wir in die Rollenfalle geschoben und gleichzeitig von ihr angezogen.

Denn dann sind wir nicht gezwungen, unser eigenes Leben im freien Raum zu entwerfen. Müssen nicht gegen eine konservative Stimmung im Land antreten, die von uns Weiblichkeit fordert. Brauchen keine Konflikte einzugehen, um unser selbstbestimmtes Leben zu verteidigen: gegen den Liebsten, gegen die Familie, gegen die Freunde.

Es sind diese Konflikte, die Frauen scheuen. Mut und Risikolust steht nicht auf dem weiblichen Lehrplan. Ebenso wenig wie Wut oder Aggression. Doch genau diese Eigenschaften und Gefühle brauchen wir, um aufzubegehren und nicht in die Grube zu stolpern.

Frauen wollen frei sein – wollen es aber auch wieder nicht. Sie lassen sich auf das Weibliche reduzieren und zurichten. Freiwillige Unterwerfung nennt die Tiefenpsychologie dieses Phänomen.

Freiwillige Unterwerfung macht uns Frauen zu Komplizinnen des männlich beherrschten Systems. Wir bestätigen durch unser Handeln die Verhältnisse und sorgen mit dafür, dass sie sich nicht verändern. Wir sind Geiseln, die gelernt haben, ihre Geiselnehmer zu lieben. Sind dem verfallen, was wir angeblich bekämpfen.

Doch Unterwerfung und Geiselmentalität passen nicht in unsere freie Gesellschaft und schon gar nicht zum Selbstbild der meisten Frauen. Deshalb muss das Rollenkorsett samt weiblicher Unterordnung verleugnet werden.

Das Schema

All die Frauen, die sich plötzlich in traditionellen Rollen wiederfinden, haben individuell entschieden – sagen sie. Sie haben lange mit ihrem Lebenspartner diskutiert und dann angemessen reagiert – behaupten sie. Sie wollten eine Wahl treffen, die für alle das Beste ist – verkünden sie. Dass das Ergebnis vorgestanzt ist, dass sie damit ein Muster erfüllen – bestreiten sie.

Oder halten es für Zufall.

Nichts ist hier Zufall. Unsere persönliche Entscheidung ist nur gefühlt individuell. Im Gegenteil. Wir erfüllen Rollenerwartungen, die noch tief in der Gesellschaft und im kollektiven Bewusstsein von Männern und Frauen verankert sind. Wie sonst ist zu erklären, dass es zwar in modernen Beziehungen großartige Aushandlungsprozesse gibt, für die Frauen am Ende aber das gleiche Leben herausspringt wie bei ihren Müttern und Großmüttern? Und die wurden in der Regel nicht gefragt. Wie sonst kommt es zustande, dass die angeblich so persönlichen Entscheidungen von Frauen sich millionenfach bei ihren Geschlechtsgenossinnen wiederholen – und immer dem gleichen Schema folgen?

Die alten Rollen, denen sich Frauen ergeben, stehen in krassem Widerspruch zu ihrem egalitären Verständnis und ihren Lebensentwürfen, die sich an den Freiheitsidealen einer hoch individualisierten Gesellschaft orientieren. Deshalb leugnen sie, was sie tun: Einem weiblichen Mantra folgen, das seit Ewigkeiten vorgebetet wird.

Ihr Selbstbetrug hat eine private und eine politische Seite. Im Privaten nehmen sich Frauen durch ihre Verleugnungsstrategie die Chance, alternative Entscheidungen zu treffen. Sie nehmen sich aber auch gesellschaftlich die Kraft, endlich für eine Politik zu sorgen, die den Namen Gleichheit verdient.

Hier wird das Private politisch – und umgekehrt das Politische privat. Wenn die tradierten Geschlechterrollen im Privaten nicht mehr gelebt werden, lassen sich auch die männlich dominierten Gesellschaftsstrukturen aufbrechen. Was wiederum die Rollen im Privaten beeinflussen wird.

Der Weg

Wir reden hier von einer Herrschaftsbeziehung, sie regiert unsere Köpfe und Herzen. Aber wir können uns gegen sie entscheiden und gegen die damit verbundene Abhängigkeit. Schließlich gibt es keine biologische Disposition zur Unterwerfung, sondern nur antrainiertes Verhalten.[3] Wer das bestreitet, leugnet die Freiheit.

Erst wenn wir unseren eigenen Unabhängigkeitsdrang ernst nehmen, wenn wir für unsere Vorstellungen eintreten, werden wir lernen, uns zu weigern, ein Regime zu stützen, das die Ungleichheit festschreibt. Erst wenn wir bereit sind, auf den Profit zu verzichten, den uns die alten Rollen versprechen, werden wir sie ablehnen. Und nur, wenn wir unsere eigene Verwicklung in das Spiel von Macht und Ohnmacht, von Dominanz und Unterwerfung erkennen, erst dann können wir neue Spielregeln entwickeln, die nicht an Geschlechterrollen gekettet sind. Wir müssen Subjekte unseres Lebens werden. Biologie mag Schicksal sein – alles Weitere nicht!

Dazu brauchen wir Selbsterkenntnis. Wir müssen die Verhältnisse entwirren und uns Klarheit verschaffen über ihren Doppelcharakter. Durch unser falsches Denken sind wir uns selbst feindlich gesinnt. Wir müssen verstehen, wie das Private und das Politische miteinander verstrickt sind, und wo wir stehen in dieser Wirrnis. Wir müssen begreifen, warum die bestehende Ordnung ist, wie sie ist, und dass wir, weil wir Teil von ihr sind, sie umstürzen können.

Die britische Autorin Charlotte Raven schrieb kürzlich: »Wenn die moderne Frau nicht länger ihren Schmerz und ihr Opferdasein verleugnete, würde sie sich in allen Dingen anders entscheiden als jetzt.«[4] Ich befürchte, die sehr geschätzte Kollegin hat Unrecht. Wir sind keine Opfer. Der Schmerz, um den es hier geht, ist der einer Komplizin. Einer Mitmacherin. Wenn wir diesen Schmerz der Komplizenschaft nicht länger leugneten – ja, dann könnten wir uns tatsächlich anders entscheiden als jetzt.

Wir können unser Handeln verändern und damit eine gesellschaftliche Veränderung vorantreiben – wenn wir bereit sind, Konflikte einzugehen, und nicht aus Feigheit kneifen. So retten wir nicht nur uns, sondern auch einen Teil der Welt.

Die Liebeslist

Sie heißen Anne, Katja, Beate und Linda, vier Frauen um die dreißig. Sie haben spannende Jobs, sind vielseitig interessiert, und attraktiv sind sie auch noch. Selbstbewusste, unabhängige Frauen – so scheint es. Doch innerlich treibt sie nur ein Gedanke: Wie finde ich den richtigen Mann? Denn den wollen sie unbedingt, unbedingt, unbedingt – haben.

Anne, Katja, Beate und Linda kennen sich seit Jahren, obwohl sie nicht in derselben Stadt leben und einen unterschiedlichen biographischen Hintergrund haben. Was sie verbindet, ist eine Studienstiftung, bei der alle vier Stipendiatinnen waren. Zwei von ihnen machen Betriebswirtschaft, eine Chemie, eine Biologie. Sie haben promoviert oder sind gerade dabei und sorgen sich nicht um Geld und Beruf. Das ist auch nicht ihr Thema, wenn sie sich treffen, sondern die Frage: Warum sie nicht bekommen, was sie so dringend wollen. Die absolut perfekte Beziehung. Den Mann!

Vor einem Jahr lernte Katja einen Manager kennen, der bald darauf ins Ausland ging. Sie gab sich mit Telefonaten und drei, vier Wochenendtreffen zufrieden. Wenn er Zeit hatte, hatte sie auch welche. Nie fragte sie nach der Zukunft. Er sollte sich frei fühlen. Sie litt und war zu vielem bereit. Hätte er sie gefragt, sie wäre ihm überallhin gefolgt. Hätte ihre Arbeit geschmissen und ihre Freunde aufgegeben. Für ihn.

Die perfekte Beziehung ist möglich und machbar, und wenn ich sie nicht kriege, bin ich selbst schuld ... Linda fand Sport nie besonders aufregend, doch plötzlich wurde er rasend wichtig: Sie ging auf den Cross-Trainer, schaffte sich Hanteln an und rannte durch den Wald. Der Mann, den sie halten wollte, trieb neben der Arbeit viel Sport. Sie wollte alles mit ihm teilen, sie würden prima zusammenpassen.

Eigentlich haben die vier Frauen kein wirkliches Männerproblem. Irgendwelche Beziehungen haben sie ständig. Es ist ein Ewig-grüßt-das-Murmeltier-Spiel: suchen, finden, trennen, suchen ... Wenn sie nicht wollen, müssen sie nach keiner Party alleine ins Bett. Sie haben ihren Spaß, und Sex gehört dazu. Den Gedanken, man könne einen Mann über Sex binden, finden sie abwegig, dazu spüren sie den einzelnen viel zu wenig.

Selten ist bei diesen schnellen Geschichten mal einer dabei, von dem sie mehr erwarten. Schließlich haben sie hohe Ansprüche: Einen starken, selbstbewussten Kerl wollen sie haben, möglichst erfolgreich soll er sein, einer, der Sicherheit bietet. Es gibt viele, die ihren Wünschen nicht genügen; wenn die sich mal mehr erhoffen, kann es ein bisschen lästig werden.

Eigentlich genießen die vier auch sonst ihr Leben. Sie haben viele Freunde, sind kaum allein und fühlen sich selten einsam. Und trotzdem – irgendetwas stimmt da nicht, denken sie: Irgendwie genüge ich nicht, warum klappt es nicht, es muss ja an mir liegen ...

Anne verliebte sich in einen Kollegen, der bereits liiert war. Manchmal sah sie ihn eine Woche lang nicht. Nie blieb er über Nacht. Nie gab es ein gemeinsames Wochenende. Spielt er nur das übliche Nähe-Distanz-Ding? Dräng ich ihn zu sehr in die Enge? Was soll ich tun, damit er sich wohlfühlt und bleibt?

Was ihre Ausbildung angeht, haben die Frauen einiges auf

sich genommen. Sind ehrgeizig ihren Plänen nachgegangen, verdienen ihr eigenes Geld und könnten auch sonst stolz auf sich sein. Doch all das vergessen sie sofort, wenn sie in die richtigen Augen schauen; dann fühlen sie sich ganz klein und schwach und manchmal auch hässlich. Muss ich zugewandter sein? Hätte ich letztens doch nicht darauf drängen sollen, noch wegzugehen, wo er doch schon so müde war?

Beate hatte einen total launischen Freund. Mal war er reizend zu ihr, mal ließ er sie links liegen, machte auf Partys mit anderen Frauen rum, meldete sich tagelang nicht. Mehrmals hat er ihr einen gemeinsamen Urlaub versprochen, aber immer kurzfristig platzen lassen. Sie behandelte ihn wie ein rohes Ei. Ist irgendwas los? Hab ich dich vielleicht gekränkt? Dann verschwand er plötzlich, und sie hatte das Gefühl, mal wieder versagt zu haben.

Wenn man Anne, Katja, Beate und Linda fragt, was sie bei einem Mann suchen, sagen sie übereinstimmend: Ich will mich fallen lassen. Er fängt mich auf, wenn es mir schlecht geht. Ihm kann ich gestehen, dass ich auch schwach bin. Sonst muss ich immer stark sein, im Beruf und in der Öffentlichkeit. Immer präsent, immer gut aussehen, immer lustig. Dabei träum ich davon, mit ihm vor dem Kamin zu sitzen und ein Glas Rotwein zu trinken.

Doch so plastisch ihre Träume an diesem Punkt auch sind, so vage und abstrakt denken sie an ein künftiges Alltagsleben zu zweit. Irgendwo zusammenwohnen – klar. Irgendwie Kinder – klar. Irgendwann weniger arbeiten – klar. Und sonst? Er wird mich unterstützen, ich werde ihn unterstützen – und wenn sie nicht gestorben sind …

Das Projekt

Reden wir nicht von Liebe. Reden wir auch nicht von Leidenschaft und einer innigen Beziehung. Wer wollte die nicht? Reden wir davon, worum es hier wirklich geht – bei Anne, Katja, Beate und Linda. Und bei so vielen anderen Frauen, die sich ähnlich verhalten wie sie.

Es gibt eine Zeichnung des Karikaturisten F. K. Waechter. Da steht ein Schwein vor der offenen Tür eines Stalles. Drinnen hocken seine Artgenossen und lugen verzagt nach draußen. Sagt das Schwein zu den Mutlosen: »Wenn ihr Angst habt vor der Freiheit, dann bleibt doch in eurem Stinkstall und lasst euch verwursten.«[1]

Darum geht es.

Anne, Katja, Beate und Linda verstehen sich als unabhängige Frauen. Selbstbestimmt und eigenständig. In jeder Lifestyle-Zeitschrift könnten sie als Abziehbild der hippen weiblichen Generation herhalten. Mit gutem Job, eigenem Geld und einem interessanten Freundeskreis.

Eigentlich sind sie also in einer beneidenswerten Situation, sie haben vieles, was Frauen sich wünschen. Und einen guten Teil davon haben sie auch noch den eigenen Fähigkeiten zu verdanken. Warum sich nicht entspannt zurücklehnen und auf sich selbst verlassen? Stattdessen hühnern sie rum.

Denn sie fühlen sich wie im Vakuum, wenn sie keine feste Beziehung haben. Ständig geplagt von Zweifeln an sich selbst und ihrem Wert als Frau, auf der überspannten Suche nach Anerkennung und Sicherheit. Sie spüren eine innere Leere, die sie weder durch Bestätigung im Beruf noch durch ihr sonstiges Leben füllen können. Ihre Fantasie ist mit Bildern von Rotwein am Kamin vollgestopft – wovon in Tausenden Kontaktanzeigen geschwärmt wird. Kein Klischee ist offenbar so abgenutzt, dass es nicht doch von Frauenwünschen eingeholt werden könnte.

Als wären sie einer High-heels-no-brain-Serie im Fernsehen entsprungen, haben sie nur eine Obsession: und die heißt Mann. Für den Richtigen tun sie alles, er muss noch nicht mal fragen. Mit ihm soll alles stimmen: die Gespräche, die Interessen, der Sex. Ihm würden sie sofort alles Mögliche opfern und unterordnen, sich ihm anpassen, ein anderes Leben führen. Denn der Druck ist groß und das Verlangen stark, beim Projekt Mann erfolgreich zu sein.

So werden seine Bedürfnisse und Vorstellungen schnell zu ihren Bedürfnissen und Vorstellungen. Man muss sich eben anstrengen, bis alles stimmt. Was nicht passt, wird passend gemacht oder eben herbeigeredet.

Das würden sie selbstverständlich nie zugeben, denn ihr Selbstbild sieht anders aus. In ihrer Vorstellung sind sie autonom. Weil sie etwas grundsätzlich missverstehen: Ihre vielen äußeren Freiheiten – Freiheiten, von denen ihre Mütter noch nicht mal zu träumen wagten – verwechseln sie mit innerer Freiheit. Der Freiheit zur Selbstbestimmung. Selbstbestimmt sind sie nicht. Denn was gilt ihnen schon ihre Eigenständigkeit, wenn sie den Richtigen treffen?

Die vier sind gebildet und reflektiert. Immerhin ahnen sie, wie sehr sie verstrickt sind und wie sie sich abhängig machen in ihren Beziehungen. Doch das nehmen sie hin, als könnten sie es nicht ändern. Alles ist besser als ohne Mann. Sie suchen nach einem, dem sie sich ganz hingeben können, der ihre Zukunft in seine Hände nimmt. Sie wollen sich nicht behaupten und in der Zweisamkeit auf Eigenständigkeit pochen, denn das könnte ihn wieder vertreiben. In der Liebe soll alles nur schön und perfekt sein.

Es ist ein demütigendes Spiel, auf das sie sich eingelassen

haben. Sie idealisieren ihre Liebsten und erniedrigen sich, um sie zu halten. Sie träumen davon, nicht mehr verantwortlich für sich selber zu sein, denn ihre Unabhängigkeit ist ihnen zu anstrengend. Sie machen sich bedauernswert bedürftig. Um ihre Selbstbestimmung auch in der Liebe zu verteidigen, sind sie zu feige. Bloß keine Konflikte! Sie wollen sich fallen lassen und aufgefangen werden. Endlich schwach sein dürfen!

Das Ideal

Nichts fesselt stärker als die Ketten der Liebe. Und diese Fesseln legen Frauen sich gern auch selbst an. Eine liebende Frau, heißt es, sei zu allem fähig. Aber vor allem ist sie wohl fähig, sich selbst zu verraten – ihre Eigenständigkeit wegzuwerfen. Die Literatur und das Kino sind verseucht von Frauen, die in den Armen des Helden willenlos zu Wachs werden. Egal, wie tough sie vorher waren, die Liebe kriegt sie fast alle und macht sie platt. Ob Katharina in Shakespeares *Der Widerspenstigen Zähmung*, die am Ende ein Loblied auf die Unterwürfigkeit der Frau anstimmt. Oder Bridget Jones in *Schokolade zum Frühstück*, die sich für Männer gerne zum Obst macht.[2]

Selbst wenn wir diesen Liebesschrott wie am Fließband konsumieren – eigentlich glaubten wir doch, wir hätten die literarischen und filmischen Vorbilder dorthin verbannt, wo sie hingehören: zwischen Buchdeckel und auf Leinwände. Klar interessieren uns Männer. Klar sind sie uns wichtig. Aber dass wir wie Motten um sie kreisen, erst bei dem verzweifelten Versuch, uns ihrem Licht zu nähern, dann bei der mühseligen Aufgabe, uns ihren Schein zu erhalten – sind das wirklich wir aufgeklärten Zeitgenossinnen?

Nehmen wir ein schlichtes Beispiel. In den sechziger Jahren, damals deutete sich die Gleichberechtigung für Frauen erst zart an, kreischten sich Hunderttausende Mädchen in Ohnmacht beim Anblick langmähniger Popmusiker. Beim Dienst am Idol verloren sie buchstäblich die Besinnung. Ähnliche Gefühlseruptionen kriegen weibliche Fans auch heute noch mühelos hin. Anbetung ist Frauen knapp fünfzig Jahre später noch immer selbstverständlich. Und der Fan-Kult ist dabei nur der hysterische Ausdruck eines alltäglichen weiblichen Verhaltens: Beziehungen mit schwärmerischen Gefühlen aufzublasen, bis sie in den siebten Himmel entschweben. Und immer heißt das Idol: Mann.[3]

All das Gerede um neue weibliche Selbstentwürfe, und dass es in unserer individualisierten Gesellschaft keine vorgezeichneten Lebenswege mehr gibt. Statt sich in bestehende Strukturen einzufügen, muss sich heute angeblich jeder selbst erfinden und im Dickicht der Freiheit seine eigenen Pfade schlagen.[4] So weit der gängige Diskurs. Doch wie kommt es dann, dass sich die Paarmodelle, die Millionen von Frauen leben, kaum von denen früherer Generationen unterscheiden?

All das Gerede um weibliche Autonomie. Doch was verschafft uns Frauen öffentlich und privat garantiert Anerkennung? Wenn wir das Projekt Mann erfolgreich bewältigen. Wenn wir es schaffen, unserem Singledasein zu entfliehen. Egal, wie zufrieden Frauen im Job, durch Freundschaften oder Hobbys sind, wenn sie keinen Liebhaber vorweisen können, dichtet man ihnen sofort eine Leerstelle an. Dann werden wir betrachtet wie ein schlaffes Dinkelkissen: bedauernswert unausgefüllt. Für den einsamen Wolf gibt es tausend coole Vorbilder. Und umgekehrt? Die Paarbindung ist der gesellschaftliche Gradmesser für weibliches Glück – und wir selbst sind es, die dieser Rolle nachjagen und auch andere Frauen unter diesem Vorzeichen bewerten.

All das Gerede um weibliche Eigenständigkeit. Und dann, wie ich es bei einer jungen, begabten Kollegin erlebt habe, lässt sich eine zweiunddreißigjährige Frau von ihrem Vater drängen, sich endlich einem Mann an den Hals zu werfen. Selbst mit Beruf, Geld und eigener Wohnung könne sie nicht ohne Beschützer dastehen, die arme Kleine; ob ein Kerl ohne Haare, dafür mit Bauch, völlig egal, Hauptsache ein Mann, der für sie die Verantwortung trage – so sprach der Vater. Und seine Tochter hörte ihm nicht nur zu, sondern glaubte auch, ohne Mann in der Welt verloren zu sein. Fühlte sich nicht wie ein Fisch ohne Fahrrad, sondern wie Fischfrikassee.

Diese notorische Partnersucht lässt sich bereits bei sehr jungen Frauen beobachten. Viele von ihnen sind es seit ihrem dreizehnten, vierzehnten Lebensjahr gewohnt, einen Freund zu haben, und fühlen sich bedeutungslos, wenn sie mal ohne dastehen. Sie haben kaum Chancen, sich im Erwachsenwerden allein zu erfahren und jenseits einer Beziehung auszuprobieren.

Eine ganze Industrie lebt von der Angst der Frauen, in Sachen Mann zu versagen: von Zeitschriften über Ratgeber bis zum Therapiebetrieb. Für Männer gibt es nichts Vergleichbares. Die kaufen sich lieber Computer- und Automagazine, als sich in Beziehungssachen kirre machen zu lassen. Tausende Psychologen nähren sich vom Wunsch der Frauen nach Bindung und von deren Fixierung auf ein männliches Wesen. Wäre diese Berufsgruppe nur auf Rat suchende Männer angewiesen, müsste sie bald verhungern.

»Die Beziehung ist für Frauen das wichtigste Thema. Das ist wirklich noch immer so, ich erlebe es ständig. Für Männer gilt das viel weniger. Die haben andere Probleme, ihr Verhältnis zu Frauen ist nur eines unter anderen.« Eva Jaeggi ist eine sehr bekannte österreichische Psychoanalytikerin und Verhaltenstherapeutin, die seit Langem in Deutschland lebt und arbeitet.[5] Wach und lebhaft, wie sie ist, merkt man ihr kaum an, dass sie die Siebzig bereits überschritten hat.

Seit Jahrzehnten setzt sie sich in ihrer wissenschaftlichen Arbeit und therapeutischen Praxis mit Liebesdingen und Partnerschaftsfragen auseinander.[6] Viel Erfahrung hat sie dabei gesammelt, und noch immer ist sie begeistert von diesem Stoff. Wenn sie über weibliches Verhalten spricht, klingt sie so gar nicht altersweise und abgeklärt, sondern eher erstaunt und fasziniert, was ihr da begegnet. »Frauen machen sich in der Regel mehr Gedanken um einen Mann als über sich selbst. Wie finde ich den richtigen Partner? Liebt er mich wirklich? Ist er mir treu? Das beschäftigt Frauen enorm, das ist typisch weiblich.«[7]

Es ist wie aus dem Musterbuch für weibliches Rollenverhalten, was sich da immer wieder in Frauenbiographien abspielt. Eine eigenständige Frau sehnt sich nach einer Beziehung, und kaum hat sie eine, läuft es häufig ab wie nach Plan. Was durchaus selbstbewusst beginnen kann, endet allzu oft in der Selbstaufgabe.

Der Soziologe Klaus Hurrelmann, der sich seit vielen Jahren in verschiedenen Studien mit den Wünschen und Vorstellungen junger Frauen beschäftigt, versucht dieses Verhalten nachzuvollziehen. »Es gibt so viele junge Frauen, die wollen ein aktives und aufgeschlossenes Leben führen. Doch dann kriegen sie Angst vor der eigenen Courage – vor allem, wenn es um eine enge, intensive Beziehung zu einem männlichen Partner geht. Dann kommen Tradition und überkommene gesellschaftliche Muster ins Spiel, die der Frau eine passivere Rolle zuschreiben. Und viele Frauen trauen sich nicht mehr, etwas zu tun, was die traditionellen Wege nicht vorsehen. Zumal, wenn der Mann darunter leidet und sie die Beziehung nicht aufs Spiel setzen wollen.«[8]

Auf der schiefen Bahn in die Rollenfalle wird vom ersten Schritt an der Paarbeziehung der höchste Wert zugemessen.

Die Liebe[9] und auch das Liebesobjekt werden sentimental aufgebläht. Denn die idealisierte Liebe grassiert unter Frauen wie eh und je. Sie überfrachten eine Beziehung mit tausend romantischen Bildern, wickeln sie in Goldfolie und tun, als sei das Glück darin vorprogrammiert. Nur nichts Halbes – bloß keine Abstriche vom Ideal![10]

Sie sehnen sich nach starken Gefühlen und merken nicht, dass sie weder Liebe noch Leidenschaft retten. Eine leidenschaftliche Liebe muss weder überhöht werden, noch verlangt sie nach Selbstaufgabe. Hier geht es um ein Liebeskonstrukt, das als echtes Gefühl herhalten muss.

Und als lebten sie noch in den fünfziger Jahren, gipfelt für viele Frauen die Seligkeit in einem weißen Kleid und in den kleinen Streu-Engelchen, die ihnen einen Blumenteppich zu Füßen legen.

Keine Vorstellung ist zu kitschig, als dass sie nicht von einem schwärmerischen Gemüt in die Tat umgesetzt würde. Zwar ist die Liebesheirat mal gerade hundert Jahre alt und eine wackelige Angelegenheit, wenn man sich die Scheidungsraten ansieht.[11] Und trotzdem ist sie für viele Frauen der Mount Everest der Gefühle und jeden Aufwand wert[12] – als würden sie nur auf dieses eine Ziel hin leben.

Nehmen wir Nicole. Nicole ist zweiundzwanzig und will Hochzeit machen. Sie ist noch in der Ausbildung bei einer Versicherung, aber seit sie verliebt ist, interessiert ihre berufliche Zukunft sie nur noch begrenzt. Und damit alles ganz richtig ist, hat sie sich erst mal verlobt. Braut sein ist wunderbar! Ihren Freund kennt sie seit eineinhalb Jahren, er ist der Erste, mit dem sie geschlafen hat. Ein halbes Jahr waren sie zusammen, da ist sie zu ihm in die Wohnung gezogen. Das kleine Nest hat ihr so gut gefallen, dass sie bald beschloss zu heiraten. Damit hätte sie einen Vorsprung vor all ihren Freundinnen, mit denen sie sich schon seit Jahren in die Hochzeitsbegeisterung hinein fantasiert. Seit sie fünfzehn ist, stöbert sie immer wieder in Internet-Shops, die Brautausstattungen anbieten. Inzwischen ist sie ein richtiger Hochzeitsprofi. Warum sich also noch Zeit nehmen, wenn sie den Richtigen gefunden hat? Er ist doch super, so stark und süß, und er wird ihr immer treu sein. Seitdem sie ihn kennt, denkt sie an nichts anderes mehr, als ihn glücklich zu machen. Selbstverständlich wird sie auch seinen Namen annehmen, damit jeder merkt, dass sie zu ihm gehört.

Die Heirat plant Nicole nun schon seit einem Dreivierteljahr. Bei Traumhochzeit.com – *Dein schönster Tag im Netz* – hat sie vor einem halben Jahr ihre Hochzeits-Website eingerichtet. Alles muss stimmen: Vom Kleid bis zum Brautstrauß, von der alten Kirche für die Trauung bis zum kleinen Palais für das Fest. Zwar wird sich das Paar verschulden, aber Glück hat eben seinen Preis. Es muss unglaublich romantisch werden, alle sollen sie beneiden, sollen sehen, wie wahnsinnig verliebt sie ist. Nach dem Kleid fahndete Nicole verzweifelte vier Monate. Allein das Motiv für die Hochzeitstorte auszusuchen, kostete sie zwei Tage. Herz oder Kleeblatt? Ist sie nicht irrsinnig glücklich?

Nicole ist jung und hat ihren ersten Mann. Kein Wunder, dass sie überdreht und aus ihrer Liebe und Heirat alles an Gefühl rausquetscht, was das Ereignis hergibt. Stimmt, so könnte man diese Geschichte verstehen. Aber gerade hier, bei einer so jungen Frau, zeigt sich, wie stark das Muster wirkt, dem auch ältere erliegen. Wie Nicole stürzen sich Frauen mit einer hysterischen Begeisterung auf ihre Beziehung, täglich und tausendfach, als gäbe es nichts anderes im Leben.

»Das Konzept vieler Frauen gegen die Bedrohung der Globalisierung ist die Liebesbeziehung«, stellt die Berliner Therapeutin Rosemarie Leinemann fest, die versucht, weibliches Verhalten auch unter gesellschaftlichen Rahmenbedingungen zu verstehen. Es gehe um »das kleine Nest inmitten der bösen großen Welt. Das ist erstaunlicherweise auch den jungen ganz wichtig«. Sie beobachtet, »dass es sehr viele Frauen gibt, die sich ohne Mann unvollständig fühlen. Natürlich wissen sie, dass die Scheidungsraten hoch sind, aber sie gehen immer davon aus: Mir passiert das nicht. Und dann romantisieren und idealisieren sie die Beziehung. Deshalb sind sie bereit, vieles von sich aufzugeben, wenn sie glauben, den Richtigen gefunden zu haben«[13].

Wer die Paarbeziehung verklärt, wird alles daransetzen, sie zu erhalten. Zu vieles geht sonst zu Bruch. Frauen reden von Hingabe und meinen eigentlich den Wunsch, sich in der Zweisamkeit aufzulösen wie ein nasses Brötchen. Ihr nach außen getragenes Selbstbewusstsein ist häufig nur eine Farce: eine hübsche zeitgeistige Tünche auf einem zur Ergebenheit bereiten Klein-Mädchen-Gemüt. Diesen Frauen geht es nicht um die eigene Stärke, es geht ihnen um die starke Schulter. Zum Anlehnen.

Männer haben das Entscheidungsrecht, Frauen die Folgepflicht. Dieses Gesetz galt in der Bundesrepublik bis 1977. Es verlangte von Frauen, sich ihrem Mann unterzuordnen. Zwischen damals und heute liegen über dreißig Jahre, in denen sich die deutsche Gesellschaft stark verändert hat. Gefühlt sind es mindestens hundertfünfzig Jahre. Doch sieht man sich an, was eine Liebesbeziehung oder die Sehnsucht danach mit Frauen macht, darf man getrost bezweifeln, dass sie die Veränderung begriffen haben. Dass sie wissen, dass sie selbstbestimmt und frei sind – eigentlich. Früher brauchte es immerhin noch Gesetze, um Frauen in Unterordnung zu halten – heute begeben sie sich von selbst hinein.

»Es ist schon erstaunlich, was Frauen alles in Männer hineinprojizieren«, stellt Eva Jaeggi fest. »Und was sie bereit sind, für den Mann zu tun und aufzugeben. Seine Bedürfnisse stehen für sie ganz klar im Vordergrund. Und plötzlich finden auch eigentlich starke Frauen nichts mehr dabei, sich nach ihm zu richten, nach seiner Karriere, nach dem, was ihm wichtig ist. Sie sind wie verwandelt.«[14]

Wir alle sind von der Sehnsucht nach dem überlegenen Mann infiziert. Der Wunsch, »sich fallen zu lassen«, ist ein verräterisches Indiz, das sich nicht nur bei Anne, Katja, Beate und Linda findet. Zu oft hoffen wir heimlich auf den, der für uns denkt und handelt. Der so stark ist, dass es uns leicht fällt, schwach zu werden. Der uns nicht so sehr braucht, wie wir ihn brauchen. Warum an sich selber festhalten, wenn man sich ergeben kann? Das ist ja so viel einfacher.

Es ist eine Entscheidung zwischen Selbstbehauptung und Vermausung. Ein Konflikt zwischen unserer Außen- und unserer Innenwelt: Nach außen tragen wir unsere Selbstbestimmung vor uns her, nach innen betreiben wir unsere Selbstaufgabe. Als hätten wir alle den berühmten Satz aus dem Filmklassiker *Casablanca* gefressen, in dem die verzweifelte Ilsa Lund ihrem geliebten Rick zuflüstert: »Du musst jetzt für uns beide denken.«

Von da ist es nur noch ein kleiner Schritt bis zur freiwilligen Unterwerfung unter den Willen des anderen.

Die Fesseln der Liebe

Die New Yorker Psychoanalytikerin Jessica Benjamin hat dem Phänomen der freiwilligen Unterwerfung nachgespürt.[15] Sie beschreibt, wie Liebe und Herrschaft zusammenwirken:

Warum die Beherrschten sich an diesem System beteiligen und die Herrschaftsbeziehung eingehen. Ihr Buch *Die Fesseln der Liebe* ist der Versuch, mit psychoanalytischem Handwerkszeug und aus weiblicher Perspektive zu klären, weshalb das Leid der Folgsamkeit für Frauen weniger erschreckend ist als das Leid der Freiheit. Und wie Frauen zu Komplizinnen der männlichen Macht werden, obwohl die modernen Geschlechterrollen doch so flexibel scheinen.

Frauen, sagt die Analytikerin, engagieren sich für Gleichheit und Unabhängigkeit, aber mit ihrem Verhalten konterkarieren sie gleichzeitig diesen Anspruch. Sie leben in Ohnmacht und Unterwerfung und tarnen dies als Autonomie.

Das Geschlechterverhältnis ist für Jessica Benjamin vom Konflikt zwischen Autonomie und Abhängigkeit geprägt. Dabei sind die Rollen von Herr und Knecht zwar nicht per se männlich (Herr) und weiblich (Knecht). Doch unter den bestehenden Bedingungen bilden sie die Tiefenstruktur der Beziehungen. Weibliche Unterordnung, so die Autorin, hat mit einer frühkindlichen Prägung zu tun, mit der Beziehung zu Mutter und Vater. In den Familienstrukturen sieht sie die Wurzeln – sowohl der freiwilligen Unterwerfung, die das Ergebnis eines nicht gelungenen Ablösungsprozesses ist, als auch der idealisierenden Liebe, die sich in der unterwürfigen Verehrung der Frau für den heroisierten Mann zeigt.

Dessen Macht, analysiert Jessica Benjamin, weckt Furcht und Anbetung zugleich. Frauen sind in die Macht verliebt, identifizieren sich mit dem Mächtigen und erniedrigen sich zu seinem willigen Diener und Stellvertreter. Herrschaft ist damit keine simple Beziehung von Tätern und Opfern, denn die Unterdrückten wirken an ihrer Unterjochung mit und sonnen sich im Abglanz der Macht. Frauen reproduzieren auf diese Weise die Verhältnisse und verewigen die Herrschaft, statt sie aufzubrechen.

Wer die freiwillige Unterwerfung von Frauen leugnet, kann männliche Herrschaft nicht ergründen. Und doch wird dieser Komplizenschaft nicht genügend Beachtung geschenkt, kritisiert die Analytikerin. Aus Furcht, glaubt sie. Aus der falsch verstandenen Sorge, dass Männer entlastet wären und den moralischen Sieg davontragen könnten, wenn Frauen ihre Beteiligung an den Herrschaftsverhältnissen eingestehen.

Doch Jessica Benjamin hat nicht resigniert. Am Schluss ihrer großartigen Analyse unterstreicht sie: Die Kräfte, die Frauen in Unterordnung drängen, sind verstehbar, wir können ihnen entgegenwirken. Freiwillige Unterwerfung ist kein unabänderliches Schicksal, wenn wir uns beherzt der Freiheit aussetzen – dem Schock der frischen, kalten Außenwelt.

Die List

Wenn die Liebe idealisiert wird – wie bei Anne, Katja, Beate und Linda –, schlägt die Geschlechterordnung voll durch. Dann machen Frauen sich sehr klein und den Mann übergroß. Sie denken nicht mehr »ich will«, sondern »er will«. Sie verlieren sich in der Identifikation mit dem mächtigen Mann. Sie glauben, er werde ihnen den Zugang zu einer Welt vermitteln, die ihnen sonst verschlossen bleibt. Deshalb fällt es Frauen nicht schwer, ihren Narzissmus aufzugeben. Doch diese Selbstaufgabe der Frau, so die psychologische Erklärung, ist nur der deformierte Ausdruck ihres heftigen Willens zum Sein.

Schlichter gesagt: Der Mann soll uns einen Weg ins Leben bahnen, damit wir das nicht selbst tun müssen. Eigentlich wollen wir mächtig sein. Doch wir trauen uns nicht, dieses menschliche Verlangen offen zu befriedigen – sondern gehen ihm nur verquer und versteckt hinter dem breiten männlichen Rücken nach.

Und der Trick dabei: Die Liebe ist der Allzweckreiniger für unser schlechtes Gewissen. Mit Liebe rechtfertigen wir unsere freiwillige Unterwerfung. Sind wir nicht machtlos, wenn unsere Herzen gekapert werden? Sind wir nicht blind vor Leidenschaft, sodass wir die Schlingen nicht sehen, mit denen wir uns selbst fesseln?

Wir schieben einfach alles auf unser Gefühl. Die Liebe ist schuld, dass wir uns nach dem Mann ausrichten und ganz auf ihn einstellen. Sobald Verliebtheit ins Spiel kommt, scheint das nur allzu verständlich. Vor Liebe schwach zu werden, ist auch für uns Zeitgenossinnen erlaubt, weil sehr weiblich. So wird die alte Geschlechterordnung im Liebesrausch weitergetragen, und das überkommene Rollenmodell setzt sich durch. Die Herrschaft zieht ein in die Herzen der Beherrschten.

Mit der List der Liebe rechtfertigen wir, dass wir unser Selbst nicht behaupten. Und alles wird mit Kitsch und Romantik zugekleistert, damit bloß niemand merkt, was da wirklich passiert.

Die Mutprobe

Wie wir uns in der Liebe verhalten, welchen Mann wir wählen – kaum eine andere Entscheidung hat so gravierende Folgen für eine Frau. Diese Schnittstelle im Leben ist gleichzeitig eine, an der wir Mut beweisen müssen. Sind wir bereit, unsere Eigenständigkeit zu erhalten, auch für sie zu kämpfen, oder werfen wir sie auf den Beziehungsmist?

Seit Jahrzehnten beklagen wir, dass die männerdominierte Gesellschaft uns unten hält und uns keine Chance auf ein gleichberechtigtes Leben gibt. Es sind die Strukturen – die sind schuld! Ach so. Und was ist mit uns?

Leben wir etwa in einer Diktatur, die sich in unsere Privatsphäre einmischt und unsere Lebensplanung bestimmt? Sind es etwa die Strukturen, die uns einen Mann aufzwingen und festlegen, wie wir unsere Zweisamkeit gestalten?

Vor gut hundert Jahren hätten wir uns mit den Verhältnissen rausreden können. Am 1. Januar 1900 trat ein Familienrecht in Kraft, das die Ungleichheit der Geschlechter festschrieb.[16] Der Mann hatte juristisch die Herrschaft über Frau und Familie. Er war ihr Versorger und bestimmte alles – und zwar allein. Er bestimmte den Wohnsitz und bestimmte über die Finanzen. Die Frau war verpflichtet, den Haushalt zu führen. Sie durfte nur erwerbstätig sein, wenn ihr Mann es erlaubte; er konnte ihre Arbeitsstelle kündigen, ohne sie auch nur zu fragen. Er verwaltete das Geld seiner Frau und war dessen Nutznießer, sie konnte weder über ihr Vermögen noch über ihr erarbeitetes Einkommen verfügen. Sie war absolut abhängig.

Betrachtet man diese Zustände, haben Frauen seitdem nicht nur einen weiten Weg zurückgelegt, sondern sogar mehrfach die Welt umrundet. Doch manchmal gewinnt man den Eindruck, als wäre das gesellschaftliche Leitbild vorangeprescht und hätte die Frauen an der Haltestelle zurückgelassen. Ihre Alltagsrealität und ihre innere Verfassung entsprechen nicht dem öffentlichen Gleichheitsgerede.

Lore Maria Peschel-Gutzeit ist Juristin und SPD-Politikerin. Viele Jahre war sie Justizsenatorin in Hamburg und Berlin. Der Schwerpunkt ihrer Arbeit: die rechtliche Gleichstellung von Frau und Mann. Sie hat einen scharfen Verstand und lässt sich nicht leicht einschüchtern. Wahrscheinlich konnte sie nur deswegen die sogenannte Lex Peschel durchboxen, ein Gesetz, das Beamtinnen und Richterinnen die Möglichkeit gibt, aus familiären Gründen in Teilzeit zu arbeiten und Familienurlaub zu nehmen.

Die Anwältin Peschel-Gutzeit ist auf Familienrecht spezialisiert und damit quasi Expertin für Brüche in Lebensgeschichten. Sie glaubt, dass Frauen anfällig sind für alte Rollenmuster, weil sie sich zu wenig Gedanken über die Zukunft machen. »Männer planen ihr Leben, Frauen nicht. Männer haben meist eine Vorstellung davon, wo sie hinwollen und was sie erreichen möchten.« Sie würden es nicht gerade aufschreiben, hätten es aber trotzdem im Kopf.

»Bei Frauen ist das anders. Da gibt es die Tradition, und ihr Weg ist schon vorgedacht. Da brauchen sie selbst nicht mehr lange zu überlegen. Und wenn sie dann einen Mann kennenlernen, mit dem sie leben wollen, laufen sie weiter nach einem Muster, das seit Langem existiert, und die Mutter war auch schon so. Sie erkennen oft noch nicht einmal, dass es sich dabei um eine wichtige Wegmarke handelt.«

Die Anwältin beobachtet, dass Frauen die größte Mühe haben, ihre Stärke und Selbstständigkeit in der Beziehung aufrechtzuerhalten. »Viele Frauen haben ein ihnen selbst nicht bewusstes Bedürfnis, in der Partnerschaft nicht den Ton anzugeben. So wie es das uralte Rollenmodell vorsieht. Da frage ich ein Paar, wie es dieses oder jenes regeln will, und dann sehen viele Frauen ihren Mann an und fragen: ›Was meinst du denn, Schatz?‹ Oder in Fällen, wo beide entscheiden müssen, erlebe ich immer wieder, dass die Frau sagt: Nö, das überlass ich meinem Mann. Damit muss ich mich nicht beschäftigen.«

Mit solchen Reaktionen gibt sich Lore Maria Peschel-Gutzeit nicht immer zufrieden. Zumal, wenn sie weiß, dass sie es mit Frauen zu tun hat, die vor ihrer Ehe allein gelebt haben, mit eigenem Geld und selbstständig. Also fragt sie nach. Und bekommt mehr als einmal zur Antwort: »Ach, mein vorheriges Leben, in dem ich für alles verantwortlich war, hab ich ganz gern aufgegeben. Das war mir oft auch eine Last.«[17]

In kaum einem anderen Bereich können wir so autonom unser Schicksal bestimmen wie bei der Beziehungs- und Partnerwahl. Wie wir mit einem Mann leben, ist unsere ureigene Angelegenheit. Außerdem bewegen wir uns da auf einem Terrain, auf dem wir uns auskennen. Frauen fühlen sich schließlich für das Private zuständig. Und niemand zwingt uns, freiwillig zurückzustecken und uns unterzuordnen. Niemand zwingt uns einen Mann auf, der das von uns erwartet.

Die Wahl des Mannes ist unsere alleinige Entscheidung. Nehmen wir den, der eine kluge Partnerin will, oder den, der ein dummes Weibchen sucht? Den, der uns auf Augenhöhe akzeptiert, oder den, der ein Mäuschen will? Unterstützt er unsere Eigenständigkeit oder braucht er das ergebene Muttchen? Selbstbewusste Frau oder willfähriges Püppchen? Wir können wählen.

Doch in unserem privaten Bereich entscheiden wir uns oft gegen Selbstbestimmung und Autonomie. Wir wollen es so. Und dann tun wir, als wäre es Schicksal.

»Die Frauen bemühen sich, das so zu sehen«, sagt Rosemarie Leinemann. »Anders können sie es emotional nicht verarbeiten. Wenn es heißt, Männer und Frauen sind gleichberechtigt, und sie merken, das ist bei ihnen anders, sehen sie es als individuelles Problem. Und das versuchen sie, wegzudrücken und ihr Verhalten als unausweichlich darzustellen. Sie haben nicht gelernt zu hinterfragen, was sie da tun. Denn die Mutter hat es ja auch nicht gemacht.«[18]

Und es sind noch nicht einmal immer Männer, die eine ungleiche Partnerschaft wollen, wir selbst fädeln sie ein. Für Männer ist es bequemer, wenn wir uns ihnen anpassen und wenig Durchsetzungswillen zeigen. Sie wollen uns eigentlich nichts Böses, sie wollen nur nicht zurückstecken. Oberflächlich betrachtet, kann es dann tatsächlich so aussehen, als würden beide Seiten in der Beziehung bekommen, was sie wollen: er die starke, sie die schwache Position.

Da ist der Knick. Die Bruchstelle in der Biographie vieler Frauen. Sobald die romantische Liebe und das bürgerliche Paarmodell winken, lassen sie sich verführen und wählen die Klein-Frauchen-Rolle. Selbst wenn sie bis dahin ihr Leben selbstbestimmt und klug gemeistert haben.

Wenn es um Entscheidungen für ihre Zukunft geht, kommen viele Studierende der Hamburger Universität zu Frauke Narjes. Sie leitet das dortige Career Center, eine Beratungsstelle, die Studentinnen und Studenten bei ihren beruflichen Plänen auf die Sprünge helfen will. Frauke Narjes hat Theologie studiert, ein Kind alleine großgezogen, länger ohne Partner gelebt und immer ihr eigenes Geld verdient. Sie hat gelernt, ein selbstbestimmtes Leben zu führen, und beobachtet bei ihren Studierenden, wie unterschiedlich Frauen und Männer darüber denken: »Wenn es um Zukunftsplanung geht, höre ich nie von einem Studenten, dass er nach seinem Studium in der Stadt bleiben will, weil er hier eine Partnerin hat. Das ist für Männer anscheinend kein Thema. Sie würden dorthin gehen, wo sie glauben, dass es für sie am erfolgreichsten ist. Während meine Studentinnen diesen Punkt oft ansprechen. Häufig höre ich von ihnen, dass sie nicht weg wollen aus Hamburg, weil sie hier eine Beziehung haben. Selbst wenn es für ihre eigene Entwicklung wirklich wichtig wäre, die Stadt zu wechseln. Aber ihr Freund und die Liebe gehen eigentlich immer vor.«[19]

So wie bei dieser begabten Assistentin am Fachbereich Anglistik an einer anderen Universität, die ein Stipendium für Oxford bekommen hat. Das ist noch kein Sechser im Lotto, aber schon nahe dran. Und was tut diese Frau? Sie will nicht hingehen. Will die Forschungsmöglichkeit an einer der berühmtesten Universitäten der Welt ausschlagen. Ihre Begründung:

Sie wolle sich nicht von ihrem Freund trennen – auch nicht für kurze Zeit. Ihr sei die Beziehung wichtiger als alles andere. Würde ein Mann nur für einen winzigen Augenblick daran denken, sich eine solche Chance entgehen zu lassen?

Zweifellos gibt es eine starke Verführungskraft der traditionellen Rollen. Überall wird uns vorgegaukelt, es reiche, wenn wir einfach nur verliebt sind in einen Mann. Dann werde sich der Rest schon finden. Aber wir wissen doch, dass das nicht so ist. Wir können entscheiden, ob wir uns behaupten oder vermausen.

Das können wir – wenn wir es wollen. Wenn wir uns nicht dumm und taub stellen. Damit wir später eine Rechtfertigung haben, warum wir so abhängig geworden sind.

Der Betrug

Haben wir uns erst mal in der Unterordnung eingerichtet, läuft alles wie geschmiert. Zumal, wenn wir es weder vor uns selbst noch nach außen zugeben. Wir inszenieren ein riesiges Betrugsmanöver und argumentieren in alle Richtungen, warum wir uns freiwillig einfügen in eine Beziehung aus Dominanz und Unterwerfung.

Nehmen wir Jana und Simone. Zwei Frauen aus dem Berliner Bezirk Prenzlauer Berg, mehr Öko-Chic und Szenecafés als dort geht nicht. Jana ist Mitte dreißig mit zwei, Simone Mitte vierzig mit drei Kindern. Die eine Journalistin, die andere Anwältin. Beide leben von ihren Männern getrennt. Einer Reporterin erzählen sie:

Jana: »Ich bin total naiv in diese postfeministische Falle getappt. Ich habe auf Karriere verzichtet, mich mit einem Job fürs Zubrot zufriedengegeben – weil Männer nun mal nicht stillen können.«

Simone: »Und plötzlich bleibt alles an Mutti hängen, nicht nur die Kinder, auch die wirtschaftliche Versorgung und das, obwohl Mutti vor Jahren zu Gunsten der Familie aufgehört hat, auf Karriere zu setzen.«

Jana: »Wie konnten wir uns selbst nur so täuschen.«

Simone: »In Watte gebettete Weicheier sind wir, dass wir das nicht bedacht haben.«[20]

Alles Vernunft, oder? Alles ganz rationale Lösungen, individuell getroffene Entscheidungen, die wir mit unserem Liebsten partnerschaftlich ausgehandelt und auf unsere jeweilige Situation zugeschnitten haben. Wo soll denn da das Muster sein? Was hat denn das mit Rollenverhalten zu tun?

Wie kommt es dann nur, dass sich diese individuellen Entscheidungen bei Frauen wiederholen, als würden sie alle die gleiche Schallplatte auflegen. Dass sich Frauen in ihren Paarbeziehungen schablonenartig im Kleinen und Großen anpassen und unterordnen? Als wären sie Aufziehpuppen, bei denen man nur bestimmte Knöpfe drücken muss.

Die Analytikerin Eva Jaeggi kennt die Mechanismen der Unterwerfung und weiß, wie sehr Frauen in einer Liebesbeziehung zur Selbstverleugnung neigen. Aus ihrem eigenen Leben. Wenn sie heute davon erzählt, ist sie entspannt und kann nur noch den Kopf schütteln. Sie versteht sich selbst nicht mehr.

»Ich war hochschwanger mit meinem ersten Kind und lag auf dem Diwan. Es ging mir gar nicht gut. Mein Mann war auch im Zimmer und sagte: ›Ich hätte gern eine Banane.‹ Das hieß, ich musste aufstehen, denn das Obst stand in der Küche. Und was machte ich? Statt ihm zu sagen, er solle sich seine Banane gefälligst selbst holen, rappelte ich mich mühsam auf, watschelte mit meinen geschwollenen Beinen und mit dickem

Bauch in die Küche und brachte sie ihm. Eigentlich komisch, dachte ich damals, und hab noch darüber gelacht – so gefangen war ich. Ich hab mir viele Dinge nicht klargemacht. Und dabei hat mein Mann immer gesagt – vor allem öffentlich –, wie wichtig es ihm sei, dass eine Frau selbstständig ist und ein eigenständiges Leben hat. Ich hätte natürlich vorher wissen können, dass er keineswegs partnerschaftlich leben will.«[21]

Eva Jaeggi hat das Muster irgendwann begriffen, manche Frauen kapieren es nie. Sie leugnen und verdrängen, vor allem, wenn sie ein modernes Selbstbild haben. Dann ist es nicht einfach, zu sagen: Okay, ich finde es klasse, dass mein Mann bestimmt und ich folge. Unterwürfigkeit passt nicht ins Bild.

»Da sitzen Frauen vor mir«, erregt sich Anwältin Peschel-Gutzeit, »und zwar durchaus auch junge Frauen, denen ich klarmachen muss, dass sie nicht nur die gleichen Rechte haben wie ihr Mann, sondern sogar die verdammte Pflicht, sie wahrzunehmen. Ein Kind zum Beispiel hat ein Recht darauf, dass beide Eltern entscheiden, was mit ihm geschieht. Und manche Frauen lassen alles ihren Mann unterschreiben und hoffen, damit hat es sich für sie erledigt. Sie sind richtig verblüfft, wenn das nicht reicht. Das könnten sie jetzt gar nicht verstehen, sagen sie dann.«[22]

Der Selbstbetrug hat viele Facetten, und seine Auswirkungen reichen weit über das Private hinaus. Der Betrug lässt Frauen die Illusion, dass sie sich behaupten: So müssen sie sich nicht der Verantwortung für ein eigenständiges Leben stellen. Der Betrug leugnet die Rollenfallen: So lässt sich jede Entscheidung als individuell und damit als angemessen erklären.

Doch was auf der persönlichen Ebene als Rollenmuster negiert wird, kann in seiner kollektiven Dimension nicht erkannt und hinterfragt werden. So hilft die permanente Anpassung an die Weiblichkeitsrolle im Privaten, die Verhältnisse im Politischen zu stabilisieren und zu erhalten. Die gemeinsame Kraft zur Veränderung kann nicht entstehen.

Die Geisel

In der Liebesbeziehung verhalten wir uns, als wären wir in Geiselhaft. Als wäre die Liebe ein romantisches Kidnapping, bei dem wir hilf- und wehrlos gemacht werden und nicht mehr frei entscheiden können. Als würden wir in eine Beziehung hineinspazieren wie in eine Bankfiliale, die gerade ausgeraubt wird. Und als würde dort der Räuber auf uns warten und uns gefangen nehmen. Dabei sind wir es, die sich als Geiseln anbieten.

Doch damit nicht genug. Denn was macht eine reale Geisel? Sie ist ohnmächtig, fühlt sich überwältigt und entwickelt Wut und Hass auf den Geiselnehmer. Solche Gefühle können wir aber mit Liebe schlecht vereinbaren. Also treiben wir es um einiges perfider: Wir retten uns in eine besondere Spielart des Stockholm-Syndroms.

Das Stockholm-Syndrom ist ein interessantes psychisches Phänomen, bei dem die Grenze zwischen Täter und Opfer verwischt wird. Beim Stockholm-Syndrom fühlt sich die Geisel dem Geiselnehmer zunehmend verbunden. Sie lässt sich emotional auf ihn ein, entwickelt eine Art Wir-Gefühl, manchmal sogar Liebe. Das funktioniert nur, wenn die Geisel ihre eigenen Bedürfnisse, ihr eigenes Werte- und Normensystem unterdrückt. Sie leugnet die Gewalt, die vom Täter ausgeht, um ihre Abhängigkeit von ihm ertragen zu können, und weil sie hofft, dass dieses Verhalten ihr etwas einbringt: eine wohlwollendere Behandlung. Die Kooperation mit dem Geiselnehmer kann bis zur totalen Unterwerfung führen, zur völligen Aufgabe der eigenen Autonomie. Die Geisel wechselt die Fronten. Sie macht sich zur Komplizin des Täters.[23]

Bei einer realen Geisel führen Stress und Lebensgefahr dazu, sich derart an den Peiniger anzupassen. Denn eine Geisel ist mit jeder Faser ausgeliefert. Selbstverständlich funktioniert das hier anders. Wir Frauen sind in diesem Sinne nur gefühlt Geiseln. Wir liefern uns selber aus. Weil wir in einer Geiselmentalität gefangen sind. Wir begeben uns freiwillig in eine Rolle, in der wir uns einem anderen unterwerfen. Und wie die reale Geisel mit dem Stockholm-Syndrom glauben wir, davon zu profitieren: Indem wir durch unsere Identifikation mit dem Mächtigen selbst teilhaben an der Macht – ohne dass wir sie für uns selbst erringen müssen.

Mit unserer Hilfe kann die männliche Seite so im Privaten festigen, was ihr auch gesellschaftlich zugestanden wird: die dominierende Rolle. Wir stützen das System und seine Mechanismen. Wir sind nicht dessen Gegnerinnen – obwohl uns dieses System abwertet. Wir sind seine Komplizinnen.

Unsere Geiselhaft ist selbst gewählt. Wir müssen uns nicht ausliefern, wir können unser Leben steuern.

Nehmen wir Conny. Conny ist Ende dreißig, arbeitet als Altenpflegerin und lebt in einem hessischen Dorf. Seit ihrer Heirat hat ihr Mann noch nie länger einen Job gehabt und auch nicht wirklich Lust, zu arbeiten. Sie schafft das Geld ran, sie macht den Haushalt, die Wäsche, den Garten. Sie kümmert sich um alles, was anfällt – während er den ganzen Tag auf dem Sofa liegt und den Hund streichelt.

Conny ärgert sich, na klar. Aber beschwert sie sich, macht sie ihm Druck oder droht ihm mit Rausschmiss? Sie hetzt von der Arbeit, sonst wird er ungeduldig. Wenn sie sich mal abends mit Freundinnen trifft, achtet sie nervös darauf, rechtzeitig heimzukommen. Sonst telefoniert er hinter ihr her, um sie zu kontrollieren.

Bei einer Ehe, sagt sie, geht es eben mal auf und ab, und er ist schließlich mein Mann. Ihre Familie hat mehr als einmal angeboten, sie bei einer Trennung zu unterstützen, doch Conny blockt immer ab. Sie ist zwar unglücklich, aber noch unglücklicher würde es sie machen, ihre Ehe aufzugeben. Glaubt sie. Nichts fürchtet sie mehr, als ohne Mann dazustehen.

Die Feigheit

Conny könnte sich wehren, doch dazu braucht es Widerstandskraft. Und Mut. Doch Mut gehört nicht zum weiblichen Erziehungsprogramm.

Jeder kennt Pippi Langstrumpf, die Figur aus dem Kinderbuch, als einen mutigen und aufrührerischen Mädchengeist. So oft wie der im modernen Frauenbild beschworen wird, scheint Pippi genau die Art frecher Weiblichkeit zu repräsentieren, die unsere Gesellschaft sich wünscht und braucht. Ein Vorbild, ein role model. Traurig nur, dass, siebzig Jahre, nachdem die schwedische Schriftstellerin Astrid Lindgren diese Figur erfunden hat, nicht etwa Pippi, sondern noch immer ihre Freundin Annika das Rollenspiel in der Realität gewinnt. Annika – vorsichtig, ängstlich, unaggressiv.

Dabei ist Aggression ein wichtiges Stichwort. Um sich selbst zu behaupten, muss man bereit sein, Aggression zuzulassen. Sie ist der Antriebsmotor für den Konflikt. Was auch immer an biographischen und sozialen Prägungen verhindert, dass Frauen ein gesundes Aggressionspotential entwickeln – die Bremse funktioniert. Bis heute.

Mitnichten sind Frauen etwa friedfertiger. Sie gehen nur anders mit ihren Aggressionen um. Konflikte einzugehen, ist für sie meist eine schwierige Übung, jeder Coach, jede Therapeutin kann ganze Opern davon singen. Und Kilometer an Ratgeberliteratur zeigen, dass viele Frauen ahnen, wie unterentwickelt ihr Kämpfer-Gen ist.[24]

Selbstverständlich gibt es Frauen, die keinen Streit in ihrer Beziehung riskieren können, weil sie in einer existentiellen Zwangslage sind. Aber das ist im Mittelschichtmilieu meist nicht das Problem. Da sind Frauen konfliktscheu, weil sie immer noch glauben, sie dürften das nicht, sonst würde etwas zusammenbrechen. Dabei kann diesen Frauen eigentlich nicht viel passieren. Sie haben gelernt zu denken, haben irgendeine Ausbildung und eine finanzielle Perspektive. Sie könnten unabhängig sein. Aber das machen sie sich nicht klar und ordnen sich in der Partnerschaft lieber unter, als zu streiten. Aggressivität löst bei ihnen Schuldgefühle aus, sie fürchten, die Kontrolle über sich zu verlieren.

»Die Hauptursache, dass Frauen ihre Lebenspläne nicht verwirklichen oder auf Dauer nicht durchhalten, liegt darin, dass sie nicht zur Konfliktbereitschaft und damit auch nicht zur Konfliktfähigkeit erzogen werden«, stellt Lore Maria Peschel-Gutzeit fest, die sich garantiert politisch nie durchgesetzt hätte, wenn sie von diesem Übel befallen wäre. »Viele Frauen meiden den Konflikt, wo sie nur können. Häufig in der Vorstellung, es wird schon gut gehen. Aber jede nicht geführte Diskussion, jede Debatte, die ich vermeide, ist auch eine Entscheidung, nämlich gegen eine Änderung der Situation. Das macht sich kaum eine Frau klar.«[25]

Die hohen Scheidungsraten sind für die Anwältin kein Beweis für eine größere Konfliktbereitschaft bei Paaren, eher fürs Gegenteil: Dass Beziehungen zu Bruch gehen, weil die Differenzen nicht ausgetragen werden, bis alles implodiert.

Statt auf den Putz zu hauen, haben Frauen etwas anderes gelernt – zu meckern. Dieses passiv-aggressive Rumnölen, das nur dazu dient, der eigenen Unzufriedenheit Luft zu verschaffen. Eine verdruckste Entlastung, die wenig bringt. Denn wer meckert, argumentiert nicht. Und das ist unerlässlich, wenn man Konflikte klären und an die Ursachen ranwill.

Aggression und Wut sind Energien, die Frauen nicht produktiv einzusetzen gelernt haben. Wie streitet man gut? Das ist die entscheidende Frage. Und wenn sie die nicht beantworten können, machen Frauen lieber auf Harmonie.

Tiefenpsychologisch gibt es dafür Erklärungen, meint Rosemarie Leinemann. Häufig ist die Konfliktvermeidung ein Muster, das von den Eltern übernommen wurde. Da ist vielleicht die Mutter, die immer versucht hat, diplomatisch gegenüber dem Vater vorzugehen, und das pragmatisch begründet hat. »Bloß stillhalten jetzt, der regt sich schon wieder ab. Ein Streit bringt doch nichts.« Oder der Vater, der jede aggressive Äußerung außer seiner eigenen im Keim erstickt hat.[26]

Psychologie hin, Sozialisation her – Frauen haben die Wahl. Konflikte auszutragen, lässt sich lernen, wenn man es will. Doch dazu gehört Mut. Und Frauen sind feige.

Britische Forscher haben dazu ein interessantes Experiment gemacht. Sie fragten sich, ob Frauen von Natur aus Risiken scheuen oder erst durch soziale Einflüsse dazu gebracht werden. Dazu verglichen die Wissenschaftler von der Universität Essex in einem breit angelegten Verhaltensexperiment drei Gruppen: Schülerinnen reiner Mädchenschulen sowie Mädchen und Jungen aus gemischten Klassenverbänden.

Das erste Experiment

Die Jugendlichen konnten wählen: Entweder bekamen sie eine festgelegte Summe Geld, deren Höhe garantiert wurde. Oder sie konnten die Summe verdoppeln, indem sie eine Münze warfen. Allerdings bestand dann auch die Gefahr, einen Teil des Geldes zu verlieren.

Das Ergebnis:

Die Mädchen der gemischten Schulen bevorzugten die Sicherheitsvariante. Die Schülerinnen der reinen Mädchenschulen waren genauso risikobereit wie die Jungs.

Das zweite Experiment

Die Jugendlichen mussten Aufgaben lösen und wurden dafür entlohnt. Sie konnten wählen: Entweder bekamen sie eine Prämie für jede gelöste Aufgabe. Oder sie entschieden sich für einen Leistungswettbewerb, bei dem nur der Beste einer Vierergruppe alles einstrich.

Das Ergebnis:

Die Mädchen der gemischten Schulen gingen dem Leistungsvergleich aus dem Wege. Die Schülerinnen der reinen Mädchenschulen entschieden sich genauso oft für den Wettbewerb wie die Jungs.

Daraus zogen die Forscher den Schluss: Mut liegt nicht in den Genen. Erziehung und der soziale Umgang mit Gleichaltrigen verstärkt sogenannte typisch weibliche Eigenschaften. Mädchen werden in ihrer geschlechtlichen Identität verunsichert, wenn sie mit Jungs konfrontiert werden. Das bringt sie dazu, ihre Weiblichkeit zu betonen, indem sie versuchen, dem männlichen Bild von Frauen zu entsprechen. Sind sie nur unter Geschlechtsgenossinnen, werden diese Verhaltensweisen nicht provoziert. Die gesellschaftliche Prägung trägt entscheidend dazu bei, so die Wissenschaftler aus Essex, dass Mädchen Risiken und Wettbewerb eher scheuen als Jungs.[27]

Wir können uns also nicht damit herausreden, dass wir von Natur aus feige sind. Wir scheitern nicht an der biologischen Prägung. Denn Feigheit wird uns antrainiert. Heißt das nicht, wir können auch anders?

Was Mädchen nicht lernen, fehlt den erwachsenen Frauen. Sie trauen sich selten, ein Wagnis einzugehen, sie fürchten die Konsequenzen. Mut gehört nicht zum Standardrepertoire in der weiblichen Welt. Feigheit durchaus.

Zugegeben: Feigheit ist ein altmodisches Wort. Es scheint wenig in unsere ausdifferenzierte Welt zu passen, eher zu den holzschnittartigen Moralbegriffen eines Abenteuerromans. Und doch erfasst es durchaus treffend, was sich im Gemüt von Frauen abspielt. Im Brockhaus von 1894 wird mit Feigheit ein Zustand beschrieben, in dem sich Menschen vor Gefahren oder Schmerzen scheuen. Das lähmt ihre Freiheit und Tatkraft und stumpft ihr Gefühl für Ehre und Schande ab. Ist es wirklich etwas großartig anderes, wenn Frauen sich freiwillig unterwerfen?

Es ist ihre Geiselmentalität, die Frauen daran hindert, sich selbst zu behaupten und aufzubegehren. Verbunden mit dem Glauben, dass sie vom Stillhalten in der Beziehung mehr profitieren. Wer nicht zubeißt, kriegt auch nichts aufs Maul.

Denn Konflikte sind gefährlich. Die Angst, etwas zu verlieren, macht Frauen zu Weichlingen. Denn zu verlieren gibt es viel: vom Selbstbild des sanften, friedfertigen Wesens über das gewohnte Leben bis hin zur Liebe eines Mannes. Wer den Mut hat, hoch zu klettern, kann auch tief fallen. Frauen schützen sich davor durch ihre Höhenangst.

Und unterstützt werden sie dabei von ihrer Bequemlichkeit: Wir haben es uns doch eingerichtet – und nach außen ist alles so schön – und eigentlich bin ich ja nur mal reingestolpert – jetzt finde ich nicht mehr heraus – ich will ja auch gar nicht richtig – es soll einfach alles von allein besser werden – verzichten will ich ja auch nicht – keinesfalls auf die guten Seiten – nicht auf das Geld, den attraktiven Mann, die schöne heile Welt – nach außen hab' ich doch wenigstens was – und wenn ich was unternehme, hab' ich vielleicht gar nichts mehr.

Bequemlichkeit ist nicht nur ein Übel, sie ist eine Falle.

So ziehen Frauen es vor, sich in der wohltemperierten Komfortzone aufzuhalten. Wo sie nichts herausfordert und nichts gefährdet. Aus dem Kampf zwischen Selbstbehauptung und Trennungsangst geht die Angst meist als Sieger hervor. Den Spaß am Kämpfen und Gewinnen, die Zuversicht, dass man verliert und doch wieder aufsteht, die Lust am Wagnis und Risiko können Frauen selten empfinden. Sie sind zwar ganz scharf darauf, einen Helden zu lieben, aber wollen selbst keine Heldin sein. Ist das nicht Feigheit?

Obwohl sie in der Analyse zustimmt, lässt Lore Maria Peschel-Gutzeit den Begriff Feigheit nicht gelten. »Das sind Unzulänglichkeiten, die Frauen daran hindern, selbstbestimmt zu handeln. Das hat mit Feigheit nichts zu tun. Denn Feigheit bedeutet ja: Ich kneife vor einer Entscheidung, weil mir der Mut fehlt. Ich erlebe die Frauen in solchen Situationen eher so, dass sie nicht rechtzeitig aus einem Traum aufwachen. Aber wenn ich Furcht davor habe, aufzuwachen, bin ich ja noch nicht feige, sondern hoffe nur, weiterträumen zu dürfen.«[28]

Unzulänglichkeit? Feigheit? An einem Streit um Begriffe soll es nicht hängen. Hauptsache, wir ändern dieses Verhalten. Denn ohne Wagnis wird das nichts mit der Selbstbestimmung. Wir Frauen brauchen ein Pfund Mut statt einer Tonne Ausreden!

Die Wahl

Frauen sind Spezialistinnen für Träume. Doch wer träumt, muss irgendwann wach werden. Und wenn es um Liebe geht, kann das Aufwachen ein grausamer Moment sein. Vor allem wenn man feststellt, dass man sich im Traum einem Trugbild hingegeben hat.

Für einen dieser zerstörerischen Wunschträume haben Juristen sogar einen hübschen Namen: Auswahlverschulden. »Das sage ich meinen Mandantinnen so oft, wenn sie sich über diese Ungestalt beklagen, die ihr Mann ist«, erzählt Anwältin Peschel-Gutzeit. »Hören Sie mal, sage ich dann, Sie haben einfach nicht richtig hingeguckt. Das können Sie nicht zurückholen. Es war ein Auswahlverschulden. Niemand hat Sie gezwungen, sich mit diesem Mann einzulassen. Sie waren doch nicht gelähmt an Händen und Füßen!«[29]

Als Konsumenten sind wir begierig auf Information. Bei jedem neuen Auto checken wir die Fachpresse und Fahrberichte, uns kommt kein Laptop ins Haus, ohne dass wir Freunde nach ihren Erfahrungen fragen, und kein Olivenöl oder Shampoo, das bei Stiftung Warentest nicht gut abschneidet. Aber wenn es um unsere Existenz geht, wenn wir uns auf eine dauerhafte Beziehung einlassen, erlauben wir uns großzügig, nicht genau hinzugucken. Hauptsache verliebt. Gedanken über die Konsequenzen unserer Entscheidung – unnötig. Wer sich liebt, braucht nicht mehr zu überlegen. Das ist die Seife auf der Rutschbahn in die Rollenfalle.

Und diese Schmiere funktioniert völlig unabhängig vom Alter. Ob jung und unerfahren oder älter und lebensklug – die Verblendung ist nicht auf Lebensphasen beschränkt.

Frauen sind hingerissen vom Womanizer – und dann wundern sie sich, wenn er nicht treu bleibt. Sie erobern den einsamen Wolf – und dann kränkt es sie, dass er nie für sie da ist. Sie wollen den wilden Kerl – und dann beklagen sie sich, dass er nicht pure Zärtlichkeit ist. Sie nehmen den Workaholic – und dann nervt es sie, dass er keine Zeit hat für die Kinder.

Die Tiefenpsychologie hat verschiedene Erklärungsansätze, warum die Auswahl schiefgehen kann. Zum Beispiel die Geschichte von Schlüssel und Schloss. Da lernt eine Frau einen

Mann kennen und hat spontan das Gefühl: Er ist der Mann meines Lebens. Wir sind so vertraut, als wären wir uns in einem früheren Leben begegnet, da ist etwas ganz Besonderes zwischen uns. Stimmt: Es gibt etwas Vertrautes und Besonderes. Denn nach ein paar Jahren merkt sie vielleicht, dass dieser Mann viel von ihrem Vater hat. Unbewusst hat sie das Vertraute gesucht und den Vater bekommen.

Es ist ein stilles, verdecktes Muster, das sich hier durchsetzt. Im schlimmen Fall geraten Frauen, deren Vater Alkoholiker war, an einen Trinker als Freund. Und Frauen, deren Vater geschlagen hat, an einen gewalttätigen Mann. Auch in einem weniger dramatischen Fall werden Frauen von irgendetwas stark angezogen, das sie davon überzeugt: Er passt zu mir wie der Schlüssel zum Schloss. Und er passt auch, denn es ist ein vertrautes Schema, das sich hier wiederfindet. Doch das Schloss ist das Schloss aus der Kindheit und gehört nicht mehr zu der erwachsenen Frau. Die braucht etwas anderes.

Frauen binden sich nach oben, nicht nach unten. Ein uraltes Muster. Meist suchen sie den Mann, der mehr Erfahrung, mehr Geld, mehr Prestige, mehr sonst was hat. Als bräuchten sie heut noch den starken Typen, der sie und die Kinder beschützt, oder den Ernährer, der ihr wirtschaftliches Auskommen sichert. Sie wollen nicht den Partner auf Augenhöhe, sondern einen, der sie überragt. Sie wollen einen echten Kerl. Und dann wundern sie sich, dass ein starker Mann keine starke Frau an seiner Seite ertragen kann.

Die Psychoanalytikerin Maja Storch ist dieser Spur nachgegangen.[30] Sie hat sich gefragt, warum von einer starken Frau, die im besten Sinne emanzipiert ist, so wenig übrig bleibt, wenn sie sich verliebt. »Sie ist autonom und hat eine entwickelte Persönlichkeit, sie liebt ihren Beruf, kann ihren Standpunkt vertreten und ihre Interessen durchsetzen ... kurz, sie hat ihr Leben im Griff. Doch wenn sie sich verliebt, ist sie wie verwandelt ... keine Spur mehr von der starken, selbstbewussten Power-Frau.«

Wenn die starke Frau auf den ersehnten starken Mann trifft, gewinnen erstaunlich traditionelle Verhaltensmuster die Oberhand, stellt die Analytikerin fest. Frauen wollen mit dem Mann ins Bett, der ihnen Schwierigkeiten macht. »Und aus dem Strudel der Gefühle zwischen Sehnsucht nach Hingabe und Panik und Kampf gegen den Tyrannen, der ihr Freiheit und Autonomie zu nehmen droht, zieht sich die starke Frau oftmals erschöpft zurück.«

Weil sie diesen Gefühlscocktail nicht steuern kann, falle sie in tradierte Rollen zurück, meint Maja Storch. Hier tobe ein Konflikt zwischen dem weiblichen Bewusstsein, das Autonomie verlangt, und dem Unbewussten, das zur Selbstaufgabe drängt. Die starke Frau sabotiere ihre Liebesbeziehung durch ihr Verlangen nach dem Wolfsmann.

Typischer Fall von Auswahlverschulden, würde Lore Maria Peschel-Gutzeit dazu sagen. Aber wer behauptet, dass wir dieses Muster nicht durchbrechen können?

Der Plan

Die Liebe zu romantisieren.
Die Paarbeziehung zu überfrachten.
Den Mann zu idealisieren.
Die Konflikte zu ignorieren.
Der Feigheit zu erliegen.
Der Bequemlichkeit nachzugeben.
Den alten Rollenmustern zu folgen.
Dem Selbstbetrug zu frönen.
Die Selbstbestimmung aufzugeben.
Sich zu unterwerfen.

Typische Schritte in einer Frauenbiographie. Der Stufenplan in die Abhängigkeit. In jeder Altersgruppe zu finden. Wir kennen das Muster. Wir kennen die Fallen. Wir wollen nicht hineinstraucheln, sagen wir. Wir wollen doch gleich und frei sein.

Deshalb haben wir die Wahl.

Wollen wir Schafe sein oder Ärger provozieren? Wollen wir Krach schlagen oder leise weinend untergehen? Warum nicht ein Leben mit Schärfe und Biss?[31] Und mit dem Schock der frischen kalten Außenwelt? Denn die Alternativen zu einem Leben in zweiter Reihe sind durchaus reizvoll – die Liebe von Gleich zu Gleich.

Nehmen wir Brad Pitt und Angelina Jolie. Nicht gerade das Pärchen von nebenan, aber vielleicht haben sie uns ja doch etwas zu sagen.

Brangelina sind derzeit wohl das angesagteste Schauspielerpaar Hollywoods. Auch wenn zig Marketingexperten damit beschäftigt sind, ein angemessenes Außenbild ihrer Ehe zu verkaufen, möchte man doch nicht wirklich wissen, wie es in ihrem Privatleben aussieht. Außer im Kino. Ihr Film *Mr. & Mrs. Smith* ist zwar kein grandioser Streifen, lässt sich aber als wunderbare Parabel auf stumpfsinnige Geschlechterrollen sehen und auf die Möglichkeiten einer Beziehung, wenn diese Rollen mal kurz weggesprengt werden.

Jane und John Smith führen eine Vorstadtehe und landen wegen tödlicher Langeweile beim Paartherapeuten. Wenn John nicht beruflich unterwegs ist, kommt er pünktlich um sieben nach Haus; Jane stellt ihm ein ungenießbares Essen hin, hat schon wieder abscheuliche Vorhänge gekauft und ist besessen von neuen Bezügen fürs Sofa. Die beiden öden sich an, am Tisch und im Bett. Erst als sie rauskriegen, dass sie ihr Eheleben gegenseitig als Tarnung benutzen, dass er kein freundlicher Nachbar ist und sie keine fleißige Hausfrau, dass er sich einen Dreck für Schmorbraten interessiert und sie das Essen hat fremdkochen lassen, dass beide heimlich dem gleichen, hoch spezialisierten Job nachgehen und beide darin perfekte Profis sind – erst da wird ihre Beziehung aufregend. Erst dann entdecken sie sich gegenseitig hinter der Rolle – von Gleich zu Gleich.

Okay, die beiden sind Auftragskiller. Die besten, die man auf dem Markt kriegen kann, und zwischendrin versuchen sie auch mal, sich gegenseitig umzubringen. So gesehen ist die Smith'sche Lebensart vielleicht nicht wirklich nachahmenswert. Und doch – wie spannend plötzlich die Liebe ist, wenn Jane und John sich auf Augenhöhe begegnen.

Ada

Ich heiße Ada, bin achtundzwanzig Jahre und dachte, dass ich meine Mutter für immer hassen müsste.

Eigentlich bin ich komisch erzogen, denn so etwas wie eine klare Linie gab es dabei nicht. Meine Eltern sind sehr liberal, sie haben beide gearbeitet, und ich wurde zu einer Tagesmutter gegeben. Die war klasse, doch sehr konservativ. Wir haben in Frankfurt gelebt, aber ich war auch viel auf dem Land bei Verwandten.

Ich bin selbstständig und nicht wie ein typisches Mädchen aufgewachsen. Vielleicht auch, weil ich dagegen sehr früh rebelliert habe und lieber sein wollte wie mein älterer Bruder. Ich trug nur Hosen und die Haare immer kurz. Bis zum Ende meines Studiums hatte ich nicht das Gefühl, dass ich Probleme habe, weil ich eine Frau bin. Bis dahin bin ich reibungslos durchgekommen.

Trotzdem kenne ich diese Mädchenseiten sehr gut an mir. Als ich nach meinem Studium begann, als Trainee in einem großen Kölner Unternehmen zu arbeiten, war ich zuerst sehr zurückhaltend. Die jungen Kollegen, die mit mir angefangen hatten, traten viel forscher auf.

Dabei kann ich durchaus männlich daherkommen, cool und tough. Dann spüre ich, dass meine Vorgesetzten irritiert sind. Manchmal denke ich, wenn ich jetzt auf Weibchen machen würde, hätte ich es einfacher.

Wenn ich mal wieder so einen Tag hinter mir habe, wo ich nur kämpfen musste, ruf ich eine Freundin an und jammere: »Ich will sofort ein Reihenhaus und einen Mann, der das Geld nach Hause bringt und mir sagt, wo's langgeht!« Na ja, ist nicht wirklich ernst gemeint.

Ich war schon ein Jahr in Köln, da hat es mich ganz schlimm erwischt. Denn obwohl die Männer bei mir manchmal Schlange stehen, hatte ich den richtigen bisher nicht gefunden. Wahrscheinlich weil ich nur einen will, der dieses Gleichberechtigungsding wirklich leben kann.

Und dann verliebe ich mich in einen Mann, mit dem ich beruflich zu tun habe, und denke: Der isses! Ich war ganz hin und weg. Pech aber – es ging gar nicht mit ihm, überhaupt nicht, er hat mich einfach nicht geliebt. Das hat mich so fertiggemacht, dass ich alles, was ich mir hier aufgebaut hatte, hinschmeißen wollte. Die Karrierechancen, die beruflichen Kontakte, die Freunde, die Wohnung – alles wollte ich aufgeben. Nur weg! Heim, nach Haus zu meiner Mama, zurück nach Frankfurt. Ich konnte es einfach nicht ertragen, in derselben Stadt zu leben wie dieser Mann.

Ich rief meine Mutter an und sagte: »Ich komme!« Und was antwortete sie? »Ich nehm dich nicht!«. Allen Ernstes! Ich war fassungslos. »Du kannst mich doch nicht einfach aus dem Nest stoßen«, schrie ich. Aber sie blieb hart. »Ich überweis dir tausend Euro auf dein Konto«, sagte sie, »und immer wenn du es nicht aushältst, steigst du in den nächsten Zug und kommst her. Dann kannst du gern eine Woche bleiben, aber dann fährst du zurück nach Köln. Diesen Deal können wir machen. Aber ich nehm dich nicht bei mir auf, du ziehst nicht bei mir ein, und ich werde dich auch nicht weiter unterstützen, wenn du nicht in Köln bleibst.«

Verraten und verlassen von der eigenen Mutter! Ich war so unglaublich wütend. Doch sie sagte nur: »Irgendwann wirst du es mir danken.« Und tatsächlich... Es hat zwar eine ganze Zeit gedauert, aber dann hab ich gemerkt: Mein Gott, sie hatte ja Recht! Ich war einfach blind und dachte, ich müsste fliehen, um Abstand zu bekommen. Doch dann habe ich mich ja auch so behauptet. Meine Mutter hat mich vor einem wirklich idiotischen Schritt bewahrt.

Die Modelzucht

Sie heißt Britt. Britt ist fünfzehn Jahre alt und Schülerin einer Gemeinschaftsschule in Kiel. »Natürlich war das krass«, sagt sie, »aber als er mich fragte, hab' ich mir gar nichts dabei gedacht.« Einen Monat war Britt mit Niko zusammen, als er diese Idee hatte. Sie waren allein im Haus seiner Eltern, niemand konnte sie stören. Und dann hat sich Britt für ihren Freund ausgezogen, langsam, Stück für Stück, bis sie halb nackt war. Er hat sie dabei mit dem Handy gefilmt, und als sie nur noch in Jeans vor ihm stand, meinte er, sie solle sich doch ein bisschen bewegen, so dass es richtig geil aussehe. Sie tat ihm den Gefallen, es reizte sie, sich zu zeigen.

Das Video wollte er nur für sich, sagte Niko, um sie immer ansehen zu können, wenn sie ihm fehlte. Als Britt am nächsten Tag in der Schule ihren Freundinnen von der Sache erzählte, zuckten die nur mit den Achseln. Sie fanden nichts dabei. Zwei von ihnen hatten sich auch schon mal zu Nacktpartys im Netz verabredet, sich ausgezogen, vor ihre Webcams gesetzt und gechattet.

Zwei Monate später war es mit Niko vorbei; er ging Britt total auf die Nerven. Und weil sie keinen Bock hatte, ihm das zu sagen, schickte sie ihm eine SMS, dass sie Schluss mache. Erst hörte sie tagelang nichts und begegnete ihm auch nicht in der Schule. Dann rief ein Typ aus ihrem Deutschkurs an. Niko hatte all seinen Freunden das Video mit Britt geschickt und auch noch einigen anderen Jungs an der Schule. Das glaubte Britt erst, als sie es am nächsten Tag auf dem Handy eines Schülers sah und Nikos Kommentar dazu: »Hier meine nackte Ex.« Sie war wütend, sie schämte sich, sie kam sich vor wie eine Nutte. Bis ihr einer von Nikos Freunden auf dem Schulhof grinsend hinterherrief: »Echt geile Titten!« Da war sie sogar ein bisschen stolz.

Der Einsatz

Ist es Freude am Sex oder Selbstvermarktung? Erschreckend naiv oder fremdgesteuert? Instrumentalisiert Britt ihren Körper, oder hat sie einfach nur Spaß? Wahrscheinlich weiß sie es selbst nicht so genau.

Wie für ihre Freundinnen ist es für sie alltäglich, ihren Körper einzusetzen und auszustellen. Es muss ja nicht immer so bescheuert enden wie mit Niko. Das Äußere prägt ihr Bild von Weiblichkeit. Frau ist Body. Das kriegt sie auf jedem Cover, auf jedem Plakat, an jeder Straßenecke, in jedem Mädchenmagazin mit, warum soll sie es mit ihren fünfzehn Jahren denn anders sehen?

Bin ich sexy? Bei Schüler-VZ, einem der sozialen Netzwerke im Internet, ist die Selbstvermarktung bestens zu beobachten. Junge Mädchen präsentieren sich dort mit Filmen und Fotos, in denen sie in Unterwäsche auf ihrem Bett posieren, möglichst erotisch. Sie pornographisieren ihr Äußeres, ihre Gestik und Mimik – während die um sie herum hockenden Kuscheltiere verraten, wie kindlich ihr Horizont ist. Wenn man die Mädchen fragt, was sie da treiben, sind die Antworten lapidar: Weil es alle machen und weil sie nicht prüde sein wollen.

Eltern, Lehrer, Erzieher und die üblichen gesellschaftlichen

Bedenkenträger reagieren verstört und können das Verhalten der Jugendlichen nicht nachvollziehen. Warum eigentlich nicht? Es ist doch ihre eigene Welt – die Welt mit den Spielregeln der Erwachsenen –, in die diese Mädchen hineinerzogen werden und die sie sich aneignen.

Die Kröte

Selbstbewusst. Neugierig. Cool. Noch nie waren Mädchen in diesem Land so privilegiert. So klug, so gebildet, so ehrgeizig, so gut in der Schule, so fit bei den Abschlüssen. Nichts und niemand hindert sie, ihren Weg zu gehen und ihren Plänen zu folgen. Alles wartet doch nur darauf, dass sie später als junge, intelligente Frauen einen Platz in der Gesellschaft erobern. Selbstverständlich an der Seite der Männer und nicht irgendwo in der zweiten und dritten Reihe dahinter. Auf Augenhöhe. So ist es doch, das werden sie doch, oder?

Und was machen diese klugen Mädchen, wenn sie nicht gerade Algorithmen lösen?

Nehmen wir Lena. »Beweg dich! Los, mehr! Wälz dich!« Lena ist siebzehn, ihre Maße kann die interessierte Öffentlichkeit im Netz nachlesen: 177 cm, 89-64-89. An einem bitterkalten Tag räkelt sich Lena, nur mit stinkenden, glitschigen Algen umwickelt, an einem Sandstrand und im eisigen Meer. Sie macht ein Fotoshooting für *GNTM, Germany's Next Topmodel*. Eigentlich will sie sich nicht nackt zeigen, und die Algen findet sie total ekelhaft. Aber sie macht mit, während Heidi Klum, die Domina der Reality-Show des Privatsenders ProSieben, davon quasselt, dass alles zum Model-Job gehört, was der Fotograf verlangt. Und zu Hause hocken dann all die anderen klugen Mädchen vor der Glotze, starren auf Lena, und viele wären auch gern dabei und würden ebenfalls tun, was die da tut.[1]

Bei einer Befragung von tausend britischen Mädchen zu ihrem Berufswunsch gaben sechzig Prozent an: Model! Das sei ihr Karriereziel.[2] Als ginge es hier um ein ernst zu nehmendes neues Berufsfeld. Auch auf erwachsene Frauen übt das Sich-zur-Schau-Stellen eine erstaunliche Faszination aus. 2009 beschloss die Zeitschrift *Brigitte*, auf Profimodels zu verzichten und für ihre Fotostrecken nur noch Alltagsfrauen abzulichten. Die Leserinnen wurden aufgefordert mitzumachen, und innerhalb eines Jahres meldeten sich rund siebenundzwanzigtausend Frauen jeden Alters, um einmal im Leben Model zu spielen.[3]

So träumen schon Zwölfjährige von Brustvergrößerungen und aufgespritzten Lippen, von neuen Nasen und weggeschnibbelten Speckrollen. Privatsender wie MTV und ProSieben zeigten Doku-Serien mit Schönheitsoperationen, das klassische Vorher/Nachher: Die mit ihrem Aussehen unglückliche Kandidatin, den Einsatz des Skalpells, das blutige Procedere, die Schmerzen, die Ängste und am Schluss den bombastisch-kitschigen Auftritt des hässlichen Entleins, das zum Schwan gequält wurde. Bei jugendlichen Zuschauern waren diese Sendungen ein Renner.[4]

Body-Modifikation, perfektioniere deinen Körper! Das fällt vielen Mädchen heute ein, wenn es um ihr Selbstbild geht. Glaubt man der *Bravo*-Studie von 2009, sind nur gut die Hälfte der Mädchen zwischen elf und siebzehn Jahren mit ihrem Aussehen und ihrem Gewicht zufrieden. Erfolg ist für sie eine Sache von schlanker Figur, schönen Haaren, flachen Bäuchen und prallen Brüsten.

Und dann die Model-Show. Bei den vierzehn- bis neunundzwanzigjährigen Frauen erreichte die Sendung zeitweise eine Einschaltquote von über vierzig Prozent. Seit der ersten Staffel 2006, bei der sich gut elftausend Kandidatinnen beworben hatten, ist deren Zahl ständig gestiegen. Über einundzwanzigtausend waren es 2010 bei der fünften Staffel, noch einmal über zweitausend kamen zusätzlich zum Casting. Und winkten in Köln in die Kameras, als wären sie für den Nobelpreis nominiert.

Auch die Glücklichen, die bei Klums Model-Schlacht in die engere Auswahl kommen, haben dieses Gefühl von Erwähltsein – bis sie zur Freude des Publikums so lange gepeinigt werden, dass sie zusammenbrechen und Rotz und Wasser heulen. Im Märchen müssen Mädchen, denen eine Prüfung auferlegt wird, mit nackten Füßen über Glasscherben laufen. In der Realität werden sie halb nackt über eine Fernsehbühne gejagt. Und wenn dann eine nach der anderen rausfliegt aus dem Wettbewerb – was für eine Gaudi für die ganze Familie![5] Denn nicht nur viele Mütter ergötzen sich mit ihren Töchtern an diesen Auftritten. Auch die Väter genießen gern so viel frisches Jungfleisch.

Als die öffentliche Debatte über das Model-Quälen hochkochte, schrieb *Der Spiegel:* Sicher, Millionen von jungen Frauen würden sich diesen ganzen Quatsch ansehen. Aber die seien doch viel zu intelligent, um das Zeug tatsächlich ernst zu nehmen.

Da hat das Blatt sicher Recht. Intelligent sind die meisten Zuschauerinnen wahrscheinlich, gebildet wie auch viele der Models. Durchschnittlich die Hälfte von ihnen hat Abitur, einige studieren bereits. Aber macht es das besser? Sie haben ja noch nicht mal den Bonus der Zu-kurz-Gekommenen auf ihrer Seite.

Außerdem bezweifelt *Der Spiegel*, dass mit diesem Theater überhaupt irgendeine Bedeutung transportiert wird: »Klums allwöchentlicher Zickenzirkus ist auf faszinierende Weise spießig«, heißt es da. »Denn was ist die Botschaft? Mädels, seid artig und hübsch, gut geschminkt und ein bisschen unterwürfig, und ihr werdet reich und berühmt!«[6] Das sei doch Unsinn; schließlich handele es sich um Unterhaltung und nicht um Mission.

Geht's vielleicht noch ein bisschen schlichter?

Denn was macht die Faszination der Model-Show aus, wenn sie nicht auf irgendeine verquaste Art an die Wünsche und Fantasien von Mädchen und Frauen andocken und sie verstärken könnte? Wenn die in *GNTM* präsentierten Bilder von Weiblichkeit völlig quer zur Gefühlswelt der Frauen liegen, was amüsiert die Zuschauerinnen dann so daran, dass sie der Einpeitscherin Klum derart traumhafte Quoten bescheren? Zu gehorchen, sich zu unterwerfen, sich ausbeuten zu lassen – freiwillig –, warum sollte es Mädchen und Frauen gefallen, dabei zuzuschauen, wenn sie sich in den Models nicht auch wiedererkennen würden?

Und dann ist da noch ein weiterer Punkt: Während sie aufwachsen, lernen Mädchen selten, auf faire Art miteinander zu konkurrieren. Doch bei der Model-Show wird allen Mädchen – ob vor der Kamera oder vor dem Bildschirm – Konkurrenz sehr schnell beigebracht. Allerdings in pervertierter und brutaler Form. Das Model-Lernprogramm: Mach die anderen fertig, sonst wirst du fertiggemacht. Das Lernprogramm für die Zuschauerinnen: Stell dich bloß keinem offenen Wettbewerb, sonst ergeht es dir schlecht. Und während Lena am Strand erotisch posiert und friert, können ihr die Mädchen zu Hause gemütlich zusehen und spüren, wie herrlich es ist, unterdrückte Konkurrenzbedürfnisse heimlich und im Warmen auszuleben.

Im Märchen muss die Prinzessin den ekligen Frosch nur küssen, damit er zum Prinzen wird. So weit der uralte Mädchentraum. Bei Heidi Klum müssen die Models mit einer ekligen Kröte posieren, die nichts ist als eine Kröte, eine Kröte, eine Kröte.

Der Code

Was für ein Programm läuft da ab? Hier geht es doch nicht nur um Models. Die wären vernachlässigbar. Hier geht es darum, wie Weiblichkeit modelliert wird. Model – das ist nur das Codewort für ein System, das Mädchen zu Hochleistungsweibchen heranzüchtet. Das sie in die Selbstentwertung treibt. Das sie daran hindert, ein unabhängiges weibliches Ich zu entwickeln.

Noch nie waren sich Mädchen so sicher wie heute, noch nie fühlten sie sich stärker als jetzt, so frei und gleich. Und ausgerechnet sie haben dann nichts Besseres im Kopf als ein Modelzucht-Programm – das mal mehr, mal weniger offensichtlich abläuft.

Wie hirngewaschen bedienen Vertreterinnen dieser jungen Generation hypersexualisierte Fantasien und Blödigkeitsbilder von Weiblichkeit. Ganz ungezwungen. Richten sich ein im Gegenentwurf zu weiblicher Autonomie: Reduzieren sich selbst auf den Körper und lassen sich darüber definieren. Diese Mädchen und Frauen *wollen* nur noch über ihr Äußeres bewertet werden.

Okay, warum auch sollten sie sich verleugnen? Das ist doch völlig gestrig. Freier Umgang mit dem Körper, offene Sexualität, das gehörte schließlich mal zum Frauenbefreiungsprogramm. Und sie sind doch so selbstbewusst, dass sie sich längst nicht mehr vorschreiben lassen, was mit ihnen und ihrem Körper passiert. Also wo ist das Problem?

Vielleicht, weil sie das mit der befreiten Sexualität gründlich missverstanden haben?

Die role models, die sich diese Generation erkoren hat, machen die Sache nicht wirklich besser. Darunter sind Frauen, die angeblich souverän und ironisch mit weiblichen Klischees spielen können. Zum Beispiel Charlotte Roche, die Moderatorin und Bestsellerin.

Seit die Bundesregierung im Herbst 2010 die dreiste Entscheidung traf, die Laufzeiten für Atomkraftwerke zu verlängern, ist die Anti-AKW-Bewegung wieder auf der Straße. Und so kam Charlotte Roche, das beste weibliche Selbstvermarktungstalent seit Verona Feldbusch, auf die Idee: Erstens im Wendland ein bisschen mitzudemonstrieren, »um nicht einfach nur dagegen zu sein«. Und zweitens dem Bundespräsidenten Christian Wulff, der das Gesetz zur Verlängerung der AKW-Laufzeiten absegnen muss, einen Deal vorzuschlagen. »Ich würde anbieten, mit ihm ins Bett zu gehen, wenn er es nicht unterschreibt.«[7]
Sehr komisch, Frau Roche. Haben Sie als Einsatz wirklich nicht mehr zu bieten?

Vielleicht sollte man Charlotte Roche mal sagen, dass die australische Sängerin Kylie Minogue so eine Pose bereits vor zehn Jahren perfekt und wenigstens witzig verkauft hat.
»Kylie Minogue: Ich bin eher wie ein Stückchen Treibholz, das andauernd in irgendwelche Ecken gespült wird, in die es eigentlich lieber nicht will.
Süddeutsche Zeitung Magazin: Wie bei einer gefährlichen Liebschaft?
K. M.: Ach was, Männer sind doch so leicht zu durchschauen.
SZ Magazin: Ja?
K. M.: Bei denen kommt in jeder Unterhaltung irgendwann der Punkt, wo es mehr oder weniger dezent in Richtung Sex geht.
SZ Magazin: Und das nervt Sie?
K. M.: Nö, die meisten sind ja ganz nett. Außerdem flirte ich

selbst mit allem, was nicht schnell genug auf dem Baum ist. Eine Zeit lang hatte ich mir vorgenommen, nicht mehr so viel mit Männern zu spielen, aber das lässt sich auf Dauer einfach nicht mit meinem Charakter vereinbaren. Abgesehen davon verlangt mein Beruf, dass ich ein gewisses Maß an Verfügbarkeit suggeriere. Das fällt mir nicht schwer.«[8]

Der Bruch

Niemand redet heute mehr von Sexismus. Und das ist wahrscheinlich auch gut so. Der Begriff klingt altbacken und riecht ein bisschen streng. Die einen erkennen Sexismus, wenn er ihnen begegnet. Und die anderen – wie Britt und die Models – würden ihn nicht erkennen, egal, wie man ihn nennt. Er ist Alltag.

Und es ging ihm noch nie so gut. Er gehört zum Grundrauschen in der Gesellschaft und wird immer seltener bewusst wahrgenommen, weil er sich nicht mehr abhebt. Er muss sich auch gar nicht mehr anstrengen, Mädchen und Frauen irgendwie zuzurichten. Er ist längst Teil ihres Denkens und Handelns. Sie machen bereitwillig mit. Ganz freiwillig.

Doch damit tanzen sie fröhlich in die Falle. Wenn Mädchen die Regeln der Modelzucht akzeptieren, sich deren Bilder als Selbstbilder aneignen, werden sie es auch im weiteren Leben tun. Später, an anderen Schnittstellen ihrer Biographie. Denn auch freiwillige Unterwerfung will gelernt sein. Und die üben sie gerade sehr schön ein.

Bereits junge Mädchen fangen an, dafür den Preis zu zahlen: Für die paradoxen Botschaften, mit denen sie konfrontiert sind. Einerseits wachsen sie mit dem Gefühl auf: »Alles ist möglich.« Andererseits werden sie durch die Weiblichkeitsbilder in der Öffentlichkeit immer wieder in alte Rollen zurückgestoßen, bis sie die nicht nur erfüllen, sondern übererfüllen.

Nicht nur versuchen, Weibchen zu werden, sondern gleich Superweibchen.

Es ist eine zerstörerische Kraft, die an ihnen zerrt. Wenn man sich anschaut, wie viele Mädchen mit Krankheitssymptomen darauf reagieren, mit Essstörungen und Selbstverletzungen beispielsweise, lässt sich ahnen, welcher Gefahr sie durch die widersprüchlichen Eigen- und Fremderwartungen ausgesetzt sind. Welche dramatischen Folgen die paradoxen Verschreibungen für die nachwachsende Generation haben können.

Die Pest

Jedes Programm wird irgendwann gestartet. Wann? Wie?

Wer derzeit an kleine Mädchen denkt, sieht rosa. Selten wurde eine Farbe derart gequält. Es ist, als konzentriere sich in diesem Ton der ganze Jammer dümmlicher Bilder von Weiblichkeit.

Agatha Christie, die englische Krimiautorin, ließ Miss Marple immer dann rosa Bettjäckchen stricken, wenn die ältliche Detektivin betont naiv und ungefährlich daherkommen wollte. Sehr viel anders ist der massenhafte Einsatz der Farbe heute auch nicht zu verstehen.

Eltern, die ihre Kinder unvoreingenommen erziehen wollen, haben gelernt, die Farbe zu hassen. Nehmen wir einen ehemaligen Kollegen von mir. Völlig entgeistert erzählte er eines Tages, dass seine fünfjährige Tochter der Rosa-Wut verfallen sei. Ihr ganzes Zimmer leuchte wie ein Bonbon, ihre Lieblingsklamotten wären alle irgendwie pink, und letztens habe sie ein Riesentheater veranstaltet, weil sie dazu passende Sandalen haben wollte.

Vom Vater schien diese Vorliebe kaum zu kommen, dem ist als hartem Sportler alles Süßliche fremd. Und auch die Mutter der Kleinen gehört nicht zum Rosarot-Typ. Im Kindergarten säßen nur noch rosa Püppchen rum, berichtete der Kollege, und die meisten Eltern reagierten ähnlich fassungslos wie er. Keiner seiner beiden Söhne habe je einen ähnlichen Farbtick entwickelt. Ob es wohl, spekulierte er, bei Mädchen nicht vielleicht doch ein Rosa-Gen gibt?

Damit lag der Kollege gar nicht so falsch, betrachtet man manche Debatte über biologische Prägung. Die wird immer abstruser. Inzwischen geht es dabei nicht nur um Autos und Puppen, sondern auch um Farben. Es soll Menschen geben, die tatsächlich davon überzeugt sind, dass Mädchen und Jungs auf Rosa und Blau programmiert sind. Nur weil kleine Mädchen heute genauso früh am Computer sitzen wie Jungs, heißt es nicht, dass sie dieser Zurichtung entgehen. Schon der Rechner strahlt häufig in typischem Mädchenrosa.

Eigentlich war Blau einmal die weibliche Farbe und Rot, wegen des aggressiven Anteils, die männliche. Wer in einer katholischen Kirche nach der Mutter Maria Ausschau hält, wird sie ziemlich sicher in ein blaues Gewand gehüllt finden. Die Farbsymbolik änderte sich nach dem Ersten Weltkrieg. Blau wurde zur Männerfarbe: wegen des Blaumanns, wegen blauer Matrosenanzüge und anderer blauer Arbeitskluft. Doch nicht etwa Rot definierte künftig das Kontrastprogramm für Frauen, sondern das abgefälscht liebliche Rosa.

Rosa – das ist eine niedlich herausgeputzte Folterkammer, die nach dem alten Inventar riecht: Mädchen, sei zart, süß, zurückhaltend, unaggressiv und mitleiderregend! Und in diese Folterkammer laufen die Kleinen dann lustig quietschend hinein. Jahrzehntelang war die Farbe meist auf weibliche Babykleidung beschränkt. Vielleicht gab's noch den einen oder anderen Kindergarten, der sein Mädchenklo rosa und das Jungenklo blau strich. Doch inzwischen schimmert der gesamte Mädchenkosmos rosarot.

Für Männer, so haben Tests herausgefunden, signalisiert Rosa Hilflosigkeit, Naivität und Schwäche. Wohl deshalb wird Frauen von einer Kleiderberatung im Internet empfohlen: Wenn Sie als Klägerin in einem Scheidungsprozess auftreten, tragen Sie Rosa! Sie werden das Mitleid aller Anwesenden erregen, einschließlich des Rechtsanwaltes Ihres Mannes.

Wie eine Pest in Pink herrscht diese Farbe über die Mädchen-Warenwelt. Da haben wir zum Beispiel die Ausstattung für die kleine Hausfrau: rosa Küchenschrank, rosa Staubsauger, rosa Bügeleisen, rosa Toaster und Mixer … Hausarbeit ist doch süß und gar nicht bedrohlich!

»Mach dich hübsch!« Wie bringt man kleine Mädchen auf die Idee, nach Mode zu gieren und dem Schönheitsdiktat zu folgen? Man macht es rosa. Deshalb gibt es für die Kleinen ein Prinzessinnenspiel mit rosa Schatztruhe, in der rosa Stoffkrönchen liegen. Für die Älteren das rosa Monopoly-Spiel, bei dem die Häuser durch Boutiquen ersetzt sind. Spiele rosa, gewinne, und die Tür zur Schönheits- und Modewelt steht dir offen.

Die Marketingstrategie hinter diesen Produkten ist so schlicht wie wirksam. Der Werbeetat, der auf Kinder zielt, hat sich in den vergangenen Jahren vervielfacht. Je größer der Markt, desto wichtiger, ihn auf Jungen und Mädchen unterschiedlich zuzuschneiden: Teile und mache doppelt Profit. Das ist das Geheimnis hinter dem Farb-Tsunami der letzten Jahre.

Wir alle wissen, wie diese Konsummechanismen funktionieren, wie Produkte in den Markt gedrückt werden und wie stark Kinder unter Gruppenzwang stehen. Erinnert sich noch jemand an das japanische Tamagotchi, dieses Elektronikspielzeug aus den neunziger Jahren, das behandelt werden wollte wie ein Haustier? Jedes, aber auch jedes Kind in der westlichen Welt wollte unbedingt dieses chipgesteuerte Küken haben. Wäre jemand auf die Idee gekommen, dabei von biologischer Konditionierung der Kinder zu sprechen?

Aber bei Rosa. Angeblich greifen Mädchen zu dieser Farbe, weil es ihrer Natur entspricht. Man könnte das Ganze ja einfach als Geschmacksverirrung abtun, wäre da nicht die perfide Verknüpfung dieses Wahns mit weiblichen Bildern und mit den daran anschließenden Assoziationsketten. Die weibliche Hölle ist rosa! Warum wohl gibt es nichts Entsprechendes in der Jungenwelt?

Christiane Nüsslein-Volhard ist eine der wenigen deutschen Nobelpreisträgerinnen. Sie ist Expertin für Genetik und Entwicklungsbiologie und hat damit eine weibliche Sonderrolle in einem männerdominierten Umfeld. Schon deshalb ist die Biologin besonders sensibel für Geschlechterfragen; vor einigen Jahren hat sie eine Stiftung gegründet, die junge Wissenschaftlerinnen mit Kindern finanziell unterstützt.

Die Nobelpreisträgerin beobachtet das Verhalten von Mädchen mit den Augen der Biologin und ist über deren geziertes Gehabe manchmal derart erbost, dass sie es am liebsten doch auf die Natur schieben will. »Die kleine Tochter einer Mitarbeiterin rennt nur noch mit einer Krone auf dem Kopf herum und immer in Rosa. Das prägt doch nicht die Mutter – auch nicht unbewusst. Die denkt nicht an Kronen und Prinzessinnen. Das macht das Mädchen selbst. Man darf wirklich nicht unterschätzen, was so alles von innen kommt.«[9]

Und mit jedem Kinderfahrrad in Pink, auf dem ein kleines Mädchen sitzt – das garantiert so lange gequengelt hat, bis es genau dieses Fahrrad bekam –, hockt ein Mädchen mehr auf einem Stück rosa Zuschreibung; werden rosa Bilder beim Betrachter aktiviert, wird eine weitere Kluft zwischen dem Mädchen und seinem kleinen Bruder konstruiert. Der selbstverständlich nie auf ein rosa Gefährt steigen würde.

Das Bambi

Was sind wir fit und selbstbewusst! Magazine für Mädchen und junge Frauen haben kein Problem, ihren Leserinnen dieses Bild zu verkaufen, und sie gleichzeitig in die weibliche Anpassungsanstalt zu schicken: mit Liebes-, Beziehungs-, Körper- und Schönheitsgesumse.

Sollen Mädchen morgen Bundeskanzlerin werden? Oder Nobelpreisträgerin? Sich einen Job suchen, der ihnen Einfluss verschafft, gutes Geld und die Macht zu gestalten? Ist es das, was Mädchen vermittelt wird, worin sie bestätigt und unterstützt werden? Brich auf! Nutz die Chance! Mach dich nicht klein!

Och ne, lieber sollen sie Prinzessin und Bambi spielen. Da sind sie doch viel niedlicher. Und das tun die Mädchen auch brav. Was den Kleinen das Krönchen ist, ist den Großen der Kullerblick. Ich bin klein, mein Herz ist rein, tu mir nichts, dann tu ich dir auch nichts – das Bambi-Getue.[10]

Mit der Bambi-Tour wird das Prinzessinnen-Theater fortgesetzt, auf einer etwas erwachseneren Ebene. Da machen junge und manchmal auch nicht mehr ganz so junge Frauen auf klein und süß, und prompt werden sie behandelt wie halbe Kinder. Wahre Heerscharen von Bambis laufen in Kinofilmen und in unseren Fernsehserien herum. Und wenn wir uns unter Kolleginnen und Bekannten umsehen, werden wir diesem herzzerreißenden Typ garantiert oft begegnen.

Die Bambi-Tour ist ein Erfolgsrezept, die perfekte Unterwerfungsgeste. Als traditionelle Weibchen-Rolle funktioniert das Bambi wunderbar und passt prima zum Modelzucht-Programm. Fast alle Männer mögen es, wenn Frauen ein bisschen klein und unschuldig wirken, verkündete eine Frauenzeitschrift. Todsichere Methode, um anzukommen.

Als Charlotte Roche vor ein paar Jahren die Eröffnung der Berliner Filmfestspiele moderierte[11], hatte sie sich nicht nur ein kurzes, wippendes Kleidchen angezogen, sondern krabbelte während ihres Auftritts auch noch auf allen vieren unter den Tisch, der auf der Bühne stand. Was bin ich doch für ein freches kleines Mädchen! Von dort unten streckte sie dem Leiter der Festspiele das Mikro entgegen, um ihn zu befragen, und der beugte sich zu ihr herab, als würde er einem Kind sein Versteckspiel nicht kaputt machen wollen. Da bist du ja, du freche kleine Göre!

Ob klein, blond und unbedarft oder Rehaugen auf Beinen – Bambi-Rollen gibt es viele. Hauptsache Blick von schräg unten nach weit oben, stets auf ein mächtigeres Wesen gerichtet, bevorzugt den Mann. Botschaft: Ich bin doch so hilflos, übernimm du die Verantwortung. Ich will auch nicht bedrohlich sein, will dir nichts wegnehmen, weder Macht noch Privilegien. – Na, prima, dann sollst du sie auch nicht haben!

Marion Knaths kennt diese Klassiker aus der Weibchenkiste: »Kopf schief, leise Stimme – das machen einige Mädchen und Frauen mit Vorliebe. Sie glauben, dann hat man Erfolg, dann ist man keine Bedrohung, dann kriegt man Sachen leichter durch. Sehr viele Mädchen lernen das spätestens in der Pubertät.« Marion Knaths hat im Management eines großen Konzerns gearbeitet, sich dort durchgebissen und gelernt, dass Frauen andere Wege offenstehen, wenn sie auf diese Masche verzichten. Jetzt gibt sie als Coach in Hamburg ihre Erfahrung weiter – vor allem an Frauen.

»Viele Mädchen machen sich als Jugendliche schmal und klein und fangen an zu piepsen. Dann strahlen sie aber keine Kraft aus, sie sind auch energetisch schmal und wirken schwach durch die Stimme. Wie sollen sie sich mit diesem Auftreten später mal den angemessenen Raum einnehmen?«

Mädchen lernen das Bambi-Muster – was sie nicht lernen, ist dessen Tücke. Es ist eine Sackgasse, an deren Ende die Falle gähnt. Denn irgendwann stoßen sie mit diesem antrainierten Verhalten an Grenzen.

»Diese Signale bringen Mädchen gar nichts mehr, wenn sie als kompetent, souverän und durchsetzungsstark wahrgenommen werden wollen. Denn das Irre ist doch«, sagt Marion Knaths, »ich kann heutzutage als junge Frau mit einem typisch weiblichen Verhalten ein Spitzenabi machen, ich kann auch ein sensationell gutes Studium hinlegen.« Bis zu diesem Zeitpunkt funktioniere das bei Mädchen oft noch bestens, weil sie immer bestätigt würden, wenn sie diszipliniert, gehorsam und fleißig sind. »Das heißt, bis zum Ende meines Studiums bin ich damit vielleicht noch voll auf der Erfolgsspur. Und keiner sagt mir, dass es danach nichts mehr bringt, dass mich dieses Verhalten anschließend massiv benachteiligt. Und dann stehen sie frustriert da, diese jungen Frauen, denn vorher hat's ja auch geklappt.«[12]

Christiane Nüsslein-Volhard ist auf die heutige Mädchengeneration gar nicht gut zu sprechen. Im Gegenteil, sie wird richtig heftig, wenn sie an ihre Begegnungen mit Schülerinnen der Oberstufe denkt. »Gucken Sie sich doch diese Mädchen mal an! Erschreckende Beobachtungen macht man da«, sagt sie. »Alle blonde, lange Haare, alle wahnsinnig geschminkt, in Stöckelschuhen und engen Hosen. Die brauchen Stunden, bis sie in der Schule sind. Die verwenden so viel Zeit auf ihr Äußeres, da bleibt nicht mehr viel für anderes.«

Vor einiger Zeit wurde Christiane Nüsslein-Volhard von zwei Schülerinnen ihres ehemaligen Gymnasiums interviewt. »Eigentlich wollte ich sagen: Geht mal aufs Klo und wascht euch ab. Mit so was rede ich nicht! Ihr seid Aufziehpuppen. Und die reden auch wie Aufziehpuppen. Totale Masken!«

Die Mädchen kamen aus dem Biologieleistungskurs und standen kurz vor dem Abi. Klar, dass sich die Biologin für ihren Berufswunsch interessierte. »Und da sagten die doch glatt: ›Ja, ja, ich will schon einen Beruf machen, doch, doch. Ich weiß noch nicht so recht, was ich studieren will, aber irgendeinen Beruf will ich schon machen.‹ Die haben so hohl dahergeredet wie die Sprecherinnen aus dem Fernsehen!«

Als Naturwissenschaftlerin lässt Christiane Nüsslein-Volhard nur bedingt gelten, dass diese Mädchen sich bereits auf ein weibliches Muster fixiert haben, das ihnen gesellschaftlich schmackhaft gemacht wurde. »Jetzt hören Sie mal! Die Mädchen werden überhaupt nicht gesellschaftlich zugerichtet, die richten sich selber so zu! Glauben Sie bloß nicht, dass es immer die Umwelt ist. Es sind die Mädchen, es sind die Frauen selber! Und es geht schließlich auch anders. Es gibt wirklich ausgezeichnete Studentinnen, die sich voll für ihr Berufsziel engagieren und dieses dann auch erreichen.«[13]

Die Gleichung

Die kleine, rosawütige Tochter des Kollegen hatte sich ihren Stich bei den Freundinnen im Kindergarten geholt. Freundinnen sind wichtig, für kleine Mädchen und auch für die großen. Viele dieser Freundschaften werden sehr früh geknüpft und halten Jahrzehnte. Selbst wenn in Filmen der Mythos von der dicken Männerfreundschaft rauf und runter genudelt wird – für Frauen spielt die Freundin eine weit wichtigere Rolle. Die Beziehung zu ihr ist meist persönlicher und folgenreicher. Wenn also die Freundin im Kindergarten einen rosa Rucksack bekommt, weil sie ihn bei einem Nachbarmädchen gesehen hat, wird sich die Epidemie bald ausbreiten.

Während Jungs sehr früh anfangen, zu wetteifern, zu rangeln, einen Anführer zu suchen, verhalten sich Mädchen in der Gruppe anders.[14] Schon im Kindergarten haben sie so viel weibliche Rolle geschluckt, dass sie sich stiller beschäftigen, weniger aggressiv sind und selten spielerisch konkurrieren.

»Mach es allen recht. Spiel dich nicht in den Vordergrund. Frag erst mal, was die anderen wollen. Für seine eigenen Interessen einzutreten, ist ungehörig – klar, so funktionieren Mädchengruppen.« Marion Knaths weiß, wie schwer es Mädchen und Frauen fällt, sich auf einen Wettbewerb einzulassen und ihn erfolgreich für sich zu nutzen. Doch sie kennt auch ein Gegenprogramm: »Mal gewinnste, mal verlierste. So ist das Leben. Aufstehen – weitermachen!«[15] Es ist einer ihrer Lieblingssätze. Klingt wie im Sport. Wer dieses Motto im Wettkampf nicht beherzigt, braucht gar nicht erst anzutreten.

Nehmen wir Karolina. Karolina stammt aus dem tiefsten Schwabenland. In ihrem Heimatdorf wissen Frauen und Männer noch, wo sie hingehören. Er arbeitet und verdient das Geld, sie bleibt zu Hause und kümmert sich um die Kinder. Karolina ist mit ihren Eltern nach Stuttgart gezogen, als sie ein kleines Mädchen war. Aber Oma und Opa und die ganze Verwandtschaft leben auf dem Land. Bei ihnen hat Karolina früher alle Ferien verbracht und auch häufig die Wochenenden.

Die Eltern sagten nie, ein Mädchen tut dies nicht und das nicht. Aber auf dem Dorf. Da meckerten die Tanten an ihr herum: Sie solle nicht so wild sein, nicht auf Bäumen rumturnen, sich nicht dreckig machen, nicht so rumschreien. Karolina sah, dass ihre Cousins genau das alles machten, und fand die Tanten doof.

Zehn Jahre später. Jetzt ist Karolina zwanzig und studiert in Stuttgart. Noch immer besucht sie ab und an ihre Verwandten auf dem Dorf, aber die nerven zunehmend. Ständig fragen ihre Onkel, warum sie keinen Freund mitbringe, wo sie doch so hübsch und so klug sei. Karolina ärgert sich und glaubt, dass ihre Onkel eigentlich was anderes denken: Dass sie keinen abkriegt, weil sie zu selbstsicher auftritt und deshalb Probleme hat. Sie fühlt sich verunsichert, und gekränkt ist sie auch.

So drastisch wie Karolina erleben es viele Mädchen wohl nicht mehr. Aber wer sagt, dass die Botschaft, die hier vermittelt wurde, nicht ankommt, wenn sie subtiler verpackt ist? Und schon werden aus Mädchen sehr schnell lauter Annikas. Annika, die Freundin von Pippi Langstrumpf, ist der Prototyp des angepassten Mädchens, das genau weiß, was man von ihm erwartet.

Wenn wir uns umschauen, müssen wir feststellen: Der Annika-Zwang steckt in fast allen von uns. Wir sind keine Ansammlung von Pippis, sondern häufig von Annikas. Zwar gibt es, oberflächlich betrachtet, gerade unter jungen Frauen verstärkt den Pippi-Typ. Der stark erscheint, sich was traut, dem die Meinung der anderen ziemlich egal ist. Doch kaum kratzt man an der selbstbewussten Fassade, kaum muss sich der Mut in der Praxis beweisen, scheint bei vielen Pippis die ängstliche kleine Annika durch.

Wie soll es auch anders sein, wenn Mädchen immer noch nahegelegt wird, Prinzessin und Bambi zu spielen, statt auszuziehen, um Heldin zu werden?

Auch für diesen Fall hat Marion Knaths eine Ermutigung parat: »Have fun storming the castle. Gib dich nicht zu früh und zu schnell mit zu wenig zufrieden. Stell dich mit breiter Brust hin und versuch es. Das macht Spaß!«[16]

Doch kämpfen steht bei Mädchen nicht auf dem Lehrplan. Stattdessen gilt: Beliebt sein ist alles! Und da steckt sehr viel »lieb sein« drin. Von den anderen Mädchen gemocht zu werden, ist wichtiger, als stärker oder schneller oder klüger zu sein.

Poesiealben und Freundebücher sind bei Mädchen noch immer sehr verbreitet. Und wie früher schreiben sie sich gegenseitig hinein: »Sei freundlich und bescheiden, dann kann dich jeder leiden.« Eine Weisheit, die auch schon den Urgroßmüttern dieser Mädchen in den Ohren tönte.

Sieht man sich einzelne Mädchengruppen an, etwa vor einer Schule oder in der U-Bahn, lassen sich kleine Fallstudien zu gegenseitiger Angleichung betreiben: gleiche Frisur, ähnliche Klamotten, der gleiche Schminkstil, die Handys klingeln einförmig, dazu kommen abgestimmte Mimik, Gestik ... Jugendkultur funktioniert zwar auch über Angleichung, aber die der Mädchen ist verschärft. Wenn unser sechzehnjähriger Nachbarsjunge eine Party feiert und seine Freundinnen kommen, stehen zehn Ballerina-Paare vor der Wohnungstür, die sich nur durch die Größe unterscheiden. Und wenn die Mädchen sich gegen Mitternacht beim Weggehen im Treppenhaus drängeln, wirken sie austauschbar wie die Mitglieder einer Balletttruppe.

Im Gegensatz zu Jungs werden Mädchen für ihre Frechheit selten geliebt, sondern eher ausgestoßen. Auch von der eigenen Gruppe. Fragt man erwachsene Frauen nach ihren Erfahrungen, ergeben sich immer wieder ähnliche Geschichten. »Wenn ich glaubte, was Tolles gemacht zu haben, hab ich das meinen Freundinnen selten erzählt. Ich hatte einfach Angst vor ihrem Neid«, erzählt Franziska Lamott. »Es ist mir so schwergefallen, zu begreifen, dass ich mich unterscheiden darf und trotzdem von den anderen noch geliebt werden kann.«

Franziska Lamott ist Soziologin, Hochschullehrerin und Gruppentherapeutin. Sie hat lange am Münchener Institut für Strafrecht gearbeitet und sich dort über viele Jahre mit kriminellen Frauen beschäftigt. Mit Verbrecherinnen, die ihre Frauenrolle gesprengt haben – oft mit Gewalt. Mörderinnen,

Totschlägerinnen. Sie hat gelernt, Muster in weiblichen Biographien zu erkennen, auch in ihrer eigenen.

»Mein Gott, hab ich mir lange verboten, mit anderen Frauen zu konkurrieren, eine Lust am Wettstreit zu entwickeln. Dabei geht es doch um gar nichts Schlimmes: Man rennt gemeinsam los und guckt, wer schneller ist. Nicht, weil ich dem anderen ein Bein stellen will, sondern weil es mehr Spaß macht, wenn man nicht alleine rennt.«[17]

So selbstverständlich männliche Rivalität genommen wird – das Thema Konkurrenz unter Frauen ist nach wie vor ein Tabu. Und als wäre auch die Wissenschaft von dem »Da-rührt-man-nicht-dran« befallen, wird dieses Phänomen in empirischen Untersuchungen weitgehend ausgeklammert.[18]

Selbst die Frauenbewegung, die sich die Befreiung von Rollenklischees auf die Fahnen geschrieben hatte, krankte über viele Jahre am Gleichheitspostulat. Weil alle Frauen angeblich Schwestern sind, sollen sie alle am selben Strang ziehen. Das war der Anspruch. Und unter strategischen Überlegungen war das ja nicht dumm gedacht. Das Problem ist nur: Sie sind es nicht – weder alle gleich noch alle Schwestern. Doch darauf hinzuweisen, war in der Bewegung lange ein Risiko, sehr schnell wurde es als Verrat gebrandmarkt.

Frauke Narjes vom Career Center an der Hamburger Universität ist selbst keine Durchschnittsfrau und wundert sich, wie wenig ihre Studentinnen mit Unterschieden und Konkurrenz umgehen können, wie sehr sie vom Gefühl bestimmt sind, nicht anders sein zu dürfen als andere. »Es wäre schön, Frauen aufzuzeigen, dass man den Wettbewerb überlebt, dass man es überlebt, unterschiedlich zu sein. Diese Sicherheit müssen Mädchen und junge Frauen erst mal spüren.«[19]

Noch erwachsene Frauen wollen am liebsten everybody's

darling sein; sich von diesem Wunsch zu verabschieden, ist verdammt schwer. Dazu erinnern sie sich zu gut, wie es früher gelaufen ist. Schon Mädchen üben sich in der Methode Champignon: Wer es wagt, sich aus der Gruppe zu erheben, wird um einen Kopf kürzer gemacht. Also hält man ihn besser unten.

Dabei rivalisieren selbstverständlich auch Mädchen untereinander, aber ihre Konkurrenz ist verdeckt, wird selten offen ausgetragen. Rivalität ist etwas Bedrohliches. Genauso wie Aggression.

Aggression ist eine starke Antriebskraft, gilt aber als unweiblich, ist deshalb verpönt und meist unterdrückt. Passivaggressiv, dieses untergründige Schwelen, ist nicht umsonst eine Eigenschaft, die sich eher bei Mädchen und Frauen beobachten lässt. Das Problem: Die Aggression ist trotzdem vorhanden, und wenn sie sich nicht offen äußern darf, bricht sie sich eben anders Bahn.

Bei ihren Straftäterinnen hat Franziska Lamott viel über weibliche Aggression gelernt. Dass sie selten konstruktiv ausgelebt wird, aber zerstörerisch aufflammen kann.

Das gebe es selbstverständlich auch unter Männern. Aber eine bestimmte Form versteckter, manchmal hinterlistiger Aggressivität sei eben doch eine weibliche Spezialität, findet Franziska Lamott. Dabei brauche man gar nicht bis zu den Verbrecherinnen zu gehen, um dieses Phänomen zu sehen. Es zeige sich auch unter normalen Frauen, besonders wenn sie in der Gruppe auftreten.

»Da wird immer schön das Konkurrente und Aggressive verleugnet, man ist ja so furchtbar nett zueinander. Offen reden – bloß nicht! Da werden dann Intrigen gesponnen und wird hintenrum was ausgeheckt. Da fühlst du dich in einem Moment noch sicher, und im nächsten bekommst du schon einen Pfeil in den Rücken.«[20]

Ob Rivalität oder Aggression – beides gehört nicht ins klassisch weibliche Bild. Also weg damit, denn noch immer geht der leichteste Weg zur Anerkennung für Mädchen und Frauen über das traditionelle Muster. Das wird gesellschaftlich belohnt. Wer die weibliche Rolle annimmt und beherrscht, kann mit Zustimmung rechnen, das weiß schon jedes Kind. Egal, ob das kleine Mädchen als braves Prinzesschen der Mama hilft oder das große als Bambi möglichst wenig die Klappe aufreißt. Das Muster verspricht, einen erfolgreichen Weg ins Leben zu ebnen, positive Bestätigung ist einem sicher. Warum also nicht diesen Weg einschlagen?

Ansonsten wird man bestraft. Dann bekommt das kleine Mädchen kein Lob und das große keinen Mann.

Der Checker

Wie erleben Mädchen und junge Frauen ihre Welt? Erotisiert? Hypersexualisiert? Pornographisiert?

Bloß nicht prüde! Unter diesem Gruppendiktat tolerieren Mädchen heute erstaunlich viel. Eine aktuelle Untersuchung der deutschen Landesmedienanstalten hat herausgefunden, dass Pornographie für diese Generation etwas Selbstverständliches ist.

Knapp siebzig Prozent aller Jugendlichen zwischen zwölf und neunzehn Jahren kennen pornographische Videos. Darunter sind nicht ganz so viele Mädchen wie Jungs. Pornos sind normal und gehören zum alltäglichen Medienkonsum. Mädchen finden sie zwar häufig eklig, aber sie akzeptieren, dass Jungs Pornos gucken, weil die ja »triebgesteuert und notgeil« sind.

Und sowohl Jungs wie Mädchen, so die deprimierende Erkenntnis der Wissenschaftler, übernehmen das Geschlechtermodell aus den Pornos: Männer sind »coole Checker«, Frauen sind »Schlampen«.[21]

Vor zwölf Jahren hat die britische Autorin Natasha Walter den »neuen Feminismus« ausgerufen, und damit das Bild einer jungen Generation selbstbewusster, eigenständiger Frauen entworfen. Jetzt rudert sie zurück. Sie müsse sich geirrt haben, als sie einen Abgesang auf den Sexismus schrieb, verkündet sie in ihrem neuen Buch.[22] Der Sexismus sei nicht etwa tot, sondern in monströser Form auferstanden – und zwar mit Hilfe von Frauen. Beleg dafür sei der Umgang von Mädchen und Frauen mit ihrem eigenen Körper und die herrschende Einstellung zu Pornographie.

Für Natasha Walter war die Befreiung der Sexualität einst ein Programm zu weiblicher Macht und Emanzipation. Sie findet immer noch: »Zu strippen, viele Sexpartner zu haben und sich Pornos anzusehen, kann auch Spaß machen.« Doch inzwischen zeigt sich für sie: Die hypersexualisierte Gesellschaft wurzelt nicht nur in der Ungleichheit von Mann und Frau. Sie produziert diese Ungleichheit ständig neu. Der Anspruch auf Befreiung ist durch sexistische Werte überformt und in sein Gegenteil verkehrt worden. Als Beispiel führt sie die Casting-Shows an. Dadurch lernen Frauen, sich und andere nur noch über ihr Äußeres zu bewerten. Wer nicht attraktiv genug ist, wird aussortiert.

In die gleiche Richtung, aber wütender als Natasha Walter, argumentiert ihre Landsfrau Charlotte Raven. Hellsichtig und gnadenlos analysiert die bekannte britische Kolumnistin die gesellschaftlichen Zustände. Und betrachtet erbost, in welche Richtung sich das entwickelt, was einst Frauenbefreiung hieß. Sie geißelt die Power-Attitüde, der sich viele Frauen verschrieben haben, als reine Pose. »Wir sind hyperselbstsicher, hypersexuell und machen keinen Hehl daraus, dass wir alles tun würden, was uns nach ganz oben bringt. Überzeugt vom Mythos der Selbsterfindung, wähnt sich die Frau von heute im Glauben, ihr Leben von der Wiege bis zum heutigen Tag im Griff zu haben.«[23]

Charlotte Raven geht streng mit der selbstverliebten Promiskuität junger Frauen um. »Sie benutzen Weiblichkeit doch nur als Werkzeug, um das zu bekommen, was sie wollen, egal, was es sein mag.« Sie hat sich bereits über Natasha Walters erstes Buch und ihre Thesen zum neuen Feminismus geärgert. Und findet, dass die Kollegin den »freizügigen Lebensstil« junger Frauen auch heute nicht genügend verurteilt.

Fassungslos verweist die Kolumnistin auf eine repräsentative Befragung in England. Da haben ein Viertel der Mädchen gesagt, dass sie sich vorstellen könnten, Stripperin zu werden. Charlotte Raven: »Viele dieser Mädchen tragen einen Schild der Unverwundbarkeit vor sich her. In ihrem Unvermögen, Risiken abzuschätzen, sehen sie keinen Grund, nicht in Unterwäsche in einer Bierschwemme aufzutauchen, für ein Pornomagazin zu posieren oder mit jedem zu schlafen, den sie haben können.«

Das Paradox ist, stellt sie fest, »dass sich diese Generation von Frauen angreifbarer als jede andere zuvor macht. Ihre Weigerung, sich irgendeine Schwäche einzugestehen, lässt sie zur leichten Beute werden«.[24]

In ihren *Fesseln der Liebe* hat die New Yorker Psychoanalytikerin Jessica Benjamin beschrieben, wie Frauen sich gerade mit Hilfe ihrer Sexualität betrügen können. Wie sie dabei Macht und Ohnmacht verwechseln. »Die ›sexy woman‹«, schreibt sie, »ist wohl ›sexy‹, aber nur als Objekt und nicht als Subjekt. Sie drückt weniger ihr eigenes Begehren aus als die Lust, begehrt zu werden: Sie genießt ihre Fähigkeit, das Begehren des anderen zu wecken, zu faszinieren.«[25]

Verstörend daran ist, dass hier weibliche Eigenständigkeit völlig ausgelöscht wird. Die Mädchen und jungen Frauen, die ihren Körper instrumentalisieren, haben widerstandslos die Regeln eines Regimes übernommen, das sie abwertet. Sie selbst freilich würden das Gegenteil behaupten. Denn sie glauben, clever genug zu sein, sich der herrschenden Strukturen zu bedienen und das System mit seinen eigenen Waffen zu schlagen. Dabei haben sie sich ihre Selbstbestimmung bereits schlimmer zurechtstutzen lassen als jedes unterwürfige Muttchen.

Die Erregung

Männlich-weiblich, Ich und Es. Wie werden Kinder zu Mädchen und Jungs? Jessica Benjamin erzählt dazu eine Geschichte aus einer amerikanischen Klinik.[26] Der Fall ist Jahrzehnte her, doch so eindrücklich, dass er es wert ist, auch heute noch erwähnt zu werden.

Ein durchschnittliches Krankenhaus in den USA. Auf der Station für die Neugeborenen liegen die Kleinen in Körbchen mit rosa oder blauen Schildchen. Die unterschiedlichen Farben sollen das Geschlecht der Kinder anzeigen. Doch dem Klinikpersonal reicht das übliche Farbenspiel nicht. Auf den blauen Schildchen steht: »Ich bin ein Junge.« Auf den rosa Schildchen: »Es ist ein Mädchen.« Alle Jungs sind »Ich«, alle Mädchen sind »Es«. Bereits die kleinen Jungs sind ein Subjekt, bereits die kleinen Mädchen ein Objekt.

Aber das kann doch heute nicht mehr passieren, oder? Heute reden doch alle aufgeklärt vom Ziel einer freien und gleichen Erziehung – in der Politik, der Wissenschaft, der Gesellschaft. Und was ist das Ergebnis: Wir ersticken in Rosa, sind umzingelt von Bambis, überwältigt vom Modelwahn und bestaunen die perfektionierte weibliche Selbstvermarktung. Allen Erkenntnissen und Versprechungen zum Trotz.

Was ist ein richtiger Junge, was ein richtiges Mädchen?

Glaubt man jungen, aufgeschlossenen Eltern, spielt das in ihrer Erziehung überhaupt keine Rolle. Wer kennt nicht die beleidigten Reaktionen von Müttern und Vätern, wenn man sie darauf anspricht? Nie käme es ihnen in den Sinn, heißt es dann, mit ihren Töchtern anders umzugehen als mit den Söhnen.

Doch die Gleichbehandlung ist eine grobe Selbsttäuschung.[27] Das zeigt sich bereits zwischen dem ersten Schrei und der ersten Windel. All die Bilder, die Eltern zu Jungs und Mädchen im Kopf und im Herzen haben, kommen bereits hier zum Zuge. Beim Säugling beginnt, was Kinder zu Mädchen und Jungen macht.

Soziologie, Philosophie, Tiefenpsychologie, Gendertheorie – alle möglichen Disziplinen haben sich an dem Problem geschlechtsspezifischer Prägung abgearbeitet:[28] Wie daran die stereotypen Geschlechterbilder, die Einstellungen und das Verhalten der Menschen im kindlichen Umfeld mitwirken. Wie es bei den Eltern anfängt und sich bei anderen Bezugspersonen fortsetzt. Wie sie alle ihre Vorstellungen vermitteln und übertragen – oft unbewusst. Das Kind beobachtet, ahmt nach und wird durch Lob und Strafe subtil beeinflusst.

Das ist alles bekannt. Und dann tobt trotzdem noch der Streit über den Einfluss biologischer Faktoren.[29] Hirnforscher tun sich dabei besonders gerne hervor. Seit gut hundertfünfzig Jahren ist es offenbar ihr Steckenpferd, beweisen zu wollen, dass sich die männlichen und weiblichen Rollen irgendwo im Gehirn verstecken.

In Wellen schwappen wissenschaftliche Untersuchungen in die Öffentlichkeit, die die Ungleichheit der Geschlechter und deren Rollen mit Vorliebe den Genen zuschreiben – um bei der nächsten Welle die Gegner dieser Theorien auf den Plan zu rufen.[30] Aktuell haben die Anhänger der Naturtheorie schlechtere Karten. Die Mehrzahl der Wissenschaftler geht davon aus, dass soziale Einflüsse das Denken und Verhalten stärker prägen als biologische.[31]

Die Frage der Biologie ist das eine Aufregerthema, das zweite ist Gender-Mainstreaming und die damit verbundene Gleichstellungspolitik. Diese Gleichmacherei sei schuld am heute gängigen »Ich-hau-dir-in-die-Fresse-Gepöbel« junger Mädchen und ihrem »Bauarbeiter-Jargon«, heißt es dazu in einschlägigen Internetforen. Jeder Cent wird bedauert, der für den »Gender-Mainstreaming-Mist«[32] ausgegeben wird, für dieses angeblich »größte Umerziehungsprogramm der Menschheit«[33].

Das ist zwar eine absurde Debatte, aber so schnell wird sie nicht aus der Öffentlichkeit verschwinden, dazu stellt der Gender-Ansatz zu viel in Frage.

Schaut man sich all das Palaver an, könnte man glatt glauben, dass sich gesellschaftlich etwas bewegt. Dass die Erregung ein Vorbote ist von veränderten Einstellungen und Verhaltensweisen. Mitnichten. Denn der gesunde Menschenverstand weiß doch nach wie vor ganz genau, was ein richtiger Junge ist und was ein richtiges Mädchen, oder? Die typischen Annahmen über Männlichkeit und Weiblichkeit sind unglaublich zäh; fest verankert in unserer Kultur und in unser aller Bauch. Wie oft wurde seit Beginn der Frauendebatte bereits angenommen, das eine oder andere Weiblichkeitsbild sei endgültig zertrümmert? Doch wie Bösewichte im Comic stehen sie wieder auf und treiben, neu zusammengesetzt, weiter ihr Unwesen.

Rollenklischees definieren die angeblich richtigen Eigenschaften für Männer und Frauen, sie bestimmen die öffentlichen Bilder und rechtfertigen die gesellschaftlichen Erwartungen. Und im Alltag werden sie ständig neu aufgekocht. Niemand käme auf die Idee, einen Traktor als Werk der Natur zu betrachten. Die Vorliebe kleiner Jungs für Traktoren soll ihnen aber in die Wiege gelegt sein. Also bekommen sie keine Puppen geschenkt, sondern putzige Trecker.

Wenn Mädchen und Jungs in den Kindergarten kommen, haben sie ihre Rollen schon weitgehend gefressen. Ihr geschlechtsorientiertes Verhalten ist dann bereits so ausgeprägt, dass selbst Soziologen darüber staunen.[34] Vieles haben sie von den Eltern übernommen. Denn wenn eine Mutter ihre kleine Tochter seltener ermuntert, sich mutig auszuprobieren, als ihren kleinen Sohn, ist es eben nicht egal für deren Entwicklung. Und es ist nicht egal, wenn ein Vater seinen Sohn bestärkt, sich gegen andere Jungs durchzusetzen, während es ihm bei seiner Tochter selten wichtig ist.

Bereits hier hat sich die Rollenfalle für Mädchen weit aufgetan. Und sehr viele Erwachsene im Umfeld der Kleinen haben geholfen, sie aufzustellen – bewusst oder unbewusst. Indem sie die Muster selbst vorgegeben, unterstützt oder toleriert haben. So werden kleine Mädchen gedrängt, das System zu stützen, ein System, das sie abwerten wird. Schon sind sie zu Komplizinnen gemacht – und ihre Zurichtung hat ja erst begonnen.

Der Befehl

Sei ehrgeizig, fleißig und strebsam! Doch was passiert, wenn Mädchen diesen typisch weiblichen Auftrag so ernst nehmen, dass sie die Jungs überflügeln? Dann ist es auch wieder Mist. Seit ein paar Jahren ist zu beobachten, dass Mädchen die Jungs in der Schule überrunden. Sie haben die besseren Noten und schließen häufiger gut ab.

Dahinter steckt weit mehr als nur das Bedürfnis, sich rollenkonform zu verhalten, meint der Soziologe Klaus Hurrelmann. »Das ist nicht nur ein passives, sondern auch ein aktives Anpassen. Mädchen haben das System Schule und deren sozialen Code verstanden. Jetzt können sie damit spielen.«[35]

Prompt gibt's Geschrei. So war das ja schließlich nicht gemeint mit dem Bildungsprogramm. Kaum ist der Vorsprung der Mädchen ins öffentliche Bewusstsein gedrungen, fangen die Bedenkenträger an, von den Jungs als Bildungsverlierern zu reden. Und die Politik stimmt sofort ein. Schlaue Mädchen – dumme Jungs. Da muss doch sofort etwas passieren. Ein erklärtes Ziel der CDU-Frauenministerin Schröder und vieler Bildungsexperten ist nun, sich um die armen, abgehängten Jungs zu kümmern.

Da haben Mädchen mal eine Nanosekunde die Nase vorn – und auch nur auf einem begrenzten, obwohl sehr wichtigen Terrain –, und schon wird gegengesteuert. Als wäre bereits alles gut. Als hätten Mädchen mit ihrer Bildung bereits ein rundum wirksames Gegengift geschluckt, um dem Netz aus traditionellen Erwartungen und Zwängen zu entkommen.

Die Praxis zeigt vielfach etwas anderes. Denn kurze Zeit später sitzen diese gebildeten Mädchen als Studentinnen im Seminar, sind weit in der Überzahl, wie es bei manchen Studienfächern so üblich ist, und wer redet? Die zwei, drei männlichen Studenten, die anwesend sind. Genau diejenigen, die noch bis vor kurzem als Schüler zu faul waren, den Mund aufzumachen.

Doch viele Mädchen und junge Frauen, vor allem die gut gebildeten, glauben selbst, dass ihre Generation bereits immun ist gegen typisches Rollenverhalten. Schaut man sich an, welche Wünsche und Erwartungen sie haben, scheinen rosa Prinzessinnen, Bambis und Models völlig vergessen zu sein. Alles klingt super. »Frauen auf dem Sprung«, heißt eine große Untersuchung, die das Wissenschaftszentrum Berlin 2009 vorgestellt hat.[36] Dessen Präsidentin, die Bildungssoziologin Jutta

Allmendinger, hat dazu zwanzig- bis dreißigjährige Frauen mit einem mittleren oder hohen Schulabschluss befragt.

Ergebnis: Die Befragten haben große Pläne. Sie wollen Beruf und Familie unbedingt vereinbaren. Liebe, Kinder und Karriere sind ihnen gleich wichtig. Eine feste Beziehung steht zwar mit siebenundsiebzig Prozent an erster Stelle, doch dicht gefolgt vom eigenen Job mit vierundsiebzig Prozent und von Kindern mit achtundsechzig Prozent. »Keine Spur von ›null Bock‹. Im Gegenteil: Die jungen Frauen wollen alles«, freut sich Jutta Allmendinger zu Recht. Diese Generation, so das Fazit der Studie, wird einen erfolgreichen, selbstbestimmten Weg gehen und unsere Gesellschaft nachhaltig verändern. Die Verantwortlichen in Politik und Wirtschaft sollten diesen Frauen gut zuhören, heißt es, denn sie würden das gesellschaftliche Modell der Zukunft bestimmen.

So interessant diese Studie ist und so schön es wäre, wenn die Erwartungen einträten, gibt es doch auch Anlass zu zweifeln. In der Untersuchung geht es hauptsächlich um das, was Frauen *wollen* – nicht um das, was sie dann *tun*. Zudem geben Befragte in solchen Situationen auch gerne Einstellungen wieder, von denen sie glauben, sie seien gesellschaftlich erwünscht.

Denn Frauen sollen ja alles wollen, das gehört zum erklärten Ziel in modernen westlichen Gesellschaften. Die Superfrau, die alles erreichen kann, entspricht dem weiblichen Glücksbefehl. Sei erfolgreich! Sei sexy! Such dir einen tollen Mann! Habe Kinder! Sei eine gute Mutter! Sei einfach perfekt! Es sind Starfiguren wie Angelina Jolie und Madonna, die diese Rolle – medial manipuliert und bis ins Kleinste kontrolliert – hervorragend beherrschen oder vielmehr zu beherrschen scheinen.[37]

In der gelebten Alltagswelt wird eine ganze Nummer kleiner gebacken. Die wird nicht von politisch-gesellschaftlichen Wunschvorstellungen dominiert, sondern von der Anziehungs- und Beharrungskraft traditioneller Bilder. So sehr zu hoffen ist, dass Frauen in den kommenden Jahren tatsächlich mehr von ihrem Wollen in die Tat umsetzen – eine Gegenfrage muss erlaubt sein: Schon vor zehn Jahren gab es sehr viele gut ausgebildete Frauen, die selbstbestimmt ihre beruflichen und privaten Ambitionen im Blick hatten. Auch sie wollten »alles«. Und was haben diese heute Dreißig- bis Vierzigjährigen erreicht?

Sind sie nicht bereits scharenweise aus ihren Berufen geflüchtet, haben ihre Kinder zum Lebensziel erklärt, lassen sich von ihren Männern versorgen und richten sich darauf ein, für den Rest ihres Leben weitgehend abhängig zu bleiben? Weil sie dem Traditionsdruck erlegen sind, dem Bequemlichkeitssog, der Mutlosigkeit.

Wenn die nachwachsenden Frauen ähnlich umstandslos in die Rollenfallen stolpern, wird es wohl auch ihnen kaum anders gehen. Diese Gefahr hat auch der Soziologe Klaus Hurrelmann vor Augen. Er sieht einerseits, wie ambitioniert junge Frauen an ihr Leben herangehen: »Die junge Generation von Frauen hat ein sehr reichhaltiges, lebendiges Bild von der eigenen Geschlechtsrolle und will raus aus den traditionellen weiblichen Mustern. Das ist erklärte Absicht. Und die jungen Frauen sind eindeutig offener, moderner als die jungen Männer.«

Andererseits hat Klaus Hurrelmann immer wieder festgestellt, wie schnell es dann anders kommen kann. »Leider kann man erkennen, dass dies nicht alles weitertransportiert wird. Wahrscheinlich liegt es an zu wenig Durchsetzungsvermögen, zu wenig Risikomut. Da ziehen sich dann viele Frauen, obwohl sie eigentlich schon sehr weit sind, doch zurück auf traditionelle Rollen. Das ist schon ein bemerkenswertes Phänomen.«[38]

Die Verwirrung

So wachsen Mädchen und junge Frauen dann auf:

Einerseits werden sie mit dem weiblichen Muster gelockt – andererseits füttert man sie mit Bekenntnissen zur Gleichheit der Geschlechter.

Einerseits werden sie mit weiblichen Klischees vollgestopft – andererseits wird ihnen eingeimpft, Rollenzwänge seien von gestern.

Einerseits werden sie auf Anpassung geeicht – andererseits werden sie beharrlich narzisstisch bestätigt.

Das kann nur zu Verwirrung führen. Und die ist bei Mädchen und jungen Frauen zur Genüge zu beobachten. Sie haben so viel im Kopf wie nie zuvor und sind gleichzeitig sehr auf den Körper fixiert. Sie sind noch nie so locker mit Sex umgegangen und sind gleichzeitig wild aufs Heiraten. Sie haben realistische Lebensziele und lassen sich gleichzeitig blenden vom Modelzirkus.

Da passt etwas ganz und gar nicht zusammen. Wie bei einer schlecht geschweißten Verbindungsnaht sind hier die Risse und Fissuren bereits sichtbar, die im späteren Leben aufbrechen können und anfällig machen für die Verheißungen traditioneller Rollen.

Frieda

Sie stritten sich. Wie schon seit Jahren. Doch diesmal war es anders, härter. »Hast du gehört, Frieda, deine Mutter hat einen anderen«, brachte mein Vater schließlich hervor. Das saß. Damit war es entschieden.

Ich heiße Frieda und bin neunzehn Jahre alt.

Als meine Eltern mir ihre Trennung verkündeten, war ich gerade mal acht. Ich weinte die ganze Nacht, hasste meine Mutter dafür, dass sie meinen kleinen Garten Eden mit einem Mal zerstört hatte, bedauerte meinen Vater. Der Gedanke, dass diese Flucht meiner Mutter vor dem tristen Eheleben in einem Provinzdorf mir das Leben gerettet hat, war weit weg. Erst später habe ich verstanden, wie wichtig es ist, sich nicht einsperren zu lassen von dicken Mauern aus gesellschaftlichen Werten und den damit verbundenen eigenen Ängsten. Und wie falsch es ist, einem Mann zwar aus Liebe, aber gegen den eigenen Willen zu folgen.

Meine Mutter war Ärztin, sie liebte ihren Beruf und sicherte unser finanzielles Auskommen. Sie spielte nie die Hausfrau, das war irgendwie nicht ihre Rolle, es langweilte sie, aus Unterhosen und Bettlaken die Falten rauszubügeln und uns beim Spielen zuzusehen. Aber sie bemühte sich, trotz ihrer vollen Stelle für mich und meinen kleinen, häufig kranken Bruder da zu sein. An den Wochenenden hatte sie ohnehin keine Wahl. Dann fuhr mein Vater als Skitrainer zu Wettkämpfen und ließ meine Mutter, die sich fremd fühlte in dem Dorf, allein mit uns. Doch auch mein Vater hat sich sehr gekümmert: Als mein Bruder klein war, nahm er Elternzeit und führte den Haushalt. Später behauptete er oft, dass es dieser Rollentausch gewesen sei, der die Trennung beförderte. »Ich habe ja alles für deine Mutter getan, deshalb tanzt sie mir jetzt auf der Nase herum«, klagte Papa, manchmal unter Tränen. Ich selbst aber merkte nichts davon, dass er mich hätte in ein Rollenmuster zwingen wollen. Ihm war nicht wichtig, ob ich nun ein Junge oder ein Mädchen war. Viel wichtiger war ihm Leistung. Leistung in der Schule, Leistung im Wintersport, überall die Beste sein ...

Seit der Trennung und dem Befreiungsschlag meiner Mutter, der Flucht vom Dorf in die Stadt, kamen mein Vater und ich uns nie wieder richtig nahe. Verstärkt wurde das durch die erwachte Eigenständigkeit meiner Mutter, die sich selbst und dadurch auch mir zeigte, dass eine alleinerziehende Frau fast alles schaffen kann. Für mich waren es nicht nur unbeschwerte Jahre. Ich musste immer wieder die Erwachsene spielen, ich war es nun, die kochte, wenn meine Mutter spät und erschöpft von der Arbeit kam, die sich um den kleinen Bruder kümmerte. Schulsachen, Sport und Musikunterricht erledigte ich nebenbei.

Nicht dass meine Mutter mich zur Hausfrau erziehen wollte. Aber ich war die Ältere, und ich musste hart darum kämpfen, dass mein Bruder, der wohl immer der Kleine bleiben wird, sich irgendwann mit mir die Küchenarbeit teilte. Und dennoch gab es einen Unterschied in unserer Erziehung. »Jungs sind eben anders«, sagte meine Mutter manchmal. Mein Bruder durfte übersehen, dass Butter und Milch fehlten, ihm wurde schneller verziehen, wenn er Fernsehen guckte, statt sich um die Küche zu kümmern. Ich fand das ungerecht, hatte das Gefühl, mit mir sei man viel strenger umgegangen, ich als Mädchen hätte nicht mit dem Kopf in den Wolken schweben können wie er. Ich wollte das nicht schweigend dulden, habe mich gewehrt und meiner Mutter ihre eigenen Ideale im Kampf um Gleichheit vorgeworfen – mit Erfolg.

Was Liebesbeziehungen betrifft, höre ich meine Mutter immer sagen: Richte deine Zukunft nicht nach einem Mann aus. Warte nicht auf den Liebsten. Verzichte nicht darauf, deinen eigenen Weg zu gehen, das könntest du am Ende bereuen. Statt mich ängstlich anzusehen, als ich für ein Jahr nach Westafrika gehen wollte, sprach sie mir Mut zu – während der Rest meiner Familie abriet. Ich tat es trotzdem, und es war richtig. Auch als Vorbereitung für mein Studium, ich werde bald mit Volkswirtschaft anfangen.

Manchmal habe ich Angst davor, später auch in starre Rollen zu verfallen oder an Stärke zu verlieren und durch blinde Verliebtheit für einen Mann zu verzichten. Nur noch Mutter zu sein, meine Kinder vielleicht unbewusst als typische Jungs oder Mädchen zu erziehen und im Haus zu viel Verantwortung zu übernehmen. Durch diese Angst weiß ich aber auch, dass ich genau aufpassen werde, damit mir das nicht passiert. Und meinen Töchtern werde ich erzählen: »Gebt etwas nur auf, wenn auch euer Liebster für euch verzichten kann. Das hat sogar schon eure Oma gewusst...«

Das Kümmersyndrom

Sie heißt Julia. Julia will Physiotherapeutin werden und macht eine dreijährige Ausbildung in Rostock. An ihrer Berufsfachschule hat sie Timo und Alina kennengelernt und ist mit ihnen in eine Wohngemeinschaft gezogen. Alle drei haben einen vollgepackten Stundenplan, der zwischen theoretischen und praktischen Ausbildungsphasen wechselt.

Eigentlich fühlen sie sich wohl in ihrer WG und verstehen sich gut. Nur an einem Punkt läuft es gar nicht – was die Frauen so richtig ankotzt. Timo putzt nicht, kocht nicht, räumt nicht auf, wäscht keine Wäsche. Aber wenn es etwas zu essen gibt, setzt er sich gern an den Tisch und bedankt sich charmant bei der Köchin. Alina versucht alles Mögliche: schlägt Krach, kocht für ihn nicht mit, macht einen rigiden Putzplan. Doch jedes Mal, wenn Timo dran ist, desertiert er. Sein Dreck – aber nicht sein Job.

Irgendwann hat Julia es satt und löst das Problem so, wie sie es von daheim kennt. Ihre Mutter arbeitet halbtags, trotzdem tut ihr Vater im Haushalt nichts. Schon als kleines Mädchen hat Julia ihrer Mutter geholfen, das war so selbstverständlich, wie es die Regel war, dass sich ihre Brüder drückten.

Fortan springt also Julia ein, wenn Timo auf dem Putzplan steht. Sie wartet schon gar nicht mehr, ob er selbst einen Handschlag tut, sondern übernimmt freiwillig seinen Dienst.

Dabei ist noch nicht einmal Liebe im Spiel, die beiden sind kein Paar, Julia steht auf Frauen.

Jedes Mal, wenn Julia für Timo schrubbt, guckt Alina fassungslos zu. Sie selbst lässt die schmutzigen Töpfe stehen, bis sie vor sich hin schimmeln, und hofft, dass Timo es endlich mal schnallt. Doch Julia resigniert: »Ich hab einfach keinen Bock auf irgendwelche Auseinandersetzungen. Timo putzt nicht, also mach ich es. Das spart Stress und Nerven.« Ende der Diskussion. Doch Alina weiß, dass Julia sich wahnsinnig ärgert – auch über sich selbst.

Irgendwann schleppt Timo dann eine Freundin an. Sie hat einen Job mit einer Vierzig-Stunden-Woche. Doch wenn sie ihn abends besuchen kommt, sammelt sie zuerst seine Wäsche ein, füllt die Maschine und macht Ordnung in seinem Zimmer. Seitdem hat Julia etwas weniger zu tun, und Alina ärgert sich seltener. Und allen drei Frauen schenkt Timo ab und an eine Rose und seinen berühmten Dackelblick.

Die Dumme

Ist es Wehrlosigkeit oder Selbstverteidigung? Masochismus oder Sich-Fügen ins Unabänderliche? Oder vielleicht sogar Bewunderung für diese unverhohlene Dreistigkeit? Julia kapituliert auf ganzer Linie vor Timos stinkender Faulheit.

Was in ihrer WG läuft, ist ein Machtspiel, wie es bereits Kinder kennen: Wer kann länger? Kann länger schreien. Länger die Luft anhalten. Den anderen länger niederstarren. Verloren hat, wer aufgibt, nach Luft schnappt oder die Augen niederschlägt. Timo ist ein Meister in diesem Spiel. Er hält Dreck und Druck einfach länger aus als seine Mitbewohnerinnen. Das weiß er, nutzt es aus und gibt den jungenhaften Tunichtgut: Hier-stehe-ich-und-kann-nicht-anders. Und immer findet sich eine Dumme, die nachgibt.

Doch Timos Machtposition ist ambivalent. Denn Julia macht zwar einerseits freiwillig, was er heimlich erwartet. Andererseits bindet sie ihn, weil sie in ihrer Schuld steht, sie macht ihn von sich abhängig, indem sie ihm alles abnimmt. Er herrscht, weil sie ihm dienstbar ist, sie herrscht, weil er sie braucht. Doch Julias Macht ist nur abgeleitet. Und sie zahlt drauf: mit Unterordnung, Verzicht auf Selbstbehauptung und Lebenszeit.

Doch die beiden sind ja noch jung, wenn sie älter werden, läuft dieses Spiel nicht mehr. Oder?

Der Braten

Kochen, morden, rätseln, talken, Fußball spielen. Das sind gefühlt die häufigsten Arbeiten, bei denen wir im Fernsehen zuschauen können. Interessant daran ist, wer was tut. Im Thriller zum Beispiel geben Frauen nicht nur die ansehnlicheren Leichen ab, sie machen auch ausgesprochen gern jemanden tot, obwohl in der Realität der Anteil an Mörderinnen lächerlich gering ist zu Vergleich mit ihren männlichen Kollegen.

Eine ähnlich eigenwillige Sicht auf die Wirklichkeit bieten die Kochshows. Da springen bis auf wenige Ausnahmen nur Männer in Schürzen rum, vom Moderator bis zum Spitzenkoch. Das entspricht durchaus der Welt der Sterneköche, die fast alle männlich sind – selbst wenn sie unter ihrer Schürze ein Fell tragen. Ratatouille, ein ungemein begabter, wenn auch sehr klein geratener Starkoch-Aspirant in dem gleichnamigen Animationsfilm, ist bedauerlicherweise eine Ratte, was einigermaßen ungewöhnlich ist, – aber eine männliche, was wiederum typisch ist.

Wenn das Kochen Beruf oder Berufung ist, wird die Schürze zum Blaumann. Dann verliert diese Arbeit ihre Unmännlichkeit. In der Sphäre der Professionalität und der Show – das darf dann auch mal in der eigenen Küche zu besonderen Anlässen sein – können Männer kochen. Aber die Küchenwelt ist gespalten. Neben der Show gibt es noch das alltägliche Überlebenskochen. Bei dem geht es nicht um Sterne, sondern um eine Packung Mon Chéri zum Muttertag.

»Im Zusammenleben zwischen Mann und Frau wachsen Wahrheiten, die man nicht oft genug hören kann«,[1] meint der Berliner Kabarettist Horst Schroth. Er beschäftigt sich in seinem Programm begeistert mit dem Zwischenmenschlichen und glaubt, dass sich Männer in den vergangenen Jahrzehnten unglaublich gewandelt haben. »Meine Generation ist doch durch die Frauenbewegung komplett weichgespült worden«, behauptet er.[2] Und um das zu demonstrieren, hat er sich auf sein T-Shirt den Spruch drucken lassen: »Schlecht im Bett. Sonst ganz nett.«

Selbstironie unter der männlichen Gürtellinie? Das klingt wirklich etwas anders als der übliche Sound. Doch bedauerlicherweise ist dieser Spruch nicht nur ironisch, er ist auch tragisch. Und wirft im Twitter-Format ein Schlaglicht auf das, was sich eigentlich abspielt: Es wird anders geredet als früher. Auf beiden Seiten. Was die Widersprüche wunderbar zukleistert. Da gibt es dieses tolerante, verständnisvolle Gequatsche, dass Frauen doch inzwischen so viel erreicht und Männer sich wahnsinnig geändert hätten. Wir sind doch nicht mehr Tarzan und Jane.

Aber was bedeutet das Gerede denn wirklich – wenn es ums Handeln geht? Sagen wir mal, beim Kochen und so.

Fangen wir mit der Generation an, die fast vierzig Jahre jünger ist als Horst Schroth. Bei der müsste sich eine Entwicklung doch am deutlichsten abzeichnen. Und tatsächlich gibt es eine Spezies, die in den Medien als der »Neue Mann« gefeiert wird.

Cool, abgeklärt und aufgeschlossen. Wir können den Prototyp jeden Tag bewundern, mit seinem Tablet-PC, in Jeans von CK oder am Steuer eines Mini. Wenn man ihn ganz allgemein fragt, findet der Neue Mann eine gleichberechtigte Beziehung super.

Doch der größte Teil dieser jungen Typen räumt nicht auf, kauft nicht ein, wäscht nicht ab und weiß nicht, dass er seine Jeans besser getrennt von weißer Wäsche in die Maschine stopft.[3] Haushaltstechnisch betrachtet, ist er auf dem Stand seines Großvaters. Der Opa ist zwar als Vorbild nicht gerade in, aber wen stört das schon.

Es liegt in der Natur der Sache, dass dieser coole junge Opa nach einer coolen jungen Oma Ausschau hält, damit die sich liebevoll um die dreckigen Jeans kümmert. Und man kann darauf wetten, dass er sie findet. Unter all den hippen jungen Frauen wird er sehr schnell auf eine stoßen, die aus lauter Liebesleidenschaft zum Waschpulver greift.

Und wie ist das bei Paaren, die nicht mehr ganz so jung sind? Wie treiben die es denn so im Haushalt? Die Zustände sind hinreichend untersucht und das Alltagsszenario sattsam bekannt. Eine kleine Erinnerung gefällig?

- Zwei Drittel der Frauen in Deutschland erledigen die Hausarbeit fast völlig allein.[4]
- Sie übernehmen vor allem, was ständig anfällt und zeitraubend ist: putzen, kochen, einkaufen.[5]
- Männer gehen davon aus, dass sie weniger Hausarbeit erledigen als Frauen – doch tatsächlich machen sie noch weniger, als sie glauben.[6]
- Bei jungen Männern unter neunzehn Jahren wollen nur dreizehn Prozent eine gleichberechtigte Arbeitsteilung mit der Partnerin, aber einundvierzig Prozent der jungen Frauen.[7]

- Männer leisten nur wenig Hausarbeit, bekommen dafür aber mehr Wertschätzung als Frauen.[8]

Lassen wir es uns noch mal wie einen zarten Schweinebraten auf der Zunge zergehen: Nur ein Drittel der Frauen im Land hat nennenswerte Hilfe an der Haushaltsfront. Zwei Drittel nehmen einsam den Allzweckreiniger in die Hand. Dabei wird niemand ernsthaft behaupten, männliche Gene brächten zwei linke Hände hervor. Wenn man sich anschaut, wie eifrig und liebevoll Männer in der Waschstraße den letzten Hauch Feuchtigkeit von ihren Autos wischeln, dann weiß man, dass sie außerhalb des Hauses wahre Putzteufel sein können.

Doch daheim haben sich die Fronten seit Jahrzehnten kaum bewegt. Und darauf sind die Beteiligten sogar noch stolz. Da wird einem dreißigjährigen Fernsehjournalisten ein Medienpreis in Berlin verliehen. Und was sagt er bei seiner anschließenden Rede? Dass er sich doch ganz doll und herzlich bei seiner Frau bedanke, die ihm seit Jahren den Rücken freigehalten habe.

Seit Jahren … freigehalten … einem Dreißigjährigen! Man sieht es wie bei Loriots *Szenen einer Ehe* regelrecht vor sich: »… das Ei ist hart.« Und die junge Gattin sitzt im Publikum, lächelt und ist gar kein bisschen peinlich berührt, dass ihr Mann sie öffentlich in die Schublade zu den Millionen anderen dienstbaren Frauchen steckt.

»Die mir den Rücken freigehalten hat« – das war einst das größte öffentliche Lob für die Frau eines erfolgreichen Mannes. Früher, als Frauen noch abhängig waren. Müsste der Satz heute nicht glatt als Beleidigung verstanden werden? Schließlich stehen wir doch alle gleichberechtigt neben unseren Männern und nicht mehr hinter ihnen, nicht wahr?

Doch Frauen fühlen sich nicht beleidigt. Der Satz beschreibt ja auch nur den gängigen Alltag der meisten Paare – egal, welche Generation man nimmt. Wissen Frauen noch immer nichts Besseres mit ihrem Leben anzufangen, als sich hinter dem Rücken ihrer Männer zu verkriechen, um selbigen freizuhalten? Und was hat diese Verkrümel-Mentalität mit ihrem Anspruch auf ein selbstbestimmtes Leben zu tun?

Bereits den Mädchen wird beigebracht, sich zu kümmern, und das machen sie dann auch – meist für den Rest ihres Lebens. Töchter müssen, im Vergleich mit den Söhnen, zu Haus immer noch sehr viel mehr mithelfen.[9] Und wenn wir uns ansehen, wie junge Männer sich heute äußern und verhalten – siehe die Pläne der unter Neunzehnjährigen –, ist kaum Änderung in Sicht.

Von welcher Zwanghaftigkeit sind wir besessen, dass wir das mitmachen? Schon immer mitgemacht haben – und es auch weiterhin tun. Warum fühlen wir uns für alle Arten unproduktiver Arbeit zuständig? Weil unser Selbstwertgefühl von gewischten Böden abhängig ist? Und unser Stolz an aufgeräumten Schränken hängt?

»Die Männer sagen, es störe sie nicht, wenn ihre Wohnungen dreckig sind und nach ungewaschenen Klamotten stinken«, ärgert sich die australische Feministin Germaine Greer, die als Professorin an der Universität Cambridge lehrt. »Die Frauen, die mit ihnen die Wohnung teilen, erledigen im Endeffekt die ganze Hausarbeit aus Notwehr.«[10]

Notwehr? Das beschreibt das Problem zwar hart, aber nicht hinreichend. Wenn wir in Notwehr handeln, fügen wir unserem Gegenüber Schaden zu, wenn auch unfreiwillig. Bei der Notwehr im Haushalt schaden wir niemand anderem außer uns selbst. Schlimmer noch: Der andere profitiert, wir opfern Arbeit und Zeit, und das auch noch freiwillig.

Warum fahren Frauen millionenfach in die Haut des dienstbaren Geistes? Wer zwingt sie, ihre Zeit und Kraft geringer zu schätzen als die ihres Mannes? Und sich zuständig zu fühlen für all die Arbeit, die weder Sinn noch Geld noch Prestige einbringt?

Die Ausputzerin

Was sich zu Beginn von Beziehungen in Liebesfragen zeigt, wird im Zusammenleben von Paaren verfestigt: Frauen dienen. Wie es sich für ihre traditionelle Rolle gehört. Freiwillig.

Aber hier geht es doch nur um den Haushalt, diesen lächerlichen Bereich. Wer denkt schon an Abwasch, wenn er verliebt ist? Wer an Müll, wenn es ans Heiraten geht? Und wer an das schmutzige Bad, wenn das Eheleben harmonisch ablaufen soll? Eben. Genau das ist das Problem.

Männer wollen, dass Frauen die Hausarbeit machen. Frauen wollen die Hausarbeit teilen. Und wer setzt sich durch? Toiletten putzen als Liebesbeweis. Wir übernehmen die Arbeit, für die sich Männer zu schade sind. Und damit unser Selbstbild trotzdem noch stimmt, kaschieren wir unsere mangelnde Selbstbehauptung mit dem Hinweis auf ein Pflichtprogramm, das schließlich erledigt werden muss. Als wäre es allein unser Job, sich zu kümmern.

Das ist mehr als ein Phänomen. Das ist auch mehr als ein Symptom. Wir leiden am Kümmersyndrom.

Syndrom klingt ein bisschen gefährlich, und das ist es ja auch. Wir kennen Syndrome aus der Psychologie, der Soziologie und der Medizin. Wenn verschiedene Symptome, die in einem Zusammenhang stehen, gemeinsam auftreten und sich zu etwas Neuem verbinden, dann haben wir ein Syndrom.

Das Syndrom ist sozusagen die Verdichtung verschiedener Probleme – ein böser Cocktail, wie sich beim Kümmersyndrom zeigt. Wenn sich Liebe und Sorge um Heim und Familie mit freiwilliger Unterordnung paaren, kommt etwas Verqueres dabei heraus: unsere Allzuständigkeit. Unsere fast instinktive Übernahme der Verantwortung im Haus. Und schon fühlen wir uns rundum verpflichtet, und zwar nur wir. Jemand anderes kann es doch nicht machen, oder? Niemand erledigt die Arbeit so schnell und gründlich wie wir, gell?

Im Fußball, als er noch in der altmodischen Aufstellung gespielt wurde, gab es die Position des Ausputzers. Das Mädchen für alles im Strafraum, das immer zur Stelle sein musste, wenn die anderen nicht bereit, nicht schnell genug, nicht zuständig waren. Wir sind die Ausputzerinnen. Die Mädchen für alles im häuslichen Raum. Mit uneingeschränkter Verfügungsmacht über Schwamm und Toilettenbürste.

Wohl kaum ein Zeichen von Stärke: Obwohl wir zu Hause den Boss spielen können, zeigt sich daran vor allem unsere Schwäche. Wir können ein bisschen herrschen – indem wir dienen. Was für ein ungutes Paradox. Und die Zeit, die wir in notwendige, aber wenig sinnstiftende Arbeit investieren, die fehlt uns anderswo. Kein Wunder, dass wir uns ausgelaugt und gehetzt fühlen, doppelt und dreifach belastet, und dass wir kaum zu uns selbst kommen.

Niemand sagt, das Gegenprogramm sei leicht. Die Therapeutin Rosemarie Leinemann kennt das Minenfeld aus ihren Paartherapien. »Es gibt einfach viele Männer, die von ihren Frauen erwarten, dass sie die alte Rolle übernehmen. Und dann wollen die Frauen keine Konflikte oder haben Angst, den Mann zu verlieren, und dann machen sie es ebenso und wehren sich nicht.«[11]

Das Kümmersyndrom gedeiht in der Unterwerfung.

Das Markenzeichen

Einst trug das dienstbare Frauchen im Haus eine bunte Kittel-schürze als Marken- und Verdienstabzeichen. Die ist eigentlich seit Jahren aus der Mode und ausrangiert. Doch wir haben die Kittelschürze für uns gerettet. Wir haben sie verinnerlicht und tragen sie wie eine Obsession heimlich weiter.

Und weil wir so sind, sollen auch andere Frauen so werden. Es sind doch nicht nur die Väter, die ein schlechtes Vorbild ab-geben und von den Mädchen mehr Hilfe im Haushalt erwar-ten als von den Jungs. Es sind auch wir selbst.

Das Kümmersyndrom wird in der Familie herangezüchtet wie ein Schimmelpilz. Um uns in der Rolle der Kümmerin zu bestätigen, sorgen wir dafür, dass vor allem andere Frauen das Erbe weitertragen. Unsere Töchter und Schwiegertöchter zum Beispiel.

Nehmen wir Sophie. Sophie ist Anfang zwanzig und, was Hausarbeit angeht, ziemlich genervt. Oft sind noch nicht ein-mal ihre Freunde das Problem – die kann sie sich ja schließ-lich aussuchen –, es sind deren Mütter. Da gibt es die eine, die zu Besuch kommt und entsetzt fragt: »Aber Sophie, wie sieht denn das Bad aus?« Da kann Sophie nur kontern: »Warum fragst du nicht deinen Sohn? Das ist doch seine Wohnung.«

Ein anderer Freund und eine andere Mutter; die gibt klare Anweisungen: »So, Sophie, wir waschen jetzt für Klaus die Wäsche, dann legen wir sie zusammen und räumen sie in den Schrank. Und dann können wir gemeinsam für Klaus Plätz-chen backen, da freut er sich nämlich.« Während die Mutter spricht, wartet Sophie darauf, dass sie in schallendes Geläch-ter ausbricht: »Mensch, Sophie, das war doch bloß ein Witz.« Aber der Punkt kommt nicht, die Frau meint es ernst.

Beide Mütter, von denen die Rede ist, sind Anfang bis Mitte

fünfzig, stammen also aus einer Generation, die an frauenbewegten Ideen gar nicht vorbeikam. Sie gehören zur Mittelschicht, haben eine solide Bildung und sicher schon mal davon gehört, dass sich nicht alle weiblichen Wesen als Wischmopp verstehen. Das versucht Sophie ihnen klarzumachen. Doch manchmal, wenn sie keine Energie mehr hat, sich zu wehren, oder einfach aus Höflichkeit, gibt sie nach – und dann zeigen ihr all die Mütter, wie man ihren Söhnen den Hintern hinterherträgt.

Es ist schon zynisch, wie wenig weibliche Lebenszeit gilt – auch uns selbst. Allein an einem Sonntag, wenn der Rest der Familie auf Weekend macht, arbeiten Frauen zwei bis drei Stunden länger als Männer. Wir lassen uns in unserer nach Citrusreiniger duftenden Küche einmachen wie reifes Obst.

Ist das nur ein Hausfrauenproblem? Könnte man meinen. Stimmt aber nicht. Denn auch wenn Frauen einem bezahlten Job nachgehen und zum Einkommen beitragen, ändert das die Arbeitsteilung nicht im Geringsten. Die funktioniert nach wie vor wie bei der Hausfrauen-Ehe: Familienarbeit ist weiblich – egal, wie viele Stunden Frauen darüber hinaus im Erwerbsleben verbringen. Sogar wenn sich die klassischen Rollen völlig umkehren und eine Frau mehr arbeitet und verdient als ihr Mann, heißt das gar nichts.

Nehmen wir Jutta. Jutta ist Goldschmiedin, Mitte vierzig, und verheiratet mit einem Mann, der als freier Werbetexter arbeitet. Ihm mangelt es erheblich an Aufträgen und Honoraren. Sie sorgt nicht nur dafür, dass beide finanziell abgesichert sind, sondern verbringt auch noch sehr viel mehr Arbeitsstunden in ihrer Werkstatt als ihr Mann daheim am Schreibtisch. Und doch ist sie es, die dann noch den Haushalt organisiert und sich zuständig fühlt für das Wohl des Gatten. Und selbstverständlich klagt sie über ihre Mehrfachbelastung – nicht jedoch über ihren Mann und ihre eigene verquaste Verantwortungsmoral als Teil des Übels.

Die Hans-Böckler-Stiftung hat in einer Untersuchung herausgefunden, dass die Zahl der Frauen gewachsen ist, die finanziell die größere Verantwortung für die Familie übernehmen. Was bedeutet, dass sie über sechzig Prozent zum gemeinsamen Einkommen beitragen.[12] Aber selbst dann gibt es keinen Rollentausch zwischen den Geschlechtern. Den größten Batzen an häuslicher Arbeit erledigen trotzdem die Frauen.[13]

Wie kann das sein? Diese Frauen haben als Hauptverdienerinnen eine starke Position in der Beziehung. Macht ihnen das ein schlechtes Gewissen? Müssen sie sich deshalb erst recht als Frau in der traditionellen Rolle beweisen?

Die Mutprobe

Das Kümmern ist ein Bonbon, mit dem wir uns das alte Weiblichkeitsmuster schmackhaft machen. Sich kümmern hat auch etwas mit sich opfern zu tun – wer sich kümmert, ist in einer moralisch schwer angreifbaren Position. Sind wir nicht tapfere kleine Frauen, dass wir all diese Belastungen im Haus allein auf uns nehmen?

Wenn uns das Kümmersyndrom packt, ist der Punkt, an dem unser Leben umbricht, meist nicht weit. Es ist die Falltür in die Abhängigkeit.

Bevor wir mit einem Mann zusammenziehen, wird die Ausputzerin in uns zwar hin und wieder herausgelockt – wie man an Julia und Sophie sieht. Aber erst im gemeinsamen Nest bricht sie so richtig hervor, tritt verschärft auf, wenn wir uns im Paarmodell einrichten. Und sollten noch Kinder dazukommen, tobt sie sich vollends aus.

Selbst wenn wir einen Beruf und ein Leben jenseits des Hauses haben, scheint es, als würden wir uns nach der dienenden Rolle in der Familie sehnen. Können wir unsere Unabhängigkeit so schlecht ertragen? Wir flüchten drinnen verstärkt in die Unterordnung, sobald wir draußen ein Stück Eigenständigkeit dazugewonnen haben.

Wie wird Arbeit aufgeteilt? Die produktive und unproduktive? Die bezahlte Arbeit und die Familienarbeit? Diese Entscheidung markiert eine enorm wichtige biographische Schnittstelle. Hier müssen wir unsere Vorstellung einer ebenbürtigen Partnerschaft durchsetzen – wenn wir sie denn wollen. Das ist eine Mutprobe, die wir bestehen müssen, da können wir nicht kneifen.

Denn an der Familienarbeit entscheidet sich nicht nur, wie wir es in der Beziehung halten, sondern auch, was uns ein Leben jenseits davon wert ist. Je mehr wir uns kümmern, desto weniger Zeit können und werden wir woanders investieren. Dann machen wir eben nur noch einen Halbtagsjob und sind trotzdem völlig überlastet und abgehetzt. Dann ist uns eben nicht mehr wichtig, dass uns der Beruf zufriedenstellt; er ist ja nur noch Pflichtprogramm neben unserer Hauptaufgabe. Dann konzentrieren wir uns eben darauf, dem Mann den Rücken freizuhalten; wir kommen gar nicht auf die Idee, dass es auch mal umgekehrt laufen könnte. Dann kümmern wir uns nicht nur, dann verkümmern wir auch.

»Frauen denken nicht daran, dass sie an dieser Stelle in ein Loch fallen könnten«, meint die Therapeutin Rosemarie Leinemann, »das ist in ihrer Vorstellung und in ihrem Selbstbild gar nicht drin. Sie ahnen nicht, was auf sie zukommen kann, und sind deshalb auch nicht vorbereitet.«[14]

Statt klare Kiste zu machen, machen wir es uns lieber bequem: Gehen einer Konfrontation mit unserem Liebsten und uns selbst aus dem Weg und verschwinden an die Kümmerfront. Das scheint erst mal einfach, und so haben wir es ja meist auch gelernt.

Wir unterschätzen massiv, was das lebensgeschichtlich für uns bedeutet. Denn wenn wir nicht gegenhalten, entfaltet das überkommene Rollenbild seine Sogkraft, dann setzt sich durch, was in unserer Gesellschaft noch immer als Norm gilt: Im Haus sind für alles wir zuständig.

Wenn diese Falle zuschnappt – wenn wir die Rolle der Ausputzerin annehmen –, sind wir in der Beziehung kein Partner auf Augenhöhe mehr. Das Ungleichgewicht, das aus unserer Entscheidung folgt, tut auch der Liebesbeziehung nicht gut, wie Wassilios Emmanuel Fthenakis weiß. Er ist Professor für Entwicklungspsychologie und Anthropologie an der Freien Universität Bozen. Als Sachverständiger des Bundesverfassungsgerichts bei Familienfragen kennt er sich aus mit Lebensumbrüchen.

Wassilios Fthenakis hat »vier Reiter der Apokalypse« ausgemacht, die einem Paar gefährlich werden können:

1. Nach dem ersten Kind arbeiten die Frauen im Haus, die Männer umso mehr im Job – das führt zu Entfremdung.
2. Plötzlich verdient der Mann alleine das Geld – das führt zu einem finanziellen Ungleichgewicht und einem Ungleichgewicht der Macht.
3. Die Hausarbeit, die der Mann vorher wenigstens zu einem Teil übernommen hat, bleibt völlig an der Frau hängen – das führt dazu, dass sie drinnen das Regiment übernimmt, weil sie draußen nichts mehr zu melden hat.
4. Die Qualität der Partnerschaft leidet unter der Ungleichheit – das führt dazu, dass weniger geredet wird, Konflikte sich hochschaukeln und die Zärtlichkeit abnimmt.

Selbstverständlich gibt es Paare, die eigentlich woanders als in diesem gefährlich-traditionellen Fahrwasser landen wollen, meint Wassilios Fthenakis. Doch das System der uralten Rollen sei sehr effizient darin, sich durchzusetzen.[15]

Denn nichts geht über die freiwillige Dienstbarkeit und Beflissenheit der Frauen. Dabei bleiben ihre Selbstbestimmung und Eigenständigkeit auf der Strecke. Die Gründe, sich auf einen solchen Weg einzulassen, scheinen individuell. Doch das Prinzip des Scheiterns ist alles andere als das. Es ist ein Massenphänomen.

Die Verführung durch bekannte Muster ist groß und ein anderer Weg mühsam – doch niemand zwingt uns in das alte Lebensmodell. Wir selbst tanzen als Komplizinnen am Rand der Fallgrube. Wir können entscheiden, ob wir reinspringen. Wir haben die Wahl.

Der Deal

Was Heim und Herd häufig an geistloser Routine erfordern, lässt manch anderen Job als Top-Unterhaltungsprogramm erscheinen.

Nichtsdestoweniger finden sich immer wieder Menschen, die diese Routinen gern übernehmen. Allerdings fast nur Frauen. Zuständig zu sein für die Hausarbeit, entspricht bei diesen Überzeugungstäterinnen dem Rollenbild – und sie sind zufrieden, wenn sie es ausfüllen. Sie haben dann auch kein Problem mit der klassischen Arbeitsteilung in ihrer Beziehung. Der Mann tut nichts? Sie haben es nie anders gewollt und erwartet. Alles gut.

Nehmen wir Alexandra. Alexandra war Kindergärtnerin, ihren Mann hat sie schon kennengelernt, als er noch Informatik studierte. Als das erste Kind kam, hatte er sich bereits selbstständig gemacht, und Alexandra setzte erst mal beruflich aus. Dann kam das zweite Kind, und bald war klar, dass sie nichts mehr zurückzog in ihre Anstellung. Während ihr Mann sein kleines IT-Unternehmen aufbaute und sechzig Stunden die Woche arbeitete, kümmerte sich Alexandra um Heim und Familie. Mit Vergnügen.

Ihre Lust, mit Kindern zu spielen, zu singen, zu basteln, hat sie früher professionell genutzt. Jetzt lebt sie diese Neigung mit ihren Kleinen und deren Freunden aus. Sie lässt sich von ihrer Fantasie und *Schöner Wohnen* inspirieren, um das Haus hübsch und freundlich zu gestalten, hat einen großen Garten, andere Mütter und Freundinnen zur Gesellschaft – sie ist es zufrieden.

Solchen Frauen begegnet Christiane Nüsslein-Volhard, Direktorin am Max-Planck-Institut für Entwicklungsbiologie in Tübingen, öfter. Doch nicht etwa an ihrem Institut tauchen sie auf, sondern bei privaten und gesellschaftlichen Anlässen an der Seite der männlichen Professoren.

»Noch nie habe ich einen meiner Kollegen beim Einkaufen im Laden getroffen«, erzählt die Wissenschaftlerin. »Die machen so was nicht. Die kaufen nicht ein, die kochen nicht, die waschen keine Wäsche. Dafür haben sie ja ihre Frauen. Die machen das gern – und müssen es ja auch machen, dafür werden sie quasi bezahlt. Das ist der Deal bei diesen Paaren.«[16]

Doch echte Überzeugungstäterinnen sind ein Auslaufmodell. Zumal unter den jüngeren, gut ausgebildeten Frauen. Denn inzwischen gilt für die weibliche Mehrheit: Frauen träumen von einer egalitären Partnerschaft. Eigentlich wollen sie nicht allein zuständig sein. Hausarbeit ist ihnen zwar wichtig, aber nicht wertvoll.

Gleichzeitig ist die Republik voll von Männern, die den

Einsatz am Staubsauger nicht mit ihrer Würde vereinbaren können.

Der Nahbereich

In einem Porträt erzählte der fünfunddreißigjährige Maler Jonathan Meese, der gerade zum neuen Liebling der Kunstszene aufgestiegen war, wo er noch immer wohne: im Hotel Mama. Seine Mutter sei zwar bereits sechsundsiebzig, aber mit niemandem diskutiere er so viel, niemand peitsche ihn so voran, und niemand sei so wichtig für seine Arbeit wie sie. Wie schön. Dafür darf Mama bei ihrem nicht mehr ganz jungen Spross das Zimmer aufräumen, und wenn sie danach nicht zufrieden ist, fährt sie zu seinem Atelier in die Stadt und bringt dort seine Farbpaletten in Ordnung.[17] Ein Schatz, diese Mutter, und der Sohn erst …

Apropos Mutter: Der Haushalt macht nur die eine Hälfte des Kümmerjobs aus, die andere ist die Versorgung der Kinder. Für die zuständig zu sein, ist zwar weitaus schöner und befriedigender, aber auch da fällt sehr viel Putzen-Waschen-Kochen-Aufräumen an und nicht nur Knuddeln, Spaß und Spiel.

Der Nachwuchs treibt das Kümmersyndrom auf die Spitze, hier funktioniert die Ausputzerin perfekt. Ist sie einmal in Fahrt bei der Hausarbeit, kann sie doch den Kinderkram gleich mit übernehmen. Und das tut sie dann auch. Und die Bedürfnisse der Kleinen können immer als Grund herhalten.

Wer öfter mit größeren Gruppen von Frauen zusammensitzt, egal, ob beruflich oder privat, macht zwei merkwürdige Entdeckungen. Erstens: Immer und überall taucht irgendwann das Thema Kinderbetreuung auf sowie die weibliche Doppel- und Dreifachbelastung. Zweitens: Von den anwesenden Müttern benehmen sich die allermeisten wie Alleinerziehende.

Zweifellos ist der Mangel an Kitas in Deutschland eine strukturelle Katastrophe. Doch das erklärt nicht im Geringsten, warum die Kinder offenbar alle keine Väter haben. Denn die tauchen einfach nicht auf. Immer reden die Frauen über ihre Lebenssituation, als würden sie die ganze Sorge allein tragen müssen. Von der Betreuung zu Hause bis zur Eingewöhnung in die Kita, von der Pflege bei Krankheiten bis zum Shuttle in die Schule. Ob Verwaltungsangestellte, Abteilungsleiterin, ob Betriebsrätin oder Selbstständige – an dem Punkt sind sich die Frauen erschreckend ähnlich. Und nie steht bei diesem Thema mal eine auf, die verlangt, auch die Väter voll in die Pflicht zu nehmen.

Die Alltagsbeobachtung spiegelt sich auch in wissenschaftlichen Untersuchungen wider. Das Rheingold-Institut Köln päsentierte 2010 eine Studie zum Thema *Kinderkriegen in Deutschland*. Von den befragten Müttern sagten fast zwei Drittel, sie fühlten sich allein verantwortlich für ihren Nachwuchs – egal, ob sie mit oder ohne Partner lebten.[18]

Da gucken all diese klugen und kompetenten Frauen lieber auf den Staat, damit der ihre Belastung schmälert. Der Anspruch ist zwar richtig, aber dieser Adressat ist weit weg und braucht für jede kleine Verbesserung bekanntlich Jahre. Gleichzeitig gibt es noch einen naheliegenden Adressaten – den Vater und Mann. Der ist nicht nur Teil der Familie, sondern trägt auch juristisch genauso viel Verantwortung wie die Mutter der Kinder.

Doch auf diesen unmittelbaren Nahbereich, dort, wo Frauen den größten Einfluss haben, wo sie am schnellsten etwas verändern können, um ihre Lage erträglicher zu gestalten, dorthin schauen sie nicht. Darüber reden sie öffentlich nicht. Und wenn tatsächlich mal jemand fragt, wie es denn so um den Einsatz der Väter bestellt sei, wiegen alle betreten den Kopf – halb ertappt, halb resigniert. Es ist halt ein bisschen peinlich, wenn man politisch für Gleichberechtigung streitet und privat das Kontrastprogramm fährt.

In Deutschland leben mehr als zwei Drittel der Kinder unter zwölf Jahren bei ihren leiblichen, verheirateten Eltern.[19] Das heißt, mehr als zwei Drittel dieser Mütter haben einen Partner, mit dem sie die Familienarbeit gerecht teilen könnten. Die Betonung liegt auf *könnten*. Denn dieser Bereich ist sakrosankt.

Die geschlechtliche Arbeitsteilung im Haus scheint auch im 21. Jahrhundert wie in Beton gegossen. Und mit Kindern in der Familie wird alles noch schlimmer. Ein paar Daten aus dem Schreckensszenario:

- Sind Kinder im Haushalt, verschärft sich die traditionelle Arbeitsteilung zwischen Vätern und Müttern.[20]
- Je mehr Kinder da sind, desto weniger helfen die Väter mit[21] und desto länger sind sie am Arbeitsplatz.[22]
- Hauptsächlich kümmern sich Mütter, wenn es darum geht, Kinder zu waschen, aufs Klo zu setzen, zu pflegen.[23]
- Väter werden aktiv, wenn es darum geht, mit Kindern zu spielen oder spazieren zu gehen.[24]
- Je stärker Väter eine egalitäre Partnerschaft betonen, desto weniger arbeiten sie in der Familie mit.[25]
- Die Mehrheit der Väter mit Kindern unter 18 Jahren beansprucht die traditionelle Rolle als Ernährer der Familie; sehr viel weniger wollen aktive Erzieher sein.[26]
- Männer schätzen ihren Anteil an der Familienarbeit höher ein, als Frauen das tun.[27]
- Die Väter sind mit der häuslichen Arbeitsteilung sehr zufrieden.[28]

Im gesellschaftlichen Verständnis hängt das Heil im Haus nach wie vor an der Frau und Mutter. Im »kleinen Wir der Familie« ist sie der Dreh- und Angelpunkt von Bindung, Beziehung und Sorge, schreibt der Soziologe Heinz Bude.

Das Rollenbild der treu sorgenden Mutter und Hausfrau wurde im 19. Jahrhundert als Zivilisierungsstrategie für die Massen eingesetzt. Dieses Ideal war mal ein Fortschrittsgedanke. Der hielt sich ganz schön lange, doch spätestens in den sechziger Jahren des 20. Jahrhunderts kippte er endgültig ins Konservative. Trotzdem sind wir bei Haus- und Kinderarbeit noch heute sehr viel näher dran am Modell des 19. Jahrhunderts als an einem für das neue Jahrtausend.[29]

Wie schön, dass es mittlerweile den Neuen Mann an unserer Seite gibt. Auch beim Kinderdienst geistert er durch die Gazetten, weil er sich angeblich rührend um den Nachwuchs kümmert. Leider zeigen alle Untersuchungen etwas anderes. Es gibt sicher Männer, die ganz selbstverständlich ihren Teil der Versorgung und Verantwortung übernehmen. Aber die sind noch eine kleine Minderheit.

»Obwohl Männer ja gern so tun, als sei Familienarbeit keine wirkliche Leistung, haben sie viel mehr Probleme, mit dem Kind zu Hause zu bleiben«, beobachtet die Psychoanalytikerin Eva Jaeggi. »Ihr Selbstwertgefühl ist stärker an den Beruf geknüpft und nimmt oft rapide ab, wenn sie Hausmann sind.«[30]

Deshalb halten die meisten der neuen Väter gern kompensatorische Reden über Bio-Breichen und saugfähige Windeln. Sie erzählen auch begeistert, wie sie sich abends mal wieder eine ganze Stunde aufopferungsvoll mit dem Sprössling beschäftigt haben. Ansonsten gilt außer parlieren auch an dieser Stelle: Der Enkel lebt wie sein Opa.

»Es ist meist ja nicht so, dass der Mann von vornherein sagt: Ich will nicht, und ich mach nicht!«, erklärt die Therapeutin Rosemarie Leinemann. Nach ihrer Erfahrung in Paargesprächen läuft das Spiel anders ab: Zunächst ist die Freude auf das Kind groß. Das Paar macht keine Pläne, sondern will erst mal schauen, wie es sich so entwickelt. Und dann ist das Kind da und die Mutter zu Hause, und die Eltern merken: Oh, alles ist anders, und sie fangen an zu überlegen.

Er will weiterhin arbeiten, und sie findet es zunächst auch schön zu Haus mit dem Kind. »Selbst wenn die Mutter dann irgendwann frustriert ist, weil sie als gut ausgebildete Frau mit dem schreienden Säugling allein zu Hause hockt und er abends völlig geschafft nach Hause kommt und nur noch seine Ruhe haben will – selbst dann«, weiß Rosemarie Leinemann, »bleibt die einmal festgelegte Aufgabenteilung so und ändert sich in der Regel nicht mehr.«[31]

Aber diese Mütter – sind das nicht die tollen, selbstbewussten Frauen, die frei und gleich sein und alles mit ihrem Partner teilen wollen? Jede Befragung der letzten Jahre zeigt doch, dass es zunehmend weniger Frauen gibt, die ihre Männer rundum versorgen und den alleinigen Stress mit den Kindern haben wollen. Kein Wunder, dass sie mit der häuslichen Arbeitsteilung längst nicht so zufrieden sind wie die Herren.[32]

Für junge Frauen zwischen siebzehn und dreißig Jahren ist es enorm wichtig, dass ihr Wunschpartner viel Zeit für die Familie hat.[33] Aber nichts spricht dafür, dass diese Wünsche jemals erfüllt werden. Denn wenn sich der bisherige Trend durchsetzt, werden auch diese Frauen größtenteils scheitern: An Unwillen, Behäbigkeit und Chuzpe ihrer Partner – und ihrer eigenen Appeasement-Politik als deren Komplizinnen.

Wie bei Paaren die Familienarbeit aufgeteilt wird, ist eine Schande. Wie das Problem in der Öffentlichkeit verhandelt wird, nicht minder. Wenn es um die Doppel- und Dreifachbelastung von Frauen geht, worüber wird dann diskutiert? Über Kitas, Halbtagsstellen und familiengerechte Arbeitszeiten. Nicht aber auch über den gesellschaftlichen Skandal, dass die eine Hälfte der Bevölkerung sich parasitär aufführt und die andere Hälfte sich in Sklavengeduld übt.[34]

Und der demographische Wandel wird das Ganze verschärfen. Schon jetzt übernehmen Frauen auch den größten Teil der Pflege älterer Angehöriger. Wenn immer mehr Menschen pflegebedürftig werden, dürfen Frauen sich nach der Kinderphase hier gleich weiter kümmern. Und wieder einmal werden alle anderen entlastet.

Wie schnell wohl würde etwas passieren, wenn die Frauen endlich den Druck mal zurückgeben würden? Wie schnell wohl kämen Politik und Unternehmen in die Gänge, wenn der bisher allzeit verfügbare Mann als Produktivkraft nicht mehr voll einsetzbar wäre – weil er ja noch ein paar andere Pflichten hätte.

Die Supertante

Dass Männer sich nicht um Haus- und Kinderarbeit reißen, ist eine Sache, dass es Frauen gibt, die sie da nicht ranlassen, eine andere. Ist uns die Ausputzerin erst mal in Fleisch und Blut übergegangen, kann sie furchtbar nervend sein. Es gibt reichlich Männer, die das beklagen: Dass sie im Haushalt nichts machen dürften und ihnen auch die Kinder nicht überlassen würden. Das ist nicht bei allen nur eine Ausrede.

Die typische Geschichte läuft so: Er will kochen, aber sie findet, dass er dabei zu viel Dreck macht, deshalb schmeißt sie ihn aus ihrer Küche. Er will putzen, aber ihr ist er nicht schnell und gründlich genug, da nimmt sie ihm gleich den Lappen aus der Hand. Er will das Baby frisch wickeln, aber sie traut ihm nicht zu, dass er es richtig wäscht, also schiebt sie ihn weg. Er will das Kind versorgen, aber sie fürchtet, dass er das Breichen zu heiß verfüttert...

Wenn Väter sich am Innenleben der Familie beteiligen wollen, das aber nicht dürfen, wird es schwierig für die Beziehung. Diese Männer können mit »niedrigem Wohlbefinden und Depressionen« reagieren, hat der Familienforscher Wassilios Fthenakis herausgefunden. Auch an dieser Stelle kann die Liebe durch die Ungleichheit zwischen den Partnern vergiftet werden.[35]

Die Über-Ausputzerin bekommt selbst bei Kindern ein Problem. Es erfordert Geduld, dem Nachwuchs die Hausarbeit nahezubringen. Wenn Kinder zu langsam, zu ungeschickt, zu unlustig sind, nehmen die Mütter die Arbeit doch lieber gleich selbst in die Hand. Vorzugsweise bei den Jungs.

Übererfüllung des Rollensolls würde man dazu sagen. Diese Frauen haben ihre Aufgabe so verinnerlicht, dass sie es schlicht nicht ertragen, wenn sie ihnen abgenommen wird. Man raubt ihnen etwas: etwas von ihrem Machtbereich und von ihrem Lebenssinn. Bei Hausfrauen könnte man dieses Phänomen als Überkompensation begreifen, sie haben ja keinen anderen Herrschaftsbereich mehr. Aber auch berufstätige Frauen sind vor dieser Störung keineswegs sicher.

Nehmen wir Cornelia. Cornelia ist sechsunddreißig, hat nach dem Studium bei einem großen Konzern in Leverkusen angeheuert und ist dort beharrlich aufgestiegen. Alles lief gut. Ihr Mann ist beim selben Unternehmen beschäftigt, und beide sind es gewohnt, weit über das übliche Pensum zu arbeiten. Schon deshalb wollte Cornelias Liebster seinen Teil an der Hausarbeit übernehmen – aber sie ließ ihn nicht. Keinen Handschlag durfte er machen. Alles ihr Job. Dann kam das Kind, das sie beide wollten. Cornelia gönnte sich ein halbes Jahr Pause, bevor sie auf ihre Stelle zurückkehrte.

Und seitdem läuft es schief. Cornelia ist gereizt, gestresst und fühlt sich innerlich ein bisschen wie tot. Manchmal bricht sie zu Hause einfach in Tränen aus. Sie könne ihren eigenen Ansprüchen nicht mehr genügen, klagt sie. Sie will 1A im Job sein, eine 1A-Haus- und Ehefrau und auch eine 1A-Mutter. Früher hat sie doch immer hundertprozentig funktioniert.

Cornelia besteht darauf, ihrem Mann die Hemden zu bügeln, obwohl er sich das Eisen lieber selbst schnappen würde. Mit dem Kind darf er spielen, aber wenn's ans Wickeln und Baden geht, nimmt sie ihm die Kleine weg. Abends fegt sie durch die Wohnung wie ein Allesreiniger und lässt sich nicht stoppen. Dass man mal Abstriche machen kann – bei Beruf, Haushalt, selbst bei den Mutterpflichten –, ist ihr fremd. Dass ein Partner dazu da ist, die Last zu teilen, passt nicht in ihr Bild. Sie selbst muss alles schaffen, alles alleine hinkriegen, als stünde sie ständig unter Beweisnot. Sie ist die perfekte Frau und wird es allen zeigen.

Cornelia ist völlig überfordert und leidet an einer besonders heftigen Form des Kümmersyndroms. Oder genauer gesagt, sie überfordert sich selbst. Sie ist hin- und hergerissen zwischen der liebenden Supermama und der toughen Erfolgsfrau. Es gibt einen modernen weiblichen Wahn, der vor allem Frauen befällt, die alles wollen. Die absolut gelungene Vereinigung von Beruf, Mann, Kind und Heim. Doch auch das ist eine Falle.

»Es ist ja nicht unbedingt immer so, dass von außen Forderungen an die Frauen gestellt werden«, hat Edith Beckmann festgestellt. Sie ist Ärztin für Frauenheilkunde in Berlin, darüber hinaus eine erfahrene Sexualberaterin. »Manchmal ist es weder der Mann noch die Mutter, Schwiegermutter oder Freundin, die den Druck machen. Der kommt von innen. Es sind die Frauen selbst, die denken, dass man das von ihnen erwartet – dieses Super-Frau-Sein.«[36]

In den USA sind zwei interessante Studien erschienen; beide beschäftigen sich mit der Frage, was Männer und Frauen glücklich macht. Dabei kamen wunderliche Sachen heraus. Zum Beispiel, dass Männer sehr gern Zeit mit ihren Eltern verbringen, Frauen lieber die Wäsche bügeln. Der Grund: Töchter lieben ihre Eltern nicht etwa weniger, doch wenn sie die treffen, machen sie Dinge, die viel mit Arbeit zu tun haben. Frauen kümmern sich, wenn die Eltern Hilfe brauchen, zum Beispiel beim Bezahlen von Rechnungen oder Planen von Familienfesten. Männer sitzen auf dem Sofa und gucken mit ihren Vätern Fußball.

Doch sehr viel bemerkenswerter ist ein anderes Ergebnis der beiden Studien. Vor rund vierzig Jahren, zu Beginn der frauenbewegten Zeiten, waren Amerikanerinnen ein bisschen glücklicher als ihre Männer. Heute ist es umgekehrt: Sie sind unglücklicher. Haben also all die Selbstbestimmung und Freiheit, die Frauen dazugewonnen haben, sie freudloser gemacht?

Hierzulande lautet die konservative Antwort auf dieses Phänomen: Emanzipation stürzt Frauen in Trübsal. Doch diese Behauptung ist Unsinn. Viel zu pauschal und nicht an konkreten Ursachen interessiert. Die amerikanischen Forscher sehen sehr viel differenzierter, was Frauen unglücklich macht.

So stellten sie fest, dass Männer sich zunehmend von Aufgaben entlastet haben: Sie arbeiten weniger und entspannen sich mehr als vor vierzig Jahren. Im selben Zeitraum haben viele Frauen eine bezahlte Arbeit aufgenommen und sind dadurch stärker belastet. Ihre To-do-Liste ist einfach länger geworden, und sie haben das Gefühl, keiner Seite wirklich genügen zu können. Sie wollen all das, was das konservative Mutter- und Hausfrauenmodell von ihnen verlangt: gut erzogene Kinder, einen perfekten Haushalt, einen wunderschönen Garten … Doch gleichzeitig drängt es sie, einem modernen Frauenbild zu entsprechen: beruflich erfolgreich sein, aufsteigen, Geld verdienen … Sie verlangen nach mehr Selbstbestimmung und Anerkennung als früher. Und vergleichen sich inzwischen nicht mehr nur mit anderen Frauen, sondern auch mit Männern.

Fazit der Studien: Frauen sind überfordert und überfordern sich selbst – das macht sie unglücklich. Die Ursache liegt in der einseitigen Entwicklung. Während sich das Arbeitsleben für Frauen deutlich verändert hat, sind die politischen und gesellschaftlichen Rahmenbedingungen fast gleich geblieben. Es gibt weder die notwendigen unterstützenden Strukturen noch ein neues Bewusstsein. Vor allem bei Männern nicht. Die beteiligen sich kaum mehr an der Hausarbeit als früher, verbringen dafür mehr Zeit mit Telefon, Computer und Fernsehen.[37]

All diese Frauen, egal, ob weit weg in den USA oder Cornelia hierzulande, wollen einer modernen Rolle entsprechen, aber auch die traditionelle ohne Abstriche erfüllen.

Glauben wir wirklich, wir könnten den Konflikten entgehen, indem wir uns nicht entscheiden? Die alte Rolle, das alte Bewusstsein, das alte Beziehungsmuster mitschleppen und gleichzeitig versuchen, einer neuen Rolle gerecht zu werden? Was hat das mit Selbstbestimmung zu tun, wenn wir noch einer weiteren vorgefertigten Schablone entsprechen wollen?

Da gibt es angeblich irgendwelche Supertanten, die immer alles hinkriegen und uns als role model vorgeführt werden. Aber die existieren nur in der Fantasie von Zeitschriftenmachern. Alle anderen Frauen scheitern, wenn sie versuchen, den sich widersprechenden Anforderungen auseinanderdriftender Lebensmodelle zu genügen.

Weder die Erfüllung des traditionellen Solls noch der Versuch, das Soll an verschiedenen Ecken überzuerfüllen, rettet uns vor der Einsicht: Nur wir können die Verantwortung für unser Leben übernehmen – und dürfen es uns von niemandem vorzeichnen lassen.

Die Feigheit

Bequemlichkeit, Selbstbetrug, Feigheit. Und freiwillige Unterwerfung. In diesem Milieu gedeiht das Kümmersyndrom prächtig. Es verschafft uns heimliche Macht, eine, die wir nicht erobern müssen. Die aber irgendwann unser Leben vergiften kann.

Als Ausputzerin lassen wir uns die gesamte Familienarbeit aufbuckeln. Für den Moment erscheint uns das vielleicht als ein notwendiger, zeitlich begrenzter Kompromiss. Dabei stellen wir in Wahrheit die Weichen für den Rest unseres Lebens.

Das Kümmersyndrom hilft uns, Ansprüche von uns fernzuhalten, die nicht auf den häuslichen Bereich beschränkt sind. Wir sind ja voll ausgelastet. Warum fällt es uns nur so leicht, Verantwortung für andere zu übernehmen – nicht aber Verantwortung für uns selbst?

Wir streiten nicht um das Recht auf ein eigenständiges Leben jenseits des Hauses und nicht für mehr ungebundene Zeit. Wir sind zu feige, die Wünsche unserer Liebsten zu beschneiden und die eigenen auszuleben.

Wir tun ja nur so, als wäre uns wichtig, dass sich was ändert. Sonst würden wir uns doch nicht in Massen mit dieser Rolle abfinden. Wer kann uns denn das Ungleichgewicht in der Beziehung aufzwingen? Wollen wir es nicht nur bei den Wünschen nach einem eigenständigen Leben belassen, müssen wir anders handeln. Und das heißt auch, uns unsere Komplizenschaft einzugestehen und sie aufzukündigen.

Erst wenn Frauen bereit sind, für eine gerechte Teilung der Familienarbeit mit ihren Männern zu streiten, wenn sie ihren Anteil an produktiver Arbeit übernehmen und sich von ihrem Kümmersyndrom befreien, wird auch gesellschaftlich Bewegung in die Sache kommen. Und der Wert von Familienarbeit endlich steigen, weil ihr nicht mehr der Makel der dienenden Weiblichkeit anhaftet. Davon können alle nur profitieren.

Moritz

Ich heiße Moritz, bin Ende dreißig und liebe meine Frau. Und ich liebe unseren Sohn. Ich würde alles für sie tun. Das klingt sehr gut, nicht wahr? Und es stimmt ja auch. Aber wenn ich so etwas sage, dann denke ich immer an heroische Situationen: Irgendwelche finsteren Gesellen bedrohen meine Familie, und ich gehe dazwischen, mit einigen Handkantenschlägen mache ich sie gekonnt unschädlich. Oder ich stehle ein Auto, um meinen schwer verletzten Sohn ins Krankenhaus zu bringen. Oder ich marschiere ins Büro meiner Frau und lege mich mit ihrem Vorgesetzten an, weil der ihr die verdiente Gehaltserhöhung nicht gewähren will. Die Realität ist aber: Karate kann ich nicht, Autos aufbrechen auch nicht, und in das Berufsleben meiner Frau würde ich mich niemals einmischen. Ich arbeite als Projektentwickler in einem Architekturbüro in Karlsruhe, da lernt man so etwas nicht.

Wenn ich also sage, ich würde alles für sie tun, dann ist das rein hypothetisch. Denn tatsächlich tue ich praktisch nichts. Jedenfalls im Haushalt und in der Kindererziehung. Ausschließlich meine Frau kümmert sich um die Wäsche, meistens ist es auch sie, die kocht, und während ich mich am Wochenende gerne mal ausschlafe, spielt sie schon seit halb acht Uhr morgens mit unserem Dreijährigen.

Ich könnte jetzt die Statistik zitieren und sagen, dass ich nicht alleine bin – dass die meisten Männer im Haushalt keinen Finger zu viel krumm machen. Oder sozialpsychologisch argumentieren, dass ich als Sohn eines klassischen westdeutschen Ehepaares nie vorgelebt bekommen habe, dass auch der Mann den Staubsauger zur Hand nehmen sollte. Aber die Wahrheit ist simpel und bedarf keiner theoretischen Untermauerung: Ich bin ein fauler Sack. Und es ist ein mühsamer Prozess, mich zu verändern. Wir nennen diesen Prozess: Ehe.

Es hat einige Zeit gedauert, bis ich das begriffen habe. Als wir noch kinderlos waren, war unser Leben wesentlich entspannter. Wir sind viel ausgegangen, da löste sich das Problem mit dem Abwasch, und als wir eine polnische Putzfrau eingestellt hatten, dachte ich, wir müssten uns nie wieder über den Zustand unseres Badezimmers unterhalten. Die logistische und paarpsychologische Herausforderung, die ein gemeinsames Kind mit sich bringt, hatten wir beide unterschätzt. Nur sind wir damit unterschiedlich umgegangen.

Meine Frau hat von den insgesamt vierzehn Monaten Elternzeit, die uns zustanden, zwölf genommen. Ich hatte ihr zwar angeboten, die Hälfte zu übernehmen, aber sie wollte das nicht. Zu sehr freute sie sich darauf, ihrem zuweilen frustrierenden Berufsleben zu entkommen. Da wusste sie noch nicht, wie frustrierend es nach einer Weile sein kann, den ganzen Tag mit einem Säugling zu verbringen, ohne die Möglichkeit, auch nur eine Kurzmeldung in der Zeitung in Ruhe zu Ende zu lesen.

Auch mein Angebot war von dieser falschen Voraussetzung ausgegangen: Ich hatte mir vorgestellt, wie nett es doch wäre, an meinen Architekturmodellen zu basteln, während der Sohnemann den ganzen Tag verpennt oder, spätestens drei Monate nach der Geburt, in stiller Beschäftigung beeindruckende Bauwerke aus Legosteinen errichtet.

Im ersten Lebensjahr unseres Sohnes haben wir viel gestritten. Die Situation war stets die gleiche. Nach einem langen Bürotag kam ich erschöpft nach Hause. Und da wartete meine Frau mit ihren Vorwürfen: Warum ich meine Wäsche habe herumliegen lassen. Warum ich nicht ein einziges Mal Bodys und Strumpfhosen für unser Kind kaufen könne. Wie ich auf die Idee komme, morgen Abend mit alten Freunden ausgehen zu wollen, während sie das hustende Wesen in den Schlaf wiegen sollte.

Ich habe dann immer versucht, mich zu verteidigen: Die Wäsche wolle ich doch noch mal anziehen (gelogen). Die Kleidergröße unseres Sohnes kenne ich nicht, so schnell, wie die sich verändere (armselig). Und ich müsse doch auch einmal herauskommen aus unserer Wohnung (heraus kam ich jeden Tag, wenn ich zur Arbeit ging). So ging das, bis mich meine Frau eines Tages vor die Wahl stellte. Ich müsse mich entscheiden: Entweder, ich würde akzeptieren, dass wir hier ein gemeinsames Projekt mit der Bezeichnung Familie verfolgen, was bedeute, dass ich mein Leben danach richten müsse. Oder ich könne mein Leben weiterführen wie jemand, der zwar zufällig Frau und Kind, aber im Grunde nichts damit zu tun habe. Dann könnten wir uns auch trennen.

Ich wollte keine Trennung. Ich kann mir nicht vorstellen, ohne die beiden mir wichtigsten Menschen zu leben. Also änderte ich mich, oder, wir wollen nicht übertreiben, versuchte ich, mich zu ändern. Wenn die beiden heute außer Haus sind, betrachte ich das nicht mehr als willkommene Gelegenheit, mich auf dem Sofa lang zu machen oder am Computer die neuesten Neuigkeiten zu verfolgen. Ich versuche, zu sehen, was in der Wohnung gemacht werden muss, ohne dass mich meine Frau darauf hinweist.

Das ist gar nicht so einfach für jemanden, der immer behauptet hat, Unordnung würde ihn nicht stören und Staub würde er nicht sehen. Wenn ich einkaufen gehe, arbeite ich nicht mehr nur die Liste ab, die mir meine Frau vorher aufgeschrieben hat – ich versuche, mir selbst ein Bild davon zu machen, was wir brauchen und was wir demnächst kochen könnten. Ich kümmere mich mehr um unseren Sohn als vorher, bringe ihn morgens zur Kita, und, wenn es meine Zeit erlaubt, hole ich ihn ab. Gehe mit ihm auf den Spielplatz, errichte einen Bauklotzturm mit ihm oder besuche Freunde, die ebenfalls ein kleines Kind haben. Und ich versuche ganz bewusst dafür zu sorgen, dass meine Frau etwas mehr Zeit für sich selbst hat. Denn von alleine nimmt sie sich diese Zeit nicht. Sie ist da anders als ich.

Ich versuche also mitzudenken. Das klingt lächerlich klein und sollte von Anfang an normal sein. Aber ich musste das erst lernen. Und es klappt längst noch nicht immer. Es ist sehr leicht, in die alten Muster zurückzufallen.

Und immer wieder bedarf es noch eines Hinweises meiner Frau, meine Pflichten nicht wieder zu vernachlässigen. Immerhin habe ich aufgehört, mich in solchen Situationen zu verteidigen. Ich mache dann einfach, weil ich weiß: Sie hat Recht.

Und in letzter Zeit spüre ich sogar so etwas wie Befriedigung bei all diesen Tätigkeiten, für die ich den Großteil meines Lebens nur Verachtung übrig hatte. Es ist schön, wenn das Wohnzimmer durch meine Hände aufgeräumt ist und das Schlafzimmer auch. Es gefällt mir, wenn mir mein Sohn auf dem Spielplatz eine ekelhafte Brühe aus Wasser, Sand und Nacktschnecken zum Probieren anbietet. Und wunderbar ist es, wenn ich etwas Leckeres gekocht habe und ich in den zufriedenen Gesichtern meiner Familie sehen kann: Es schmeckt ihnen. Ich musste es erst lernen, was es bedeutet, die alltäglichen Arbeiten ohne Diskussion und klaglos zu verrichten. Was es bedeutet, das alles zu tun: Ich liebe meine Frau. Und ich liebe unseren Sohn.

Das Hormonkomplott

Sie heißt Christa. Christa lebt im Saarland, hat Volks- und Betriebswirtschaft studiert und sich als versierte Ökonomin bundesweit einen Namen gemacht. Sie arbeitete für die SPD und heiratete einen wichtigen Politiker, der sich in Wirtschaftsfragen eine Menge von ihr abschneiden konnte. Wohl jeder hätte sie früher als das bezeichnet, was sie auch war – eine Karrierefrau. Und wahrscheinlich wäre es bei ihr damals als Kompliment angekommen.

Bis sie mit Anfang vierzig ein Kind bekam. Seitdem rümpft sie die Nase, wenn sie Karriere nur hört, und ist Mutter – Mutter mit Haut und Haar. Mutter zu Haus und in der Öffentlichkeit eine Expertin für Mutterfragen, wenn ihr die Betreuung des Sohnes mal Zeit für politische Arbeit lässt. Sie konzentriert sich auf ihr häusliches Leben und versucht, auch andere Frauen von diesem Heilsweg zu überzeugen. *Dein Kind will dich!*, heißt das Buch, das sie deshalb schrieb. Nicht umsonst klingt der Titel fast wie eine Drohung.

»Als unser Sohn da war, da hat sich alles verschoben«, erklärt Christa. Deshalb hat sie auch einen lukrativen Job ausgeschlagen, denn sonst hätte sie ihr Kind ja tagsüber anderen Menschen anvertrauen müssen. »Es gibt nichts, wofür ich mich von meinem Sohn trenne, es gibt keine höhere Motivation als die Liebe.«[1]

Liebe und Kita – das geht nicht zusammen, findet Christa. Für sie sind Krippen die Pest, und am liebsten möchte sie ein politisches Programm durchsetzen, das Mütter gut dafür bezahlt, über viele Jahre bei den Kiddis zu Hause zu bleiben. Damit die nicht aggressiv und gewalttätig werden wie etwa die armen kitabetreuten Kinder in Schweden.

Inzwischen ist Christa vierundfünfzig Jahre alt, längst nicht mehr in der SPD, und ihre neue Partei, die Linke, steht ihren politischen Plänen sehr skeptisch gegenüber. Aber davon lässt Christa sich nicht beirren, sie hat ihre Lebensaufgabe gefunden. Denn sie hält es für »dummes Zeug«, dass Frauen vielleicht noch etwas anderes anstreben als die Mutterrolle. »Die große Mehrheit der Frauen«, verkündet sie, »will sich doch neben einer Teilzeitarbeit oder sogar vollständig der Familie widmen.«[2]

Die Missionare

Ich bin Mutter, also bin ich. Diese Wahrheit hat Christa offenbar für sich entdeckt. Selbst wenn sie früher mal anders gelebt und gedacht hat, will sie jetzt unbedingt alle von dieser Botschaft überzeugen. Haben sich nicht schon immer die Bekehrten in die eifrigsten Missionare verwandelt? Da passt es doch, dass Christa ihr Buch im katholisch-konservativen Sankt Ulrich Verlag Augsburg veröffentlicht hat.

Die Gefahr, dass sich Christa mit ihren Plänen politisch durchsetzt, ist äußerst gering. Also soll sie doch reden. Trotzdem schleicht sich ein ungutes Gefühl ein. Kann es sein, dass Christa richtig liegt mit ihrer Behauptung, alles Weibliche träume uneingeschränkt von Mutterschaft? Unterwerfen sich Frauen auch heute noch freiwillig einem Mütterlichkeitsideal, mit dem sie ungebremst in die alte Rolle rasen? Werden sie angezogen und verführt von diesem traditionellen Muster, selbst wenn die meisten es öffentlich ablehnen?

Das Versprechen

Mama, Matinka, Matka, Maman, Mom, Madre – gibt es irgendeinen anderen Begriff, der so überfrachtet ist? So märchenhaft überhöht und ideologisch missbraucht, religiös verwoben und tiefenpsychologisch seziert, so literarisch durchgeknetet, zeitgeistmäßig überformt, gesellschaftlich aufgeladen? Der mal vor Kitsch trieft, mal mit Schuld überhäuft wird, nie nüchtern daherkommt, sondern immer in Gefühlen ertränkt wird. Gibt es irgendeinen Begriff, der so funktioniert wie: Mutter?

> Ich geh klaun/
> scheiß auf Fraun/
> und nehm Drogen/
> doch Mama kann mir vertraun ...

So rappt der deutsche Hipp-Hopper Sido. Sein Kollege Bushido findet es zwar okay, Frauen zu prügeln: »Wenn ich in einer Disco bin und eine Frau sagt: ›Pass mal auf, du Hurensohn ...‹, dann hau ich ihr in die Fresse.«[3] Und er findet auch nichts dabei, Groupies zu verhöhnen: »Wenn nach dem Konzert vier Mädchen am Tourbus warten und mit mir vögeln wollen, dann sind das für mich Objekte!«[4] Aber seine Mutti ist die Beste und »der wichtigste Mensch, den ich habe«.[5] Ihr hat er ein schickes Haus in Berlin gebaut, in das er nach anstrengenden Acts immer wieder zurückkehrt wie ein braves Muttersöhnchen.

Die ideale Mutter ist überall. Selbst in einem so brutal machistischen Musikgenre wie dem Gangsta-Rap ist sie voll präsent: »Ain't a woman alive that could take my mama's place.« Die Rapper lieben Mutterhymnen, die nichts anderes sind als eine zeitgemäße Krawall-Variante von Heintjes »Mama«. In den Texten wird die heroische Mutter als Gegenentwurf zum weiblichen Restmüll gebraucht. Alles Fotzen, außer Mutti! – so lässt sich das Frauenbild im Gangsta-Rap knapp zusammenfassen.

Wenn diese wütenden Männer ihre Jämmerlichkeit rhythmisch rauskotzen, ist die Mutter die einzige Frau, bei der sie Schwäche und Gefühle zeigen dürfen. Mutterliebe ist ein Zeichen von Stärke. Und die Mutter eine Komplizin, die ihren Sohn versteht und nicht aufgibt, selbst wenn er noch so unartig ist.

> Ich weiß wenn ich alt bin/
> und Mama noch älter/
> hält sie immer noch zu mir/
> als wär sie mein Zuhälter ...[6]

Wenn auch im Ausdruck extrem, machen die Rapper doch vor, wie es läuft: Als Frau geprügelt, als Mutter vergöttert. Werd Mutter, Frau!

Muttersein ist schick. Und Mutterfantasien finden überall einen Platz zum Andocken: Bei Mutter Maria oder Mommy Madonna. Bei kindstötenden Blumentopf-Müttern oder Nimm-2-Werbemuttis. Bei Mutter-der-Nation Beimer oder Modelmutti Klum. Beim Mutterkreuz der Nazis oder bei Mama Wutz aus der Augsburger Puppenkiste, dem ungemein reinlichen und leicht erregbaren Mutterschwein, das sich ums Urmel aus dem Eis kümmert.

Und damit uns das Material niemals ausgeht, ist immer Muttertag. Seine Vorbereitung beginnt bei dem kleinen Mädchen, das die Rolle trainieren muss. Das deshalb mit Puppe samt Babyzeug und Wägelchen auch heute noch bestens ausgestattet wird. Das im Kindergarten Papa-Mama-Kind übt, zu Hause die kleinen Geschwister betreut und als Jugendliche vom Familiennest träumt.[7]

Das Programm ist gestartet. All diese Mädchen werden mit der Sehnsucht nach Mutterschaft geimpft, als einzigartiger Bereicherung ihres Lebens. Wenn sie sich ihre Zukunft vorstellen, denken sie den Nachwuchs gleich mit. Denn sie erwarten Großes vom Kind: tiefste Befriedigung und letzten Sinn. Diese hochgetunte Hoffnung nehmen sie mit ins Erwachsenenleben.

Dazu gehört die Gleichung: Frau = Mutter. Schließlich passt es nicht ins weibliche Erziehungsprogramm, zwischen Frau- und Muttersein zu unterscheiden. Obwohl sich das Frauenbild in den letzten Jahrzehnten vielfach umgekrempelt hat, lebt das alte Mutterdiktat zäh weiter: Nur eine Mutter ist eine vollständige Frau. Eine, die ihrem Lebenszweck und ihrer Bestimmung gerecht wird. Der Kinderwunsch wird als gegeben vorausgesetzt, als würde er vom Erbgut ins weibliche Hirn gepflanzt und ausschließlich von der Natur gesteuert. Und auch die Frauen selbst sind es, die an das Muttergen glauben.

In unserem Kulturkreis ist es noch gar nicht so lange her, dass die Existenzberechtigung von Frauen an ihrer Gebärfähigkeit hing. Vor allem daran, Söhne zur Welt zu bringen. Noch heute müssen sich Kandidatinnen auf eine Adelskrone peinlichen Untersuchungen unterziehen, was diesen Punkt angeht. Hatte eine Königin da früher ein Problem und zugleich einen durchgeknallten Ehemann, konnte es sie manchmal sogar den Kopf kosten – wie die bedauernswerte Anne Boleyn am eigenen Leib erfahren musste; sie war im 16. Jahrhundert die Gattin des englischen Königs Heinrich VIII., der sich ihrer sehr unelegant entledigte, als sie ihm den männlichen Nachwuchs schuldig blieb.

Heute leben Frauen mal mit, mal ohne Kinder, mal mit deren Vater, mal alleinerziehend, mal im Modell Patchwork, heterosexuell oder lesbisch, als Pflege- und Adoptivmutter, als Zweitmutter oder Mutter auf Zeit. Bunte Lebensentwürfe sind ein typisches Zeichen moderner, postindustrieller Gesellschaften. Schaut man sich diese Vielfalt an, könnte man tatsächlich auf die Idee kommen, Frauen hätten fast alle Freiheiten, ob und wie sie als Mutter leben wollen. Und sie würden diese Freiheiten auch nutzen.

Ideologiegetränkte Mutterrolle? Das war doch gestern! Glauben wir.

Tatsächlich aber sind die individualisierten Lebensweisen nur ein Oberflächenphänomen, sie sagen wenig aus über das gesellschaftliche Selbstverständnis. Denn das hinkt weit hinterher. In großen Teilen der Bevölkerung – und von konservativen Kreisen wachgehalten – gilt nach wie vor die Überzeugung: Mutter sein, ist die Natur der Frau. In dieser Rolle findet sie wahre Erfüllung.

Da arbeiten sich Scharen sehr kluger Frauen – und einige Männer – seit Jahrzehnten wissenschaftlich und publizistisch am Mutterbild ab. Analysieren, welche Strukturen dahinterstecken, wenn das Wesen der Frau auf die Mutter reduziert wird. Machen sich luzide Gedanken, um die Gebärfähigkeit ideologisch zu entschlacken. Und füllen Tausende Seiten, um Klischees zu zertrümmern und weibliche Köpfe und Herzen vom moralischen Diktat der Natur zu befreien.[8]

Und das Ergebnis? Der Mythos lebt! Das Epos wird weitererzählt. Der Roman findet einfach kein Ende. Bis hin zu Sido und Bushido wird die Frau als Mutter überhöht und in anderen Rollen herabgesetzt. Die idealisierte Mutter geistert wie eine Untote durch unser gesellschaftliches Bewusstsein. Erdrückend wie in jener zynischen Karikatur, bei der eine sehr fette Henne auf einem sehr mageren Hähnchen hockt, sich von ihm durch die Luft tragen lässt und spricht: »Denk immer daran, dass ich dich unter Schmerzen geboren habe.«[9]

Die Verschwörung

Da wollen wir Frauen frei und gleich sein, trauen uns alles zu – und doch lassen wir uns in der Praxis die traditionellste aller weiblichen Rollen als Maßstab eines gelungenen Frauenlebens aufdrücken. Perfekte Frau gleich perfekte Mutter. Aus dieser Zwangsgleichung sollen wir uns nicht rausstehlen dürfen.

Und das tun wir auch nicht: Wenn die Kinder kommen, verzichten wir gern auf eigenes Geld, eigene Zeit, auf Sinn und Bestätigung außerhalb der Familie. Wir geben prompt den Beruf auf oder beschränken uns auf kurze Arbeitszeiten. Vergeuden als gut ausgebildete Frau unsere Tage damit, auf Spielplätzen zu hocken, über Windeln zu fachsimpeln, als dienstbarer Geist durch den Haushalt zu toben und uns als Kinder-Chauffeuse missbrauchen zu lassen. Wir nehmen uns selbst zurück und nicht ernst, stattdessen bekommen wir alles an Arbeit und Verantwortung rund ums Kind.

Es ist ein Komplott. Eines, bei dem wir gleichzeitig Ziel, Mitverschwörerin und Vollstreckerin sind. Ein perfides Komplott, das sich der weiblichen Hormone als Waffe bedient. Geschmiedet, um uns biologisch anzuketten. Es ist ein Hormonkomplott, gesteuert von stereotypen Mustern und überkommenen Bildern. Und was soll dabei herauskommen? Eine hauptamtliche Mutter, die ihr übriges Frausein verkümmern lässt.

Und das alles nur, weil der Körper biochemische Botenstoffe produziert, die aus einer endokrinen Drüse in den Blutkreislauf gelangen, weil die weiblichen Geschlechtsorgane Theca- und Granulosa-Zellen besitzen, weil die von diesen Zellen produzierten Substanzen unsere Organe beeinflussen. Nur deshalb

143

sollen diese Biester auch die Macht bekommen, unser Bewusstsein zu bestimmen und unsere Rolle als Frau?

Hier geht es um eine Verschwörung gegen unsere Wahlfreiheit und gegen das Recht, unser Leben jenseits festgezurrter Rollen zu gestalten. Und das Druckmittel ist – Schuld. Wir machen uns schuldig gegenüber unserer Natur, wenn wir dem Mutterruf nicht folgen. Und schuldig gegenüber dem Kind, wenn wir die Mutterrolle nicht absolut setzen. Es ist eine Intrige, um unsere Selbstbehauptung zu schwächen. Und ein Manöver, um unsere weibliche Identität im Muttersein aufgehen zu lassen.[10]

Kinder als Kern und Essenz unseres Frauenlebens – das ist der Plan. Dabei werden auch die Kleinen schamlos benutzt: Als Speck in der Falle, der uns die Rolle schmackhaft macht. Kinder sollen unserem Leben einen Sinn geben, den wir woanders nicht suchen dürfen. Wie hält man Frauen am besten still und aus allen wichtigen Geschäften heraus? Wie bringt man sie dazu, sich ins Haus zu verkrümeln und den Männern das Feld draußen zu überlassen? Man drückt ihnen ein Kind an die Brust, das versorgt werden muss. Dann sind sie beschäftigt.

Selbstverständlich hat das Hormonkomplott etwas mit Herrschaftsverhältnissen zu tun, mit der Ungleichheit zwischen Mann und Frau, die sich über Jahrtausende eingeschliffen hat. Doch wir selbst haben uns ja mitverschworen. Denn: Wer akzeptiert die biologisch-moralische Verpflichtung zur Mutterschaft und baut sie ein in sein Alltagsdenken? Wer lässt sich denn einschüchtern von dem Bild der vollkommenen Mutter und entwickelt selbst das Verlangen, ihm zu genügen? Und wer lässt sich bei angeblichem Versagen von seinem rabenschwarzen Gewissen plagen? Wir doch, oder?

Die Mutprobe

Mutter am Anfang und Ende und immerdar. Wenn wir diese Vorgabe akzeptieren, haben wir schon verloren. Wenn wir uns auf diese Rolle reduzieren lassen, ist für ein Leben daneben kein Platz. Dann machen wir uns zu Geiseln des Hormonkomplotts und gehen in die traditionelle Falle – die wartet schon.

Wie begreifen wir uns als Mutter? Wie viel Raum geben wir den Familienaufgaben in unserem Lebensentwurf? Wofür benutzen wir das Kinderkriegen – vielleicht auch, um uns vor anderen Lebensaufgaben zu drücken?

Wenn wir an diesem Punkt unserer Biographie nicht naiv in der Grube landen wollen, müssen wir uns bewusst sein, was wir hier tun. Und uns der Mutprobe stellen.

Die Familienanwältin Lore Maria Peschel-Gutzeit kann da nur warnen: »Wenn der Wunsch nach einem Kind groß ist, wird die Rationalität oft an der Garderobe abgegeben.«[11]

Hier ist eine Schnittstelle, an der wir unsere Zukunft in die eine oder andere Richtung lenken. Mit gravierenden Folgen für den Rest unseres Lebens. Wenn wir uns in das bereitgestellte alte Muttermuster pressen lassen, verabschieden wir uns vom selbstbestimmten Ich, von der Vielfältigkeit, die wir als Frau leben können. Dann frisst uns die Mutter auf.

Dabei können wir die Situation auch als Aufforderung begreifen, etwas anders zu machen. Es ist nicht nur bedrohlich, sich gegen alte Muster zu wehren, es ist auch eine Chance.

Stattdessen lassen wir uns vom Ideal der Supermama versklaven. »Verunsichert, überfordert und unter permanentem Perfektionsdruck« – so fühlen sich Mütter in Deutschland. Auch das hat die Studie des Rheingold-Instituts Köln 2010 herausgefunden. Und den Druck machen sich Frauen vor allem selbst. Dabei schwanken sie zwischen Ohnmacht und Allmacht. »Die

Mütter stellen sich vor, sie hätten es in der Hand, die Kinder zu formen«, wird in der Studie festgestellt. Ergebnis: noch mehr Stress und Schuldgefühle.[12]

Das Hormonkomplott fordert unsere ganze Freiheit. Es verlangt, dass wir unsere eigenen Bedürfnisse, andere Pflichten und sinngebende Beschäftigungen vergessen. Aufgeben. Unser Leben soll das Kind sein.

Aber wir machen Fehler, wenn wir Kinder als alleinige Sinnstifter unserer weiblichen Existenz missbrauchen. Denn nicht nur Männer können abhanden kommen, auch Kinder bleiben nicht für immer – so sehr manche Mütter das auch hoffen. Und das Leben danach ist lang. Trotzdem sehen viele Frauen das Kinderkriegen als Endstation. Und glauben, der Rest ihres Lebens könnte ihnen egal sein.

Die Folge ist: Rückschritt! Wir stolpern hinein in ein Leben, das wir so nie wollten. Wir rutschen in eine Beziehungsform, die wir für gestrig halten. Und solange Männer davon profitieren, werden sie den Teufel tun, uns auf ein paar Missverständnisse hinzuweisen.

»Männer sind doch heut nicht mehr so blöd, dass sie einer Frau sagen, ›ich will dich als Hauskätzchen‹«, stellt die Psychoanalytikerin Eva Jaeggi klar. »Der moderne Dialog unter Liebenden sieht anders aus. Da heißt es: Jeder hat seine Selbstständigkeit, und dann haben wir unseren gemeinsamen Bereich. Wir teilen die Arbeit, und wir bleiben immer über alles im Gespräch. Dieser Dialog wird in fast allen Schichten geführt wird. Aber der ist fiktiv. In Wirklichkeit passieren andere Dinge, die haben mit Gleichberechtigung nichts zu tun. Sehr schnell gerät eine Beziehung in die Schieflage, und die Frauen machen einfach mit.«[13]

Denn das Hormonkomplott verlangt ja nicht nur, einem Kind das Leben zu schenken. Es geht darum, immer für die Sprösslinge da zu sein. Besonders in Deutschland. Hier herrscht das Dogma, dass Kinder vierundzwanzig Stunden am Rockzipfel der Mutter hängen müssen, um sich normal zu entwickeln. Vor allem die ersten drei Jahre lang. Sobald ein Kind da ist, muss für die Mutter alles anders werden: Wo sie sich vorher um sich selbst sorgen durfte, soll sie nun aufgehen in der Sorge um das Kind.[14]

Dann gibt es nichts anderes mehr. Diese Veranstaltung funktioniert nur im Rahmen der traditionellen Rollen. Hierzulande herrscht der alte Glaube, dass weder der Vater noch eine Tagesmutter, weder eine Krippe noch eine Kita das Kind in gleichem Maße umsorgen und fördern können wie die leibliche Mutter.[15] Hierzulande glaubt man, dass es einen richtigen und einen falschen Weg gibt, um Kinder großzuziehen. Und der richtige ist dort, wo die Mutter beim Kind ist und die Frau weiß, wo sie hingehört.

Ohne Zweifel, der Druck auf Frauen, diesem Modell zu folgen, ist stark. Ebenso die Verlockung, ihm zu erliegen. Schließlich ist der Lohn das Kind. Die Idealisierung des Kinderkriegens, vermuten Naturwissenschaftler, sei auch ein Trick der Natur, das Überleben der Art zu sichern. Mag sein. Auf jeden Fall ist es ein Trick der Menschen, die Machtverhältnisse zu stabilisieren und die Frauen auf ihren Platz zu verweisen.

Und wir lassen es mit uns machen. Obwohl die meisten von uns es doch angeblich gar nicht so wollen. Nur eine Minderheit von Frauen ist ausschließlich auf Kinder geeicht. Eine große Mehrheit will ihre Mutterrolle mit vielen anderen Aufgaben verbinden. So weit die Absicht. Doch wenn dann die Taten folgen, ist – schwupps – plötzlich doch die große Mehrheit in der traditionellen Mutterkiste verschwunden. Und lässt alles andere zur Nebensache verkommen.

Freiwillig verzichten wir auf viele Wünsche und Ambitionen, um uns den Mutterschuh anzuziehen. Und dann latschen wir in ausgetretenen Rollenpfaden daher und machen es uns in der Kinderecke bequem. Durchaus auch zum Schaden der Kleinen. Die müssen alles kompensieren. »Wenn Mütter nur noch das Kind als Inhalt haben, betrachten sie es sehr schnell als ihr Eigentum«, hat die Familienanwältin Peschel-Gutzeit beobachtet. »Dann halten sie niemanden anderen mehr für zuständig, denn nur sie alleine wissen, was gut und wichtig ist für den Nachwuchs.«[16]

Dabei ist die deutsche Kinderwelt merkwürdig gespalten. Da gibt es die einen, um die sich niemand kümmert, die zu Hause noch nicht einmal eine warme Mahlzeit bekommen, geschweige denn irgendwie gefördert werden. Und dann gibt es Scharen von überbehüteten Kindern, vornehmlich aus Bildungsmilieus, wo sich hauptsächlich die Mütter überschlagen, um dem Kind alles zu bieten. Fast scheint es, als glaubten diese Frauen, ihre Kinder vor der Welt beschützen zu können. Dabei sind sie vielleicht nur getrieben von den eigenen Ängsten, der Verunsicherung durch überkomplexe Strukturen, dem Wegbröseln vertrauter Gewissheiten.

Moderne Mütter erwarten, hat die aktuelle Studie des Rheingold-Instituts herausgefunden, »dass ihre Kinder besonders gut geraten, sie selbst alles unter einen Hut bekommen und dabei selbstverständlich attraktiv bleiben«. Für den Vater und Mann. Und als sei das nicht genug, ist für die Mütter in den letzten Jahren noch eine neue Maxime dazugekommen: »Alles soll schön leicht und locker aussehen.«[17]

Als hätten wir keine Wahl. Als könnte Mutterschaft heute nicht ganz anders begriffen und gelebt werden. Da ist sie wieder, die Liebeslist, die uns in die Unterordnung drängt. Da ist auch das Kümmersyndrom, das uns allzuständig sein lässt. Und da ist das Hormonkomplott, das uns in der traditionellen

Mutterrolle einhegt. Drei Übel, die verführerisch und hübsch gewandet daherkommen, doch wenn sie uns befallen, locken sie uns flugs auf den falschen Weg. Ziehen uns herüber in ein klassisches Frauenleben. Müssen wir nicht endlich anfangen zu widerstehen?

Der Tropfen

Für Kinder tun Frauen oft so, als hätte es nie ein Leben davor gegeben und als käme auch keines danach. Das ist nicht nur kurzsichtig, das ist grob fahrlässig. Und es ist verantwortungslos gegenüber sich selbst.

»Es gibt gar nicht so wenige Frauen, bei denen sich irgendwann alles nur noch ums Kind dreht«, hat die Sexualberaterin Edith Beckmann festgestellt. »Da findet dann nichts anderes mehr statt. Weder Freundschaft noch Partnerschaft noch sonst irgendwas.«[18]

Schon beim ersten Kind macht eine Unzahl von Paaren brutal Schluss mit der Gleichberechtigung. Ganz sicher passt das manchen Frauen nicht, aber sie machen es mit. Freiwillig. Stolpern in die Rollenfalle und wundern sich hinterher. Dabei fällt dieses Schicksal doch nicht vom Himmel, hier werden Entscheidungen getroffen – auch von den Frauen. Anfangs sind sie vielleicht noch erleichtert, den Druck des Berufs loszuwerden und sich nur um das geliebte Kind kümmern zu können, aber was auf sie wartet, sind Zwänge und Abhängigkeit.

Kinder brauchen Zeit. Viel Zeit. Und die kommt zum allergrößten Teil von den Müttern. Die schneiden ihre Existenz auf Kinder zu – meist so absolut und ausschließlich, als wären Kinder ein Programm für das gesamte Leben und nicht längst nur ein Lebensabschnittsprogramm angesichts des hohen Alters, das wir inzwischen erreichen können.

Ratz-fatz leben wir wieder wie unsere Eltern und Großeltern.

Und sind gefangen. Mutterpflichten sind eine sanfte Tyrannei. Gerade mit ihrer Hilfe können Männer sich leicht gegen uns durchsetzen.[19]

Die Literaturwissenschaftlerin Barbara Vinken, die sich in ihrer Arbeit intensiv mit dem deutschen Frauen- und Mutterbild beschäftigt hat, polemisiert deshalb gern gegen die Idee der Vollzeitmutter. »Hierzulande glaubt man, die intellektuelle Stimulanz, die finanzielle Autonomie und das damit einhergehende Selbstwertgefühl aufgeben zu müssen, um Mutter zu werden.«[20] Eine Radikalkur, die sie nicht nur für überflüssig, sondern für schädlich hält.

Eine durchschnittliche Mutter im Westen Deutschlands arbeitet auch zehn Jahre nach der Geburt ihres letzten Kindes nur rund fünfundzwanzig Stunden pro Woche.[21] Anders gesagt: Einmal raus aus dem Job – nie wieder richtig reingekommen. Gewollt oder ungewollt. Entsprechend bleiben diese Frauen in ihrer beruflichen Entwicklung und auch bei ihrem Einkommen drastisch hinter ihren Männern zurück.[22]

Kein Wunder, dass inzwischen vor allem die gut ausgebildeten Frauen ein massives Unbehagen bei dieser Aussicht verspüren. Seit Jahren geht im Land das Gespenst der kinderlosen Gesellschaft um, denn immer mehr Akademikerinnen verweigern sich. Sie haben einfach keine Lust, sich den Beschränkungen zu unterwerfen, die hierzulande an die Mutterrolle gekoppelt sind, und schieben ihren Kinderwunsch immer weiter nach hinten – oder verzichten auf den Nachwuchs.

Darunter gibt es sicher auch einige Paare, die nicht auf die Idee kommen, Spermien und Eizelle zu verschwenden – solange nicht das top eingerichtete Kinderzimmer parat ist, die auf Jahre im Voraus gebuchte Kita und der Platz an der einzig-in-Frage-kommenden Schule.

Doch weder die Zögerlichen noch die Planungswütigen sind gegen den Sog der traditionellen Rolle resistent. Denn kaum sind die Kinder da, richten auch sie sich massenhaft in Konstellationen ein, bei denen die Frau ganz und gar in die Mutterrolle schlüpft.

Wenn die Kinder klein sind, sollen sie zu Hause betreut werden, fordern die deutschen Väter. Fast zwei Drittel von ihnen wollen, dass dafür ein Elternteil zurücksteckt. Das ist in ihren Augen die beste Methode, um Familie und Beruf zu vereinbaren – wobei sie allerdings immer stillschweigend voraussetzen, dass es die Frauen sind, die sich einschränken.

Doch die sind von der Idee nicht besonders begeistert. Nur ungefähr halb so viele Mütter wie Väter meinen, dass die Kleinen die ersten Jahre unbedingt zu Hause verbringen müssten.[23] Vehement – und zu Recht – verweisen Frauen dann immer auf die katastrophale Betreuungssituation im Land. Doch ist es wirklich nur der fehlende Kita-Platz, der die große Mehrheit dazu bringt, sich den alten Mutterschuh anzuziehen?

An dem strukturellen Desaster lässt sich nichts entschuldigen. Verantwortlich sind Politik und Unternehmen, und die haben auf ganzer Linie versagt, seit Jahrzehnten. Selbst die Pläne des Familienministeriums, bis zum Jahre 2013 für fünfunddreißig Prozent der Kinder unter drei Jahren einen Kita-Platz zu schaffen, sind schier lächerlich.

Aber warum ist denn so wenig passiert? Warum glauben die Politiker, ihre Wählerschaft derart ignorieren zu können? Doch wohl auch, weil der gesellschaftliche Druck fehlt. Weil es ein großer Teil der Bevölkerung – und selbstverständlich sind das auch Frauen – gar nicht für wünschenswert hält, das Ideal der Vollzeitmutter zu schleifen und das Klischee aufzubrechen. Zwar lässt sich an vielen Stellen der gesellschaftlichen Praxis dieses Muster in reiner Form nicht mehr aufrechterhalten, denn schon die alleinerziehenden Mütter konterkarieren das Ideal, aber als moralisch-ideologisches Druckmittel taugt es allemal und lebt hartnäckig weiter.

Wie gesagt, die Mehrzahl der Väter sind an vorderster Front dabei, wenn es darum geht, die Hausbetreuung der Kinder zu propagieren. Doch wer ist es tatsächlich, der sich beruflich zurücknimmt und fast die gesamte Betreuung übernimmt – und zwar freiwillig? Männer jedenfalls nicht, wie sich allenthalben zeigt. Dabei können sie außer Gebären und Stillen doch alles genauso gut.

Da gibt es seit ein paar Jahren das vom Familienministerium eingeführte neue Elternzeitmodell.[24] An dem, heißt es, beteiligen sich die Väter begeistert. Diese Behauptung ist kaum mehr als ein großer Schwindel. Der reicht zwar, um der Politik einen Marketingauftritt zu bescheren, hat aber nichts mit einer wirklichen Änderung der Verhältnisse zu tun.[25]

Im ersten Lebensjahr betreuen achtzig Prozent der Eltern ihre Kinder selbst. Aber unter denen, die das staatliche Elterngeld beanspruchen, sind noch nicht einmal ein Viertel Väter beteiligt. Das heißt im Umkehrschluss: Drei Viertel der Mütter kümmern sich allein um das Kind.

Von den betreuenden Vätern nehmen knapp drei Viertel nur die zwei Partnermonate, die notwendig sind, um vierzehn statt zwölf Monate Elterngeld zu erhalten. Weil sie ja nichts verschenken wollen, sagen sie bei Befragungen. Dabei sind diese acht Wochen von der Politik eigentlich als Einstiegsdroge gedacht: Damit sich Väter wenigstens kurzzeitig zur Familienarbeit hinreißen lassen und die Unternehmen begreifen, dass auch Männer Kinder kriegen.

Doch selbst dieser Kurztherapie setzen sich Väter nur ungern aus. Über die Hälfte der Männer in Elternzeit nehmen ihre Partnermonate parallel zur Elternzeit ihrer Frau. So bleibt für zwei Monate die ganze Familie zu Haus, und endlich werden mal der Bastelkeller aufgeräumt und schon lange fällige Reparaturen erledigt, oder womit Männer sich sonst noch beschäftigen, wenn sie mal Zeit haben. Das ist ihnen zwar zu gönnen, hat nur nicht viel mit dem Kind zu tun.

Letztendlich sind es nur sehr wenige Väter, die für acht Wochen allein die Verantwortung für ihre Sprösslinge übernehmen. Und eine noch winzigere Zahl spielt etwas länger den Hausmann.[26] Ist das Engagement der Väter wirklich mehr als ein Tropfen im Ozean der Zeit, die Kinder auf ihre Eltern angewiesen sind?

Der Staat schafft zu wenig Kitas und entlastet sich, indem er die Verantwortung auf die Bürger abschiebt. Die Arbeitgeber kümmern sich weder um Betriebskindergärten noch um familienfreundliche Arbeitszeiten und entlasten sich, indem sie die Verantwortung auf die Arbeitnehmer abschieben. Der Bürger und Arbeitnehmer in Gestalt von Mann und Vater entlastet sich und schiebt die Verantwortung ab auf die Frau und Mutter. Und an ihr bleibt dann alles kleben, als eine persönliche Herausforderung in den häuslichen vier Wänden.

So werden Staat, Arbeitgeber und die Gesellschaft von Pflichten entlastet. Das Problem ist individualisiert: Es hat sich ja eine Dumme gefunden, die die Verantwortung nicht mehr weiterdelegieren kann.

Die Getriebenen

»Dann kommen die Frauen und fragen: Wie viel Zeit bleibt mir noch … Jetzt bin ich über dreißig … In einem halben Jahr könnte ich die Pille absetzen … Jetzt bin ich über fünfunddreißig … Nein, jetzt geht es nicht wegen des Jobs … Jetzt bin ich achtunddreißig, neununddreißig … Wie lange kann ich noch schwanger werden ... Jetzt hab ich endlich den richtigen Mann gefunden, bin aber schon zweiundvierzig ...«

Edith Beckmann erlebt es als Ärztin für Frauenheilkunde ständig, wie sehr Frauen die Kinderfrage aufwühlt. Sie kennt die Torschlusspanik aus ihrer täglichen Praxis und auch die Fantasien der Frauen. »Ganz erstaunlich ist, wie viele Frauen, auch die etwas älteren, eine Idylle vor Augen haben, wenn es um ihren Nachwuchs geht. Sie träumen von: Mama, Papa, Kind – und alles immer sehr romantisch.«[27]

Auch die Therapeutin Rosemarie Leinemann beobachtet solche Mechanismen: »Frauen verklären oft ihre Situation, wenn ein Kind kommt. Sie denken nur: Jetzt sind wir eine kleine Familie, jetzt sind wir eine kleine Einheit!« Die Idealisierung von Familie und Mutterschaft stehe aber in harschem Kontrast zu dem, was nachher passieren könne. »Beispielsweise, dass sich der Partner nur als Lebensabschnittspartner entpuppt und die Frauen mit ihrem Kind, mit ihren Träumen allein dastehen – ohne auch nur im Geringsten auf die Realität vorbereitet zu sein.«[28]

Aber weil diese Idealisierung gesellschaftlich nicht nur akzeptiert, sondern gewollt ist, hilft selten jemand den Frauen, sich nicht zu verrennen. Wer hat schon ein Interesse daran, die Illusionskiste auf ein realistisches Maß zusammenzufalten? Das müssen wir schon selber tun.

Wenn Frauen von nichts als Familie geträumt haben, können sie vielleicht einigen Frust wegstecken, der zu Hause auf sie wartet. Die vielen anderen, die mehr wollten als die Mutterrolle, sind da manchmal nicht so erfolgreich. Sie suchen sinnstiftenden Ersatz, weil ihnen schnell etwas fehlt.

»Gerade wenn gut ausgebildete Frauen plötzlich nur noch auf Familie machen, übertragen sie ihren Ehrgeiz häufig voll auf den Nachwuchs. Jetzt wollen sie nicht mehr das Berufliche, sondern das Projekt Kind sehr gut machen«, beobachtet Rosemarie Leinemann. »Dann wird ununterbrochen auf das Kleine projiziert. Es dient als Kompensation und wird narzisstisch aufgewertet. Denn wenn sie schon das Kind haben, muss es wenigstens hochbegabt sein«, sagt die Therapeutin.[29]

Auch Familienanwältin Peschel-Gutzeit hat so ihre Probleme mit den überambitionierten Müttern: »Das sind Frauen, die haben keine andere erfüllende Aufgabe mehr. Also nehmen sie das Kind in Besitz und schließen alle anderen aus. Aber begründet wird das natürlich nicht so. Die Mütter begründen es mit den Bedürfnissen des Kindes: Dass es gar nicht überleben würde, wenn es mich nicht gäbe. Ich muss das alles machen. Der Vater kümmert sich ja nicht.«[30]

Je stärker der Kinderwunsch ist, desto bitterer, wenn er nicht in Erfüllung geht. Ab Mitte dreißig beginnt das Drama. Dann fühlen sich viele, die Kinder wollen und zuvor ein entspanntes Verhältnis zu ihrem Körper hatten, als dessen Sklavin. Er beginnt, sie zu tyrannisieren. Die Zeit rast, und sie geraten in Panik. Jeder Eisprung eine verpasste Chance! Wer die Verzweiflung in den Augen manch kinderloser Frau um die vierzig entdeckt, kann das Ausmaß des Kummers erahnen, der sie bedrückt.

Liegt das nicht auch daran, weil es Frauen so schwerfällt, sich ein erfülltes Leben ohne Kinder überhaupt vorzustellen? Weil sie mit der Muttermilch aufgesogen haben, dass ihnen dann etwas Essentielles fehlt?

Es ist noch nicht so lange her, da hatten Frauen tatsächlich kaum eine andere Wahl. Sie brauchten den Mann, um ihre Existenz zu sichern, und das Kind, um diese Existenz zu rechtfertigen. Ob sie Mutter werden wollten, lag selten in ihrer Macht. Ihre Gebärmutter und das Diktat der Gesellschaft nahmen ihnen fast immer die Entscheidung ab.

Das änderte sich erst, als die Pille erfunden wurde, vor knapp fünfzig Jahren. Plötzlich hatten die Frauen die Chance, die Fortpflanzung zu kontrollieren. Die Pille war nicht nur eine medizinische Revolution, sie war eine Kulturrevolution.

Sicher ist ein Eingriff in den Hormonhaushalt problematisch; das fängt bei Nebenwirkungen an und endet bei der ausschließlich weiblichen Verantwortung für die Verhütung. Trotzdem bedeutete die Pille eine unglaubliche Freiheit. Denn die Herrschaft über die Frauen war immer auch eine Herrschaft über das Gebären.

Mit der Pille war die Gleichung Frau = Mutter ausgehebelt. Zumindest biologisch. Frauen konnten die Mutterrolle annehmen oder ablehnen, sie hatten plötzlich die Wahl! Ein Universum öffnete sich, das mit seinem Autonomieversprechen bislang Männern vorbehalten war.

Seit der Pille können Frauen hierzulande über Kinder entscheiden – was für ihre Sexualität und ihre Lebensplanung eine ungeheure Umwälzung war. Aber das heißt bei weitem nicht, dass die Mutterideologie ging, als die Pille kam.

Problemlos schafft es das Mutterthema, zum Aufreger der Nation zu werden. In konjunkturellen Abständen und befördert vom demographischen Desaster, überschwemmen konservative Pamphlete die Öffentlichkeit mit ihrem modrigen Weltbild: Dass das Wesen des Menschen festgelegt sei durch seine Kreatürlichkeit oder ein in der göttlichen Schöpfungsordnung bestimmtes Sein. Vorrangig das Wesen der Frau als Mutter, versteht sich, denn die gilt es ja zu domestizieren.[31]

Eigentlich dachten wir mal, wir seien weiter. Wir würden es nicht mehr ertragen müssen, dass Menschen auf ihre Natur und ihre biologischen Funktionen reduziert werden. Es ist, als hätte es nie eine Simone de Beauvoir gegeben, die Anfang der fünfziger Jahre das Frauenbild in seinem kulturellen Kontext untersuchte.[32] Und keine Judith Butler, die den Unterschied zwischen Mann und Frau zur Frage des Milieus und der Erziehung erklärte.[33]

Weil der Kinderwunsch bei Frauen ganz selbstverständlich vorausgesetzt wird, kann es zu groben Missverständnissen kommen. Nehmen wir Cäcilia. Als Cäcilia ihren Mann kennenlernte, wollte der gerne Kinder. Sagte er zumindest. Das hatte sie sich gemerkt, wenn auch nicht weiter kommentiert. Die Beziehung wurde fester, und Cäcilia war im Dilemma. Wochenlang quälte sie sich mit der Entscheidung, denn in ihrer Vorstellung von der Zukunft hatten Kinder keinen Platz. Doch sie ließ es drauf ankommen und heiratete. Erst Monate später gestand ihr Mann, er habe sich nie ernsthaft Kinder gewünscht, er habe es nur vorgespiegelt. Wenn er sich als williger Vater präsentierte, dachte er, würden sich seine Chancen bei Cäcilia dramatisch erhöhen. Alle Frauen wollten doch Kinder – davon sei er schlicht ausgegangen.

Zum Vorurteilspaket in Sachen Nachwuchs gehört, dass Paare mit Kindern glücklicher sind als kinderlose. Doch das ist nirgends bewiesen, darüber streitet die Wissenschaft. Bei einer Studie in den USA zum Beispiel wurden Mütter gefragt, was ihnen Genuss bereite: Die Kinderbetreuung wurde erst an sechzehnter Stelle genannt.[34] Hingegen stellten Forscher aus Großbritannien fest, dass die Beglückung durch Kinder zunimmt – jedoch nur bei verheirateten Paaren.[35] Umstritten ist auch, ob das Glücksgefühl bei jedem neuen Kind steigt – oder vielleicht nicht sogar abnimmt.[36]

Eigentlich sind sich die Wissenschaftler nur in einem Punkt einig: Nicht die schiere Existenz von Kindern macht glücklich oder unglücklich. Der Glückspegel hängt von vielen zusätzlichen Faktoren des Lebensumfeldes ab.

Und dann gibt es ja auch noch dieses unausrottbare Gerücht – von besserwisserischen Psychologen gepflegt und in den Medien gern weitergetratscht –, dass alle kinderlosen Frauen per se unglücklich werden. Egal, wie freiwillig ihre Entscheidung mal war. Weil sie den Verlust nicht verkraften könnten, eine Leerstelle spürten und weil sie darunter litten, die Möglichkeiten des Lebens nicht ausgeschöpft zu haben.

Welch ein Unsinn! Sicher gibt es Frauen, die ihre Kinderlosigkeit irgendwann bedauern und unglücklich sind. Aber wie viele unglückliche Frauen mit Kindern gibt es denn?

Ich selbst habe mehrfach in Talkshows den Part der Kinderlosen übernommen, eine Rolle, die angeblich schwer zu besetzen ist – zumal wenn es um die glückliche Kinderlose geht.

Vielleicht hab ich deshalb gut reden, weil ich mich sehr früh gegen Kinder entschieden habe. Mit fünfzehn Jahren verkündete ich, mir habe das Bemuttern meiner drei jüngeren Geschwister gereicht, ich hätte für den Rest meines Lebens von Kindern genug. Selbstverständlich erntete ich damals nur mitleidiges Lachen und Kopfschütteln. Zu Recht. Die meisten Erwachsenen erkannten in meiner Ansage das, was sie in großen Teilen auch war: eine pubertäre Trotzreaktion gegen die Verantwortung, die ich sehr jung in meiner großen Familie übernehmen musste.

Es versteht sich von selbst, dass ich dieses Vorhaben nie wirklich ernst nahm. Und doch ist aus der Trotzreaktion ein Teil meines Lebensentwurfs geworden. Ich habe keine Kinder. Obwohl mir weder die günstigen Umstände noch der passende Mann fehlten. Kinder sind großartig, aber müssen es meine eigenen sein?

Mir ist bewusst, dass ich damit ein eingefleischtes Vorurteil provoziere, mit dem gerade Mütter die Nicht-Mütter gern konfrontieren: Kann eine, darf eine überhaupt von Kindern und Mutterschaft reden, die selbst kein Kind hat? Nie die einzigartige Bindung an das ungeborene Leben entwickelte, nie eine Geburt erlebte?

Aber selbstverständlich kann sie, darf sie. Nicht jede Erfahrung muss frau selber machen, um über deren Bedeutung zu sprechen.

Die Treibenden

Das Hormonkomplott hat viele Komplizen. Und Komplizinnen. Unser persönliches Umfeld übernimmt gern die Aufgabe, uns die Unterordnung in der Mutterrolle nahezubringen – wobei sich Frauen besonders hervortun. Die Mütter und Schwiegermütter, die weiblichen Familienmitglieder, die Kolleginnen, Freundinnen, Kindergärtnerinnen, Finanzbeamtinnen … Sie alle beteiligen sich am Reproduktionszirkus.

Nehmen wir Sara. Sara arbeitet bei einer Nachrichtenagentur und kehrte nach Jahren im Ausland mit ihrem Mann und zwei kleinen Kindern nach Deutschland zurück. Für die dreieinhalbjährige Tochter bekam sie einen Kita-Platz, für den kleineren Sohn nicht. Die Familie lebt am Arbeitsort ihres Mannes in Köln, Saras Agentur ist mehrere hundert Kilometer weit entfernt. Sie handelte eine Halbtagsstelle mit einem vierzehntägigen Rhythmus aus: Wenn sie arbeitete, war sie zwei Wochen von Montag bis Freitag weg von zu Haus, anschließend hatte sie vierzehn Tage frei. Die Tochter war im Kindergarten, der Sohn bekam ein Kindermädchen, für das Saras Gehalt völlig draufging. Aber das war es ihr wert.

Sie und ihr Mann konnten mit dieser Lösung leben, die Kinder auch. Nur das Umfeld hatte Probleme. Saras Familie war entsetzt: Wie kannst du nur die Kinder so lange ohne Mutter lassen? Wenn Sara in ihren freien Wochen die Tochter vom Kindergarten abholte, nahmen sie die Mitarbeiterinnen regelmäßig zur Seite: Ob sie sich das mit der Arbeit auch gut überlegt habe? Ob sie nicht Angst habe, dass ihr Kind in ihrer Abwesenheit leide? Und als sich Sara beim Finanzamt wegen ihrer Pendlerpauschale beraten ließ, wurde die dortige Beamtin geradezu kiebig: Wieso arbeitete sie überhaupt als Mutter von zwei Kindern? Warum reichte es ihr nicht, dass ihr Mann verdient ...

Der größte Druck auf Frauen kommt in der Regel aus der Familie. Dabei spielen die Wünsche der eigenen Mutter für Töchter eine große Rolle. Denn meist erwartet eine Mutter, die sich selbst einiges versagt hat, dass ihre Tochter sich ebenfalls gegen den Beruf und für Kinder entscheidet und damit dem mütterlichen Lebensweg folgt und ihn implizit gutheißt. Und dass die Tochter diese Rolle dann hundertprozentig ausfüllt.

»Für eine Tochter ist es sehr schwer, sich in der Beziehung zur Mutter abzugrenzen, mit ihr offen zu konkurrieren«, stellt die Soziologin und Gruppenanalytikerin Franziska Lamott fest. Aus den Erzählungen ihrer Patientinnen weiß sie, was für eine prägende biographische Kraft die Beziehung zur Mutter ist, auch noch im Erwachsenenalter. »Töchter trauen sich nicht, sich von der Mutter zu unterscheiden, ihren eigenen Weg zu gehen. Das ist tabuisiert, denn es ist ja ein Stück Trennung. Und Töchter glauben, dass sie ihrer Mutter diese Trennung ersparen müssen. Einerseits, um die Mutter zu schonen, aber auch, weil sie Angst vor ihrem Neid haben und davor, nicht mehr von ihr geliebt zu werden.«[37]

Während Männer ihre Identität über das Sich-Unterscheiden entwickeln, setzen Frauen auf Ähnlichkeit und Bindung und entwickeln Schuldgefühle, wenn sie sich abgrenzen.

Auch Schwiegereltern sind gut darin, einen Nervenkrieg rund um die Mutterschaft zu entfachen.

Das Mindeste, was manche Schwiegermütter erwarten, ist

eine Schwiegertochter, die dem eigenen Frauenbild entspricht. Und dazu gehört meist, dass sie bereit ist zur Mutterschaft. In manchen Familien ist die Schwiegermutter sogar stärker an Nachwuchs interessiert als der eigene Sohn. Eine Schwiegertochter ist immer auch eine willkommene Projektionsfläche.

»Eine Frau, die freiwillig keine Kinder bekommt, hat wenige Chancen, den Klagen ihrer Eltern zu entgehen (denen sie nicht gestattet, Großeltern zu werden)«, stellt die französische Philosophin Elisabeth Badinter fest. »Ebenso wenig kann sie dem Unverständnis ihrer Freunde (die sich wünschen, dass man es ihnen gleichtut) und der Feindseligkeit der Gesellschaft und des Staates entfliehen.«[38]

Zudem ist manch älteren Frauen, deren Kinder erwachsen und aus dem Haus sind, der Lebensmittelpunkt abhanden gekommen. Der stellt sich prompt wieder ein, wenn es Enkel zum Bemuttern gibt. Logisch, dass sie die von ihrer Tochter oder Schwiegertochter erwarten – und das durchaus auch sehr deutlich machen.

Oder um es mit den Worten der Biologin Christiane Nüsslein-Volhard zu sagen: »Diese Frauen stürzen sich auf die Enkelkinder wie die Bekloppten. Das ist der Lebensinhalt, so wie es vorher die eigenen Kinder waren. Fragen Sie mal Frauen mit sechzig, mit wem sie gerade telefoniert haben. Das sind selbstverständlich die Tochter und die Enkelkinder.«[39]

Und dann gibt es noch die Freundin, die Nachbarin, die Kollegin, die Schwägerin... Je stärker Frauen sich mit ihrer Mutterrolle identifizieren, desto größer ist ihr Interesse, auch andere Frauen in die traditionelle Rolle herüberzuziehen. Und ihnen die Gleichung Frau = Mutter rosig zu pinseln.

Die Masche

Damit das Hormonkomplott funktioniert, braucht es ein moralisches Druckmittel. Schuld eignet sich prima. Noch heute glauben viele Frauen, dass sie bereits bei ihrer Geburt in den Kessel voller Empfindsamkeit, Mitgefühl und Mutterinstinkt gefallen sind. Und dass bei ihnen etwas nicht stimmt, wenn es nicht so ist. Dann fühlen sie sich schuldig – und das ist erwünscht.

Die Mechanismen, die hinter der Schuldfrage stecken, sind tückisch. Wie sie funktionieren, hat der berühmte Psychoanalytiker und Kinderpsychologe Bruno Bettelheim einst offenbart – wahrscheinlich ohne zu begreifen, was er da tat.

Die Geschichte ist viele Jahre her, und trotzdem ist sie es wert, noch einmal erzählt zu werden. Aufgeschrieben hat sie Elisabeth Badinter, die französische Philosophin, die darin auch eine wichtige Rolle spielt. Wie unter einem Brennglas wird hier deutlich, warum die konservative Mutterrolle nach Schuldgefühlen geradezu schreit.

Bruno Bettelheim, ein österreichischer Jude, der dem KZ entkommen konnte und in die USA emigrierte, entwickelte in den vierziger Jahren eine eigene Theorie über Ursachen und Entstehung des Autismus. Als Wissenschaftler und Leiter einer Schule für behinderte und emotional gestörte Kinder plädierte er in seinem Werk für Humanität und Verständnis. Was ihn allerdings nicht daran hinderte, Müttern die Hauptschuld zuzuschieben, wenn ein Kind autistisch wurde. Er prägte dazu den Begriff der »Kühlschrankmutter«.

In den USA und in Europa galt Bettelheim jahrzehntelang als moralische und fachliche Autorität für die Erziehung von Kindern. Sein Buch *Kinder brauchen Märchen* aus den siebziger Jahren gehört noch heute zur Standardlektüre von Pädagogikstudierenden. Erst nach seinem Tod 1990 gab es einige sehr hässliche Berichte über seine Erziehungsmethoden.

1981, Bruno Bettelheim war bereits emeritiert, veröffentlichte Elisabeth Badinter ein Buch, in dem sie behauptete, so etwas wie einen natürlichen Mutterinstinkt gebe es nicht.[40] Der Mutterinstinkt liege mitnichten in den Genen, sondern sei sozial konstruiert und einem kulturellen Wandel unterworfen. Manche Frauen hätten einen, andere eben nicht. Deswegen seien sie aber noch keine unvollständigen Wesen oder gar böse.

Bruno Bettelheim wurde gebeten, für die amerikanische Ausgabe des Buches ein Vorwort zu schreiben. Er lehnte ab – weil ihm Elisabeth Badinters These »missfalle«.

Seine Begründung: »Mein ganzes Leben habe ich mit Kindern gearbeitet, deren Leben zerstört war, weil ihre Mütter sie hassten. Natürlich gibt es keinen mütterlichen Instinkt, sonst hätten nicht so viele Kinder meine professionelle Hilfe gebraucht. Aber das zu demonstrieren, zu zeigen, dass so viele Mütter ihre Kinder ablehnen, würde nur andere von ihrem Schuldgefühl befreien, das wenigstens ein paar Kinder vor Selbstmord, Magersucht und so weiter gerettet hat. Ich kann meinen Namen nicht dafür hergeben, dieses letzte Bollwerk zu beseitigen.«[41]

Im Klartext: Man muss die Frauen betrügen. Muss ihnen einhämmern, dass es zu ihrem Wesen gehört, völlig in Kindern aufzugehen. Muss ihnen ein schlechtes Gewissen einbläuen, damit sie sich um die Kinder kümmern. Denn die Natur sorgt nicht dafür. Müttern soll nicht erlaubt sein, ohne Schuld zu leben, damit sie in ihrer Rolle funktionieren.

Es ist ein ziemlich gruseliges Menschen- und Frauenbild, das hier zum Vorschein kommt. Weit weg von jeder Freiheitsidee. Aber es entlarvt den Zwang, der auf Frauen ausgeübt werden soll, und die sozialen Konstrukte, die sich hinter dem

Bild der guten Mutter verbergen. Sollte sich Bruno Bettelheim das Wohl der Kinder auf die Fahnen geschrieben haben – das Wohl der Frauen war ihm offensichtlich herzlich egal.

Das Seelenheil

Die Mutter gehört zum Kind. Und wehe der Frau, die das nicht so eng sieht. Es gehört zum Hormonkomplott, Frauen mit einem schlechten Gewissen zu impfen und jede Abweichung von der Mutternorm zu ahnden. Eine berufstätige Mutter – zumal von kleineren Kindern – hat schnell alle Vorurteile gegen sich. Ganz egal, ob sie gezwungen ist zu arbeiten oder die Wahl hat.[42]

Im Unterschied zu anderen Ländern reagiert die deutsche Öffentlichkeit extrem empfindlich auf dieses Thema. Deshalb eignet es sich auch hervorragend für populistische Attacken. Vor allem Mütter, die gleichzeitig Karriere machen, bieten sich als öffentliches Prügelobjekt an.

Nehmen wir Ursula von der Leyen. Die Ministerin, inzwischen zuständig für das Ressort Arbeit und Soziales, war gerade ins Bundeskabinett berufen worden, als sie eine Einladung zur WDR-Talkshow *hartaberfair* erhielt.[43] Thema: Kinder oder Karriere. Gleich zu Beginn der Sendung konfrontierte sie der Moderator mit einer fingierten Titelseite der *Bild*-Zeitung. Darauf waren die von-der-Leyen-Kinder abgebildet und daneben die fette Schlagzeile: »Mama, wo warst du, als ich klein war?« Selbst das Fernseh-Make-up konnte die plötzliche Blässe der Ministerin nicht überdecken.

Nun muss man dazusagen, dass sich Ursula von der Leyen zu Anfang ihrer politischen Karriere gern mit ihren sieben Kindern ablichten ließ. Auf entzückenden Fotos mit Pony und Lämmchen stellte sie ihre Familie zur Schau – und in den

Dienst ihrer politischen Ambitionen. Sie selbst hat dafür gesorgt, dass ihr Muttersein zum Gegenstand journalistischer Betrachtung wurde.

Doch wäre ein Minister, und hätte er noch so oft seine Kinder hergezeigt, ähnlich gemein auf seine Vaterrolle reduziert worden? Hätte man ihn ähnlich unverschämt mit dem Vorwurf konfrontiert, er sei karrieregeil und opfere deshalb das Wohl seiner Kinder? Dieses Privileg bleibt Frauen vorbehalten. Selbst die Redaktion einer der besten Talkshows des deutschen Fernsehens entblödete sich nicht, ein derart rückwärtsgewandtes Mutterklischee zu bedienen.

Ich saß mit Ursula von der Leyen und zwei weiteren Frauen als Gast in dieser Sendung. Der *Bild*-Zeitungs-Fake machte nicht nur die Ministerin fassungslos, wir alle fühlten uns wie in den falschen Film gelockt. »Das war ein Faustschlag direkt in die Magengrube«, sagte Ursula von der Leyen anschließend. Wie gut, dass sie eine so wohlerzogene höhere Tochter ist, es hätten ihr sonst ganz andere Vokabeln einfallen können.

In vielen anderen Ländern wäre es schwieriger gewesen, die Mutter Ministerin öffentlich vorzuführen. Dass es klappt, ist eine deutsche Spezialität und ganz im Sinne des Hormonkomplotts. Es ist nicht bekannt, dass die spanische Verteidigungsministerin Carme Chacón medial geschmäht wurde, als sie im Frühjahr 2008 hochschwanger auf einer Militärbasis in Afghanistan auftauchte und eine Parade der internationalen Schutztruppe abnahm.[44] Die Kommentare zu einem vergleichbaren Ereignis hierzulande möchte man sich gar nicht vorstellen.

Aus ihrer französischen Sicht analysiert die Philosophin Elisabeth Badinter das traditionelle deutsche Mutterbild und kommt zu dem Schluss: Typisch deutsch sei, dass die Frau erst als Mutter zu »ihrer Weiblichkeit sowie zu ihrer eigentlichen gesellschaftlichen Rolle« finde. Für Badinter ist die deutsche

Vorstellung geprägt vom Bild der »Pelikanmutter, die für ihren Nachwuchs zu allen Opfern bereit ist – so wie man einst vom Pelikan glaubte, er speise seine Jungen mit seinem eigenen Blut«[45].

Zweifellos sind die Beharrungskräfte hierzulande besonders stark, was zu paradoxen Situationen führt. Einerseits werden in der Öffentlichkeit beiden Geschlechtern die gleichen Entfaltungsmöglichkeiten eingeräumt. Andererseits klammern sich weite Teile der Gesellschaft an das Stück alte Welt, in dem männliche und weibliche Rollen hübsch eindeutig definiert sind und dabei dem konservativen Mutterbild eine Schlüsselfunktion zugewiesen wird. Sozialwissenschaftler haben dafür einen eigenen Begriff. Sie sprechen von einer »geteilten Moderne« in Deutschland.[46]

»Die deutscheste aller deutschen Überzeugungen ist zweifelsfrei die, dass die Erziehung der Kinder ins Haus, in die Hände der Mütter gehört. Und diese Überzeugung wird vor allem vom Bildungsbürgertum, also den Frauen mit Hochschulabschluss, getragen«, diagnostiziert die Literaturwissenschaftlerin Barbara Vinken.[47]

Folgt man dem deutschen Mantra, müssten die Kinder in Frankreich und Skandinavien zu Ungeheuern heranwachsen. Denn deren Mütter weigern sich meist entschieden, jahrelang mit den Kleinen zu Hause zu bleiben. Zwar werden auch aus diesen Kindern meist keine Monster, doch das beeindruckt die Vertreter des deutschen Mutterwahns nicht im Geringsten.

Selbstverständlich wird die Inszenierung rund um die Mutterschaft stets mit den Bedürfnissen des Kindes gerechtfertigt. »Deutsche Frauen glauben häufig noch, dass Kinder nur bei ihren Müttern gut gedeihen können«, wundert sich Frauke Narjes. In ihrem Job als Leiterin des Career-Centers an der Hamburger Uni muss sie sich oft mit dem Mutterbild junger Frauen auseinandersetzen. »Irgendwie sitzen hier viele noch dem Irrglauben auf, dass nur die Einheit von Mutter und Kind eine gute Kombination ist. Die Frauen tun angeblich alles, um ihre Kinder zu unterstützen. Dabei schaffen sie sich so eine Sinnkonstruktion für ihr eigenes Leben. Denn schließlich kann man sowohl andere Menschen unterstützen als auch sich selbst.«[48]

Die Feigheit

Ungenügen, Schuldgefühle, schlechtes Gewissen: bedrückende Empfindungen, die jede Mutter kennt, und gegen die sie versucht anzustrampeln. Oft indem sie sich selbst verleugnet und die Nachkommenschaft zum Lebensinhalt erklärt. Wir ziehen uns die konservative Rolle an und werden zur Rundum-Mutter, dann sind wir vor Kritik sicher und gesellschaftlich nicht angreifbar.

Diese weibliche Bestimmung bietet uns einen großartigen Fluchtweg, den wir massenhaft einschlagen: Die Flucht vor der großen Frage nach unserem Ziel und Lebensinhalt jenseits von Kindern. Vor Ansprüchen aller Art, die sich nicht in der Mutterrolle erschöpfen.

Wie herrlich bequem! Die Mutterrolle ist für uns ein sicherer Hafen. Sie schützt uns vor Forderungen und befreit uns von der Frage, was wir sonst noch wollen im Leben. Dann können wir uns die Mühe sparen, unseren eigenen Weg zu suchen, auf dem wir, neben dem Muttersein, den Rest des Lebens nicht aus den Augen verlieren. Dann können wir zwar weiter von Selbstbestimmung schwadronieren, müssen dafür aber nicht eintreten, denn es ist ja die Kinderpflicht, die uns ruft.

Wie herrlich bequem, dass wir damit gleich viele Konflikte vermeiden: Mit dem Vater der Kinder, dem wir alle Verantwortung abnehmen und von dem wir uns abhängig machen. Mit der Familie, mit Mutter und Schwiegermutter, deren Lebensentscheidung wir kopieren. Mit sonstigen Fans der tradierten Mutterrolle.

Und ist es nicht angenehm, dass wir in dieser Rolle auch noch heroisiert und idealisiert werden, damit wir schön bei der Stange bleiben?

Doch das alles ist feige. Wir lassen uns fremdsteuern, unterwerfen uns alten Mustern und einem aufgeplusterten Anspruch, dem wir in der Realität nie gerecht werden können. Und der uns in vieler Hinsicht zum Schaden gereicht. Wir nehmen unser Recht auf ein selbstbestimmtes Leben nicht ernst. Und wir betrügen uns selbst, wenn wir behaupten, unsere Eigenständigkeit müsse angesichts des Kindeswohls verblassen, denn das Kind brauche uns ganz und gar.

Wir kollaborieren mit dem System, das uns auf Mütterlichkeit beschränkt, und glauben, auf diese Weise zu profitieren. Dabei ahnen wir doch, dass dieser Weg eine Sackgasse ist. Warum sonst war das Muttersein in unserem ursprünglichen Lebensplan nicht das alles beherrschende Ziel?

Freiwillig wählen wir die ohnmächtige Position und richten uns ein in der selbstverhängten Opferbereitschaft. Wenn das nicht Feigheit ist.

Die Räbin

Welches Lebensmodell Frauen wählen – ob mit oder ohne Kinder –, ist nicht entscheidend für die Frage, ob ihr Leben selbstbestimmt ist und erfüllt. Sondern ob sie an jedem Punkt die Verantwortung für sich übernehmen. Ob sie eine eigene Entscheidung treffen, ohne sich dabei in die Tasche zu lügen, ohne dem Druck einer vorgezeichneten Rolle zu folgen. Ohne Selbstbetrug. Ohne Unterwerfung.

Doch das hieße ja: rebellieren! Auch gegen den eigenen inneren Schweinehund, der es sich so gern im Rollenkörbchen bequem machen möchte. Es hieße, unserem Hang zur Unterordnung zu widerstehen. Da bräuchten wir ganz schön viel Mut!

Wofür entscheiden wir uns? Wir haben das gleiche Recht auf Freiheit, Weite, Möglichkeiten wie die Männer. Wir haben aber auch die gleiche Verpflichtung zu Eigenverantwortung, Selbstbestimmung, Streitbarkeit.

Keine Frau bei uns wird gesteinigt, wenn sie ein Frauen- und Mutterbild lebt, das nicht von überkommenen Vorbildern geprägt ist. Wir müssen diese Freiheit allerdings erkennen und annehmen und durchsetzen. Und nicht kneifen. Dann würde endlich auch der gesellschaftliche Veränderungsdruck stärker.

Nehmen wir die Räbin. Die Räbin ist ein beliebtes Drohbild, der Inbegriff einer bösen Mutter. Alle reden davon, aber kaum jemand weiß, was für ein Blödsinn das ist. Rabenvögel gelten als hinterhältig, diebisch und gemein. Die arme Räbin wird als Sinnbild für Mütter benutzt, die ihre Brut vernachlässigen, hemmungslos an sich selber denken und den Nachwuchs frühzeitig aus dem Nest schmeißen. Aber – all das tut die Räbin eben nicht.

In der Vogelwelt ist die Rabenmutter eine vorbildliche Ernährerin ihrer Brut – und zwar immer in Gemeinschaft mit dem Rabenvater. Nix mit Vernachlässigung. Zwar fallen die kleinen Vögel gern mal aus dem Nest, aber dann bleiben die Eltern in der Nähe, sie füttern und verteidigen ihre Kleinen auf dem Boden. Rabenmutter und Rabenvater gemeinsam, wohlgemerkt, als Partner, und bleiben dabei ein Leben lang zusammen.

Raben sind nicht nur schlau, weshalb sie in Märchen und Fabeln gern als gewitzte Helden auftreten. Sie sind sozial klug und wissen offenbar, worauf es bei der Erziehung ankommt.

Also kann einer Mutter und einem Vater eigentlich nichts mehr schmeicheln, als mit den intelligenten und fürsorglichen Raben verglichen zu werden.

Bettina

Ich heiße Bettina, bin vierundvierzig Jahre alt und habe eine Entscheidung getroffen, die mir niemand mehr wegnehmen kann.

Es hat mich viel Mut gekostet, und ich bin eigentlich nicht besonders mutig, eher schon vorsichtig und zurückhaltend, fast schüchtern. Aber ich wusste, wenn ich es diesmal nicht schaffe, werde ich immer unglücklich sein.

Vor zehn Jahren stand ich schon mal vor der Wahl. Damals hab ich den falschen Entschluss getroffen, das weiß ich heute. Es war die Zeit, als ich meinen Mann kennenlernte. Wir waren sehr verliebt, und ich wurde prompt schwanger, da waren wir grad mal drei Monate zusammen. Das ging meinem Freund alles viel zu schnell, er wollte kein Kind, oder zumindest nicht sofort, so genau wusste er es eigentlich selbst nicht.

Ich habe hin und her überlegt: Bekomm ich es? Bekomm ich es nicht? Und wenn ich das Kind habe, was mach ich dann? Ich wollte zwar immer Kinder, aber doch nicht ohne Vater! Ich bin ziemlich konventionell eingestellt, und so hatte ich mir meine Familie nicht gedacht. Außerdem – was würde dann mit meiner Beziehung passieren? Wenn ich mich für das Kind entscheide, entscheide ich mich doch automatisch gegen meinen Freund. Und dann bin ich allein. Nur finanziell machte ich mir keine großen Sorgen. Ich hab damals in einem Verlag gearbeitet und verdiente nicht schlecht. Aber das andere... Alle haben mich vor dem Leben einer Alleinerziehenden gewarnt, dem Stress, und wie schwer es dann ist, einen Mann zu finden. Nur meine Schwester war nicht so skeptisch.

Ich hab abgetrieben. Was anderes hab ich mir einfach nicht zugetraut. Mein Freund wurde mein Mann, wir kauften uns eine Eigentumswohnung und lebten eigentlich ganz glücklich zusammen. Über Kinder haben wir nicht mehr gesprochen. Eine ganze Zeit dachte ich, ich hätte es richtig gemacht.

Dann kamen die Krankheiten, ich hatte immer irgendwelche Infektionen. Mal eine Blasenentzündung, mal was an den Eierstöcken, mal war's die Gebärmutter. Irgendwann war mein Arzt mit seinem Latein am Ende. Er glaube nicht mehr an organische Ursachen, sagte er, wahrscheinlich seien es psychosomatische Reaktionen, ob ich dem nicht mal nachgehen wolle.

Ich habe eine Therapie gemacht und im Laufe von ein, zwei Jahren stellte sich ein Gefühl ein, als wäre ich im falschen Leben. Ich wollte so nicht mehr weitermachen – was nicht heißt, dass ich wusste, was ich wirklich wollte. Aber mit meinem Mann, das ging nicht mehr. Nach acht Jahren hab ich mich von ihm getrennt. Ich weiß, dass es verrückt klingt, aber plötzlich waren die Infektionen weg.

Ein Jahr danach war ich wieder verliebt. Prompt wurde ich schwanger – wieder kurz nachdem ich den Mann kennengelernt hatte, wieder nach nur drei Monaten. Da war ich dreiundvierzig. Erst war mein Freund mit dem Kind einverstanden, dann bekam er Zweifel und wollte doch nicht mehr. Das ging zwei, drei Wochen hin und her, dann hab ich ihn verlassen.

Ich bin von Düsseldorf nach Essen gezogen, weil meine Schwester dort lebt. Ich hab mir eine Wohnung gesucht und mich beruflich selbstständig gemacht, was gar nicht so einfach war. Früher hätte ich mir so etwas nie zugetraut, neue Stadt, neuer Job, neues Zuhause und das alles allein. Selbst den Umzug zu organisieren, hab ich hingekriegt, obwohl ich ja nichts mehr richtig tragen kann. Außer meiner Schwester kenne ich inzwischen schon ein paar andere Leute in der Stadt.

Ich werde bald Mutter. Ein bisschen Angst hab ich ja, aber meist bin ich glücklich. Natürlich muss ich das mit dem Kind jetzt alles allein hinkriegen. Aber inzwischen glaub ich eigentlich – das schaff ich schon.

Die Komfortzone

Er heißt Latte Macchiato. Der Latte Macchiato ist eigentlich ein unschuldiges italienisches Heißgetränk, ein aufgeplusterter Milchkaffee, der deshalb auch nicht in Tassen, sondern in dicken Gläsern serviert wird. Inzwischen ist der Café Latte ein weithin beliebtes Szenegetränk und hat durch einen gewissen Frauentyp seine Unschuld verloren:

Die Latte-Macchiato-Mütter sind eine Großstadt-Erscheinung. In München im Glockenbachviertel, in Berlin am Prenzlauer Berg, in Hamburg in Ottensen und Eppendorf zu bestaunen. Dort schieben sie ihre Kinderwagen Marke Peg Perego – der eigentlich kein Kinderwagen ist, sondern ein Survivalcamp auf Rädern für achthundert Euro mit Zubehör – vom Café über den Spielplatz, in den Bioladen und zurück. Sie gehören zu einem Milieu, das man in den USA die LOHAS nennt: Leute mit Geld, politisch-ökologischem Bewusstsein, einer Top-Wohnung und im Durchschnitt zwei Kindern.

Und die werden von ihren Müttern täglich demonstrativ ausgeführt. Schließlich muss man zeigen, womit man sich so den ganzen Tag beschäftigt. Man trifft sich mit den anderen Frauen zum Latte Macchiato und zu Gesprächen, bei denen all diese Mütter von ihrem außergewöhnlich begabten Nachwuchs schwärmen und von den Fortschritten, die er beim Baby-Yoga oder beim Early English macht. Über jeden Entwicklungsschritt ihrer Sprösslinge haben diese Mütter mindestens fünf Bücher gelesen, damit machen sie sich richtig Arbeit.

Selbstverständlich diskutieren sie auf intellektuell akzeptablem Niveau, schließlich sind diese Frauen gut ausgebildet und hatten auch mal interessante Jobs. Aber die haben sie aufgegeben, als die Kinder kamen; das Leben wäre ihnen sonst zu stressig geworden. Früher hätten sie rigoros bestritten, dass ein solches Verhalten zu ihnen passt, aber damals ahnten sie ja noch nicht, wie sehr sie ihre neue Aufgabe fordert. Einfach ganz. Wo sollen da noch die Lust, die Zeit und die Energie für was anderes herkommen? Man will es sich ja auch noch irgendwie schön machen im Leben.

Nun lassen sie sich ihren Latte fremdfinanzieren, bestaunen ihre Kinder und kümmern sich um ihre sonnendurchflutete Wohnung – na ja, da gibt es noch die nette Weißrussin, die jede Woche putzen kommt.

In der Ehe der Macchiato-Mütter ist alles bestens geregelt: Er schafft das Geld ran, sie gibt es aus für den Bau des Familiennests. Ein ansprechend designtes, versteht sich. Von ihren aushäusigen Männern sehen weder die Mütter noch die Kinder sehr viel, sonst könnten sie sich das Dachgeschoss und die Weißrussin ja nicht leisten.

Aber beruflich völlig untätig sind die Macchiato-Mütter nicht, und darauf legen sie großen Wert: mal ein Projekt, mal eine Übersetzung, mal einen Artikel schreiben. Ein-, zweimal im Jahr, damit man was sagen kann, wenn man gefragt wird, und um das Selbstbild zu retten. Nicht, um Geld zu verdienen. Das kommt ja irgendwo anders her.

Nur manchmal, wenn diese Mütter sich gegenseitig so ansehen, sind sie ein kleines bisschen beschämt, ihre Zeit dergestalt durchzubringen. Eigentlich hatten sie mal sehr viel vor mit ihrem Leben. Aber so ist es doch auch sehr angenehm …

Der Zuckerguss

Das Sein ist das Versorgtsein. Daran gibt es überhaupt keinen Zweifel, wenn man sich die Macchiato-Mütter ansieht. Alles ist hip, alles ist schön und modern – nur die Rollen, in denen diese Frauen und ihre Männer leben, wohl kaum. Die sind so alt, dass sie müffeln. Das ganze konservative Programm: Die weibliche Existenz auf Familie zugeschnitten samt ökonomischer Abhängigkeit und fragwürdiger Zukunft, nur ein bisschen edler gepolstert als in manch anderem Milieu. Selbstbestimmt und unabhängig wollten diese Frauen mal sein. Jetzt sind sie Spezialistinnen für gehobene Haus- und Kinderarbeit und überzuckern sich den Widerspruch zu ihren einstigen Plänen mit einem sorglos-leichtfertigen Vor-sich-hin-Dümpeln. Das haben sie sich schließlich durch Ehe und Kinder verdient!

Es wird sich schon jemand finden, der mich ernährt! Es wird schon jemand kommen, der sich für mich verantwortlich fühlt! Es wird doch wohl jemanden geben, der meine Zukunft sichert! Diese Erwartung spukt bei vielen Frauen noch immer im Kopf herum. Wer sich in Städten umschaut, dort, wo die Kreativen und Medienleute wohnen, die Intellektuellen und gutverdienenden Mittelständler, wo die neue Bourgeoisie ihren grüngesprenkelt-liberal-urbanen Lebensstil pflegt, gerade dort also, wo Paare aufgrund ihrer Bildung und ihres ökonomischen Hintergrunds mehr Wahlmöglichkeit haben – dort feiern die alten Rollen fröhliche Urstände: Er verdient, sie ist versorgt. Aus die Maus.

»Man ist ja heute die aufgebretzelte, coole Mutter mit Bugaboo-Kinderwagen und erklärt es zum Lifestyle, dass man aus dem krassen Arbeitsleben aussteigt.«[1] Die Autorin Susanne Klingner kennt das Leben dieser Frauen und glaubt, dass vielen gar nicht bewusst ist, welchem Uralt-Muster sie folgen. Je hipper ein Paar, desto peinlicher ist es ihm, einzugestehen, dass es zwar nicht mehr in Gelsenkirchener Barock hockt sondern auf einem Sofa von Rolf Benz, aber ansonsten alles beim Alten bleibt – dass es lebt wie schon die eigenen Eltern.

Das darf man selbstverständlich nicht zugeben, das Image könnte leiden. So ist bei den Frauen davon die Rede, dass sie alles mit ihrem Partner ausgehandelt haben, von Diskussionen erzählen sie und von freiwilligen Entscheidungen, die sie zu dieser Existenz führten. Wie merkwürdig nur, dass dabei doch die gleichen Rollen herauskommen wie in einem Doris-Day-Film der fünfziger Jahre – nur nicht so lustig.

Bei Doris Day war die Sache wenigstens klar. Perfekt blond, beschwingt singend im eleganten Kostüm, verfolgte sie nur einen Plan: Sie wollte den Mann! Die Heirat! Den Hafen! Die Sicherheit! Dafür überwand sie jede Pfütze und jede männliche Anti-Ehe-Bastion oder was sich ihr sonst noch als Hindernis in den Weg stellte.

Bei den Macchiato-Müttern war die Sache auch mal klar: Dass sie ein solches Modell absolut nicht wollten. Und was haben sie aus ihrem Vorsatz gemacht?

Sie allein wären vielleicht noch nicht das Problem. Aber sie haben Millionen Freundinnen. Frauen aus vielen Schichten und Milieus, mal mit, mal ohne Kinder. Darunter die einen, die nur schlichten Filterkaffee trinken, und die anderen, die sich ihren Mokka vom Personal servieren lassen. Ein Frauenleben auf Pump, für das er bar und sie mit Lebenszeit und Eigenständigkeit bezahlt, gibt es in der Standard-, der gehobenen und der Luxusausführung.

Das Kuscheleck

Wie bastele ich mir eine Komfortzone? Die Macchiato-Mütter haben das erfolgreich geschafft. Und es gibt sehr viele andere Frauen, die den Bauplan ebenfalls kennen. Wenn ihnen draußen ein unangenehmer Wind entgegenbläst, sehnen sie sich nach drinnen, an einen sicheren Ort. Irgendwohin fliehen, wo es weniger pfeift. Wo man sich's angenehm einrichten kann, ohne die lästigen Anforderungen durch eine fiese kalte Außenwelt.

Sag mir, dass dieser Ort hier sicher ist
und alles Gute steht hier still.
Und dass das Wort, das du mir heute gibst,
morgen noch genauso gilt.

Gib mir'n kleines bisschen Sicherheit
in einer Welt, in der nichts sicher scheint.
Gib mir in dieser schweren Zeit irgendwas, das bleibt.

Gib mir einfach nur'n bisschen Halt.
Und wieg mich einfach nur in Sicherheit.
Hol mich aus dieser schnellen Zeit.
Nimm mir ein bisschen Geschwindigkeit...

...singt die deutsche Popband Silbermond. Gibt es eine passendere Fahrstuhlmusik zu unserer Komfortzone? Dieses Nest soll gefälligst gut ausgestattet sein: bequem im Innern, risikolos nach außen. Wie viele Frauen hoffen auf dieses Angebot? Auf den, der sie schützt vor den Härten eines selbstbestimmten Daseins? Weil es doch so mühsam ist, für sich selber zu denken, und noch mühsamer, für sich selber zu sorgen.

Vorzugsweise geht es dabei um die Hände eines Mannes.

Er muss kein Märchenprinz sein. Prinzen sind out, weil Gefühlsduselei. Unser Held ist der Sieger an der Verdienerfront: der erfolgreiche, ehrgeizige Geldranschaffer, der übernehmen kann, wonach uns am meisten verlangt – die Versorgung.

»Was Frauen tun müssen: Mit dem Freund in einem Restaurant essen – und selbst bezahlen.« Dieser Emanzipationstipp findet sich im Studentenmagazin der *Zeit* von 2010. Das ist kein Witz: Erscheinungsdatum 2010. Ist die Magazin-Redaktion völlig gestrig? Oder ist der Hinweis angebracht, weil es noch immer nicht selbstverständlich ist, dass junge Frauen ihre Rechnung übernehmen? Im selben Heft beschwert sich ein Justus bei einer Inge: »Ich habe noch keine Frau getroffen, die Lust hatte, mich zu ernähren. Alle haben mir verklickert: Du bist im Zweifel der Versorger.«[2]

Dabei reden aber doch Frauen davon, finanziell unabhängig zu sein und ihr eigenes Geld zu verdienen? Das mag ja sein, schreibt der Münchener Psychologe Stefan Woinoff, der sich Gedanken über das männliche und weibliche Beuteschema gemacht hat. »Aber keine Frau sagt: Ich will einen Beruf, mit dem ich mich, meine Kinder, meinen Mann, ein Haus, zwei Autos und den Urlaub für die Familie finanzieren kann. Sie sehen sich also unbewusst an der Seite von jemandem, der genug Geld verdient.«[3]

Unbewusst? Das meint Stefan Woinoff wohl als Scherz, um unser Selbstwertgefühl zu schonen? Was kann denn daran unbewusst sein? Wir sind doch nicht so aus der Welt gefallen, dass wir noch nicht einmal merken, ob wir monatlich was aufs Konto bekommen und unsere Miete selber bezahlen können? Hier geht es wohl eher um so etwas wie eine klammheimliche Hoffnung, die unsere Blicke auf den Versorger lenkt. Wir wissen doch, was wir tun. Und wollen es so. Nur dafür die Verantwortung zu übernehmen, fällt wahrscheinlich ein bisschen schwer. Es passt ja auch nicht zu unserem selbstbestimmten Lebensentwurf.

Die Gretchenfrage für moderne Frauen heißt: Wie hältst du's mit der Arbeit drinnen und draußen? Und die wird allzu häufig unmodern beantwortet. Dann tun viele Frauen so, als gäbe es nur den einen Weg: Sie verschwinden in der Komfortzone, wenigstens zeitweise, ihr Mann erobert die Außenwelt.

Komfortzone – warum ein so gemeiner Begriff? Er riecht faul und bequem. Dabei ist Hausarbeit doch zermürbend, und sich um Kinder zu kümmern, nicht nur ein Zuckerschlecken. Nicht jede Frau kann es sich zu Hause angenehm machen. Stimmt. Und vielleicht merken wir sehr bald, dass wir einer Illusion aufgesessen sind, als wir die vermeintliche Kuschelecke wählten. Und doch schreckt uns die Aussicht auf häusliche Mühe meist weniger als ein berufliches Umfeld, in dem wir uns behaupten müssen. Und wie in der Liebe haben wir weniger Angst vor dem Weg in die Unterordnung als vor den Frösten der Freiheit.

Wenn die Komfortzone lockt, schmeißen wir gern den Ballast ab, der unser bisheriges Leben beschwerte: Unseren Job, unsere Eigenständigkeit jenseits von Beziehung und Familie, unsere weiterreichenden Zukunftspläne – weg damit! Brauchen wir nicht mehr. Jetzt machen wir es uns erst mal in der Abhängigkeit gemütlich.

Selbst wenn die Zeit in der Zone nur auf ein paar Jahre begrenzt ist, fällt es verdammt schwer, sich wieder vollständig aus ihr zu befreien. Wer sich einmal eingerichtet hat, kommt nur schwer wieder heraus. Und wer unsanft vor die Tür der Komfortzone gesetzt wird, auf den wartet ein besonders grausames Erwachen.

Frauen wissen das. Trotzdem ist die Fluchttendenz aus dem Beruf steigend. Immer mehr verabschieden sich von einer Erwerbsarbeit, die sie ernährt, sie zufrieden macht und ihre Rente sichert. Sie lassen sich von der traditionellen Rolle verführen, von Bequemlichkeit korrumpieren, von den politischen Rahmenbedingungen bestärken.[4]

Die Nobelpreisträgerin Christiane Nüsslein-Volhard findet harsche Worte, um mit ihren Geschlechtsgenossinnen ins Gericht zu gehen. »Ich befürchte, dass viele Frauen einfach zu dumm sind, sich die Konsequenzen richtig klarzumachen. Sie heiraten oft aus Romantik und weil das heutzutage wieder ganz chic ist. Und dann passen sie nicht auf, lassen den Mann machen und sitzen plötzlich da mit einer verpatzten Zukunft. Weil sie nicht überlegt haben, was es bedeutet, wenn sie den Job aufgeben, wenn sie viele Jahre aussetzen und dann nur eine Halbtagsstelle übernehmen, die schlecht bezahlt ist.«[5]

Vielen Männern passt das Modell hervorragend in den Kram. Die können sich nicht vorstellen, ihren Beruf links liegen zu lassen. Weder wegen Frau noch Heim noch Kind.

Männer vernachlässigen ihren Beruf nicht, Frauen tun es massenhaft. Auch wenn sie ursprünglich etwas anderes wollten. Aber wer zwingt sie denn? Wenn sie es wirklich ernst meinen mit dem selbstbestimmten Leben, warum lassen sie sich dann abdrängen, warum machen sie sich die Wünsche ihrer Männer zu eigen?

Vielleicht liegt es unter anderem daran, dass es nur wenige Frauen gibt, die sich gern in der Rolle der Familienernährerin sehen. In mehr als zwei Dritteln der westdeutschen Haushalte ist der Hauptverdiener der Mann, und die meisten Frauen bekommen ein Problem, wenn sie diese Aufgabe übernehmen sollen. Das passt nicht in ihr Weltbild und nicht zu ihrem Selbstverständnis.[6] Sie erwarten traditionell, dass der Mann das meiste Geld nach Hause bringt.

Das hat auch etwas mit der Logik der Unterwerfung zu tun: Da Frauen sich beherrschen lassen, soll ihr Herrscher ihnen wenigstens überlegen sein.[7] Würden sie mehr verdienen als ihr Mann, könnte das den Anschein erwecken, sie wollten ihn dominieren. Das lehnen sie ab, weil es sie – paradoxerweise – sozial herabsetzen würde. Denn die Dienerin eines starken Mannes kann sich stark fühlen, die eines schwachen ist selbst schwach.

Und so kann die Komfortzone für viele Frauen zur vorläufigen Endstation nach verschiedenen biographischen Etappen werden. Da haben wir:
- die Modelzucht, die uns auf die weibliche Rolle ausrichtet
- die Liebeslist, die uns in die freiwillige Unterordnung drängt
- das Kümmersyndrom, das die Ungleichgewichte in der Beziehung festzurrt
- das Hormonkomplott, das uns auf die Vollzeit-Mutterrolle einschwört.

Mit dieser Ausstattung sind wir für die Komfortzone doch bestens gerüstet.

Der Bruch

Die Komfortzone ist ein trügerisches Versprechen. Es wirkt wie ein Garn, das uns umspinnt, wie ein Netz, in dem wir uns verfangen. Die Falle, in der wir dann landen, ist mehr oder weniger luxuriös, aber alles dort geht auf fremde Kosten. Nichts davon verdienen wir selbst. Wir lassen uns einfach belohnen. Fragt sich nur – wofür?

Der Schritt in die Komfortzone endet zielsicher in der Unterwerfung. In der ohnmächtigen Position gegenüber dem mächtigen Mann, weil er alles behält, was wir aufgeben: Arbeit, Geld, Unabhängigkeit, Selbstbestätigung. Auch emotional hängen wir von nun an verstärkt an seinem Tropf, denn es wird nicht leicht, sich woanders Wertschätzung zu holen.

Hat sich eine Frau erst mal in diesem Modell eingerichtet, kann die Zone sehr schnell zum Hinterhalt werden und der Komfort sich als Kerker entpuppen. Es gibt ein Machtgefälle zwischen dem Versorger und der Versorgten; wer die Komfortzone wählt, hat das akzeptiert. Dieses Verhältnis der Ungleichheit lässt sich nicht per Fingerschnipp wieder aufheben. Das kann dramatische Folgen haben, wenn Frauen sich von ihrem Mann und Versorger trennen und plötzlich als Alleinerziehende dastehen. Selbst ohne Kinder kann es dann hart werden, zumal nach dem neuen Unterhaltsrecht, das auch langjährige Gattinnen nicht mehr automatisch auf Dauer versorgt. Wie sagte es doch die ehemalige Bundesjustizministerin Brigitte Zypries, die das Gesetz vorangetrieben hat, so schön: »Einmal Zahnarztgattin, immer Zahnarztgattin – das gilt nicht mehr.«

Die Komfortzone ist eine Rollenfalle, die an vielen biographischen Schnittstellen zuschnappen und das Leben von Frauen umkrempeln kann. Das von jüngeren und von älteren Frauen, von Müttern und Nichtmüttern. Die Abhängigkeit, in die wir dann sehenden Auges hineintaumeln, bleibt sich gleich. Wenn wir diese mögliche Sollbruchstelle in unserem Leben nicht als solche erkennen, können wir uns von dem Anspruch auf Eigenständigkeit eigentlich gleich verabschieden.

Die Flucht

Anlässe, in die Komfortzone zu desertieren, finden sich immer. Mutterschaft ist ein anerkannter Grund. Das versteht doch jeder sofort, dass eine Mutter versorgt sein will. Müttern wird es leicht gemacht, sich auf der beruflichen Ebene davonzustehlen;

dieses tradierte Modell wird gesellschaftlich und politisch unterstützt und gefördert.[8]

»Es ist ja nachvollziehbar, dass Frauen sich nicht nur auf den Beruf konzentrieren wollen«, meint die Psychoanalytikerin Eva Jaeggi. »Die Beziehung und eine Familie ist ihnen auch wichtig. Und wenn es dann beruflich nicht so läuft, wie sie es sich mal vorgestellt haben, sehen sie die Alternative in der Familie. Das Baby ist eben ein Ausweg. Und der ist in Deutschland gesellschaftlich akzeptiert. Niemand wirft einer Frau vor, dass sie sich vor dem Berufsleben drückt, wenn sie sich um ihr Kind kümmern will.«[9]

Nehmen wir Brigitte. Brigitte ist Mitte vierzig und hat einen Sohn. Bis zum Ende der Schwangerschaft war sie Einkäuferin bei einem großen Warenhauskonzern, dann hat sie erst einmal sechs Jahre nicht gearbeitet, weil sie fand, dass das Kind noch zu klein war, um es in fremde Hände zu geben. Ihr Mann misstraute den Kitas und wünschte sich sowieso, dass seine Frau ganz für die Familie da war.

Als ihr Sohn zur Schule kam, hatte Brigitte das Gefühl, jetzt sei es an der Zeit, wieder zu arbeiten – aber maximal drei Stunden vormittags, damit sie sich die übrige Zeit dem Kleinen widmen konnte. Schließlich musste er von der Schule abgeholt, zum Schwimmkurs gebracht werden, zur Musikschule und und und. Seit ihr Sohn ins Gymnasium geht, hat sie die Arbeitszeit in ihrem Job in der Serviceabteilung eines Kaufhauses auf zwanzig Stunden die Woche erhöht. Länger will sie nicht von zu Hause weg, sagt Brigitte, denn den Rest der Zeit brauchen sie der Junge, der Haushalt, der Mann. Der Sohn ist übrigens inzwischen siebzehn Jahre alt.

Für manche Frauen ist ein Kind nicht nur ein Geschenk, es ist auch ein Ausweg. Wenn sie beruflich nicht weiter wissen oder nicht weiter wollen und der überschaubare Bereich zu Haus lockt und angenehm scheint. Irgendwann später, wenn sie mal wieder Lust haben, wird sich doch eine vernünftige Arbeit finden, oder? Dieser Hoffnung sitzen immer noch viele auf.

»Also, mir wäre so etwas nicht passiert. Dazu hab ich meine Mutter zu deutlich vor Augen«, erzählt Jutta Allmendinger, Soziologin, Sozialpsychologin und Präsidentin des Wissenschaftszentrums Berlin. »Meine Mutter hatte ihr Studium abgebrochen, als sie heiratete und die Kinder kamen. Dann starb mein Vater an einem Herzinfarkt, sehr jung, mit siebenundvierzig Jahren. Niemand war darauf vorbereitet. Meine Mutter hat dann ihr Volkswirtschaftsstudium wieder aufgenommen und abgeschlossen, trotz der drei Kiddis. Aber ich hab ja mitbekommen, was das für sie bedeutete, es war wirklich hart.« Wie soll man sicher sein, fragt Jutta Allmendinger, dass der Mann nicht stirbt oder abhanden kommt? Schon deshalb müsse man sich immer wieder sagen: »Hab acht! Du musst auf dich selbst aufpassen!«[10]

Zwei Drittel der deutschen Mütter wollen nicht mehr beruflich zurückstecken, verkündet das Bundesfamilienministerium stolz.[11] Schön zu hören. Noch schöner wär's, wenn dieses Wollen sich auch in der Praxis zeigen würde. Denn Millionen von Müttern setzen, sobald das erste Kind da ist, lange mit ihrem Job aus. Und geben ihn damit nur allzu oft schleichend auf.

Dabei geht es ja nicht nur um das erste Jahr nach der Geburt eines Kindes. Wenn es dabei bliebe, wenn dann die Väter dran wären mit der Betreuung und sich das Paar die Aufgabe teilte – die Frauen stünden viel besser da. Aber was mit dem ersten Kind beginnt, setzt sich meist über viele Jahre fort. Und nach der Vollzeit-Komfortzone geht's für die Frauen ab auf die Teilzeitstelle. Da kann man sich auf eine überschaubare Stundenzahl beschränken. Das heißt zwar, sich von Ambitionen zu verabschieden, vom eigenen Auskommen und von einer Rente, die den Namen verdient. Aber dafür haben wir mehr Zeit, es uns gemütlich zu machen, wo kein Chef drängelt und kein Kollege nervt. Wir sind unsere eigene Frau – na ja, in unseren vier Wänden.

»Für den Rückzug wird sich immer eine Begründung finden«, weiß Marion Knaths aus ihrer Coaching-Praxis. »Wenn ich beruflich nicht durchkomme und meine Unterlegenheit spüre, kann ich es überdecken, indem ich einfach meine Position überhöhe. Nach dem Motto: Was die da machen, ist mir einfach zu doof. Das hab ich doch gar nicht nötig. Darauf lass ich mich doch gar nicht erst ein.«[12]

Die Zahl der Mütter mit einem reduzierten Job ist enorm gestiegen: In den vergangenen zehn Jahren um weit über dreißig Prozent. Fast drei Viertel der erwerbstätigen Mütter mit Kindern unter achtzehn Jahren arbeiten Teilzeit. Umgekehrt sind es bei den Vätern mal gerade fünf Prozent.[13] Inzwischen gibt es zwar insgesamt mehr Frauen in Deutschland, die einer bezahlten Beschäftigung nachgehen. Aber die Menge an Arbeit, die sie leisten, hat kontinuierlich abgenommen. Was schlicht daran liegt, dass Frauen immer weniger Stunden in den Beruf investieren.[14]

Vor allem in Westdeutschland nehmen Frauen den Beruf nicht sonderlich wichtig. Nur knapp zwei Drittel sind überhaupt erwerbstätig.[15] Das Wohl der Familie ist ein regelrechtes Totschlagargument, dem sie alles unterordnen, mit dem sie alles rechtfertigen. In den Neuen Bundesländern sind Frauen stärker auf den Beruf orientiert. »Die Frau im Osten ist immer arbeiten gegangen«, heißt es dort, »wir haben es nicht anders gelernt.«[16]

Immer sind es angeblich individuelle Gründe, warum Frauen ihre Zukunft aufs Spiel setzen. Doch diese Gründe sind nur gefühlt individuell – das Muster, das hinter dem einzelnen Vorgehen steht, zeichnet sich deutlich ab. Es ist ein kollektives deutsches Muster, denn Frauen in anderen europäischen Ländern entscheiden sich en gros anders. Es ist eben nicht nur der Wunsch nach einem Kind und seiner bestmöglichen Erziehung, der Mütter in die Komfortzone drängt.

Aus soziologischer Sicht beobachtet Klaus Hurrelmann, dass Frauen die Vor- und Nachteile des alten Rollenmodells abwägen und prüfen.

»Es ist eine Kosten-Nutzen-Kalkulation. Einerseits finanziell: Lohnt sich mein Job, wenn mein Mann besser verdient als ich? Aber auch sozial und kulturell: Wie werde ich wahrgenommen – in meinem Umfeld, aber auch in meiner Beziehung? Vielleicht besteht der Mann auf einer traditionellen Konstellation und seine Partnerin will nicht, dass er leidet. Es gibt viele Gründe, warum Frauen zu dem Ergebnis kommen können: Der Aufwand, mich gegen die traditionelle Rolle zu behaupten, ist mir zu groß und die Nachteile sind deutlich spürbar.«[17]

Der Sinn

Wissen wir eigentlich, was wir in der Komfortzone aufgeben? Einen Beruf zu haben, bedeutet ja nicht nur, finanziell unabhängig zu sein und auf eigenen Füßen stehen zu können. Es ist auch der Weg vom häuslichen Kosmos hinein in die Welt. Es ist die Möglichkeit, sich draußen mit einer Sache und nicht nur drinnen mit der Familie zu identifizieren. Es geht um Bestätigung, die wir alle brauchen, es geht um Sinnstiftung, nach der wir uns alle sehnen.[18]

Wissen wir wirklich, was wir da tun? Selbstverständlich gibt es Frauen, bei denen jeder versteht, warum sie aus dem Berufsleben flüchten, sobald sie dazu die Gelegenheit sehen. Wenn sie wenig qualifiziert sind, bleiben ihnen häufig nur öde und unbefriedigende Jobs. Aber auch Frauen mit guter Ausbildung und interessanten Perspektiven landen massenhaft in der Zone, Frauen, die in der Welt viele Chancen haben.

Nehmen wir Cordula. Cordula hat Architektur studiert und war an ihrem Fachbereich die Beste seit Jahren. Ambitioniert, sehr begabt und den männlichen Kommilitonen in vielem überlegen. Ihre Professoren waren begeistert, ihre beruflichen Aussichten trotz des schwierigen Marktes prima, einen Vertrag mit einem renommierten Büro hatte sie bereits in der Tasche. Sie wäre sicher eine gute Architektin geworden. Und eigentlich war das auch immer ihr Ziel, mit diesem Ehrgeiz ist sie in die Ausbildung gestartet. Doch dann kam es anders, besser gesagt: Cordula entschied sich anders.

Bald nach ihrem Abschluss bekam sie das erste, kurz darauf das zweite Kind. Mit ihrem Mann, einem technischen Zeichner, wohnt sie im Aachener Westend und verbringt ihre Tage, statt wie früher mit tollen Projekten, jetzt auf tollen Kinderspielplätzen. Begegnet sie zufällig einem ihrer früheren Hochschullehrer, guckt sie zur Seite, als wolle sie nicht gesehen oder angesprochen werden.

Ihr Mann arbeitet auf einer vollen Stelle, Cordula macht seit drei Jahren beruflich nichts, obwohl sie mehr verdienen könnte als er. Doch die Komfortzone fordert sie voll und ganz.

Cordula hat ihren Anspruch, neben dem privaten noch ein berufliches Leben zu führen, einfach verklappt, über Bord geworfen. Offenbar hatte sie keine Lust mehr auf Leistung. Es gibt Frauen, die es für regelrecht gefährlich halten, sich den bösen Spielregeln einer männlich geprägten Arbeitswelt auszusetzen. Das mag verständlich sein, denn zweifellos gehört es zu den fragwürdigen Entwicklungen der vergangenen Jahrzehnte, dass sich der Druck in der Leistungsgesellschaft massiv erhöht hat. Es ist eine berechtigte Frage, warum Frauen sich diesem Diktat beugen sollen, wo es doch Männer schon zur Genüge tun.

Wenn Frauen die Erwerbstätigkeit plötzlich schmackhaft gemacht werden soll, spielen unterschiedliche Interessen eine Rolle. So gehört es zum neoliberalen Credo, der Wirtschaft einen Zugriff auch auf die weibliche Arbeitskraft zu ermöglichen. Wo die Zwänge der politischen und sozialen Strukturen gern weggeredet werden und die Ökonomie den Vorrang hat, sollen sich weder Männer noch Frauen den Gesetzen des Marktes entziehen dürfen.

Zumal, wenn den Unternehmen wie derzeit die Fachkräfte ausgehen, lässt sich auf Frauen nicht verzichten. Die Politik hat das begriffen und versucht es mit einem doppelten Spiel: Einerseits unterstützt sie nach wie vor die klassische Versorgerehe, um ihr konservatives Klientel nicht zu vergrätzen. Andererseits hat sie mit dem neuen Elterngeld die Schraube fester angezogen, damit Frauen beruflich nicht mehr so lange aussteigen.

Sicher ist es wichtig, diesen von polit-ökonomischen Interessen gesteuerten Konzepten etwas entgegenzusetzen und sich gegen die umfassende Ökonomisierung unserer Lebenswelt zu wehren. Aber das kann doch nicht heißen, dass Frauen deshalb auf einen Beruf verzichten. Das ist die falsche Konsequenz. Wir brauchen ihn doch für uns. Für uns müssen wir es tun!

Es geht darum, unsere Fähigkeiten, und was wir gelernt haben, einzusetzen und nicht zu vergeuden. Dass wir uns nicht nur im privaten, sondern auch im öffentlichen Bereich bewegen, bewähren und bestätigt sehen. Weil es ein Bedürfnis ist, sich durch Arbeit zu entfalten und dafür – anders als bei der Haus- und Familienarbeit – auch entlohnt und gesellschaftlich anerkannt zu werden.

Oder um es mit den Worten von Jutta Allmendinger zu sagen: »Es gibt so viele Goodies, die mit der Erwerbsarbeit verbunden sind, dass es ganz falsch ist, einen Beruf auf den finanziellen Aspekt zu reduzieren. Welche Engführung. Sicher geht es auch um eigenes Geld, aber Erwerbsarbeit ist ein Schlüssel, um das Selbstwertgefühl zu erhöhen Es geht um die soziale Vernetzung, darum, Freunde zu haben, anderes kennenzulernen, etwas zu tun, das einen gesellschaftlichen Wert hat. Kurzum, es geht um Teilhabe an der Gesellschaft.«[19]

Trotzdem wird in der Öffentlichkeit immer mal wieder der Eindruck erweckt, als wäre nicht die Flucht aus dem Beruf, sondern die aus der Familie das weibliche Problem. So etwa, wenn der Sozialwissenschaftler Heinz Bude von der Universität Kassel besorgt fragt: »Setzt den Frauen die höhere Bildung Flausen in den Kopf, weil sie alternative Rollenmodelle kennenlernen, die ihnen ein Leben im Heim und am Herd undenkbar erscheinen lassen?«[20]

Flausen also? Wenn die Komfortzone mit Heim und Herd so wahnsinnig sinnstiftend ist, warum ist sie dann nicht längst eine Domäne der Männer? Die sind doch sonst nicht zu schüchtern, sich die interessantesten Bereiche unter den Nagel zu reißen. Und außer Gebären und Stillen gibt es nichts, wozu nicht auch sie geschaffen sind. Warum richten die sich denn keine Komfortzone ein?

Was sich im öffentlichen Raum abspielt, was sichtbar ist und Geld einbringt, ist bei uns gesellschaftlich hoch angesehen. Was privat im Kreis der Familie geschieht und nicht in Geld umgerechnet werden kann, ist nichts wert.[21] Dieser Maßstab ist zwar völlig verquer, aber auch Frauen schätzen es nicht anders ein, sonst würden sie sich nicht massenhaft den Prioritäten ihrer berufsorientierten Männer beugen.

Auch Frauen gehen davon aus, dass sie nur über einen Beruf gesellschaftliches Ansehen erlangen können.[22] Trotzdem begeben sie sich sehenden Auges in eine Situation, die sie selbst für unter ihrer Würde halten. Und reden es sich mit der Komfortzone schön.

»Das kann jahrelang gut gehen«, hat Familienanwältin Peschel-Gutzeit beobachtet, «aber wenn meine Kinder vierzehn, fünfzehn werden und lieber mit den Freunden zusammen sind und ich sitze zu Hause mit der dreckigen Wäsche, muss den Einkauf machen, bin der Putzlaputz für alles – wo kann denn dann noch die Zufriedenheit herkommen?«

Neurosen sind eine mögliche Antwort auf diese Situation, manchmal scheinen diese regelrecht dem Bilderbuch der frustrierten Frau entsprungen. Die Ärztin und Sexualberaterin Edith Beckmann kennt das Problem. »Da kommen Paare zu mir, bei denen läuft gar nichts mehr. Wenn sie in einer klassischen Konstellation leben und die Frau nur zu Hause ist, stellt sich häufig heraus: Sie leidet unter zu wenig Beachtung, zu wenig Ansprache, zu wenig Anerkennung. Der übliche traurige Mist. Die Frau reagiert mit schlechter Laune und Migräne, und ihr passiv-aggressives Verhalten geht im Bett weiter. Da ist dann nichts mehr mit Sex. Diese Frauen wollen endlich von ihren Männern beachtet und wertgeschätzt werden.«[23]

Was aber nicht heißt, dass sie offen rebellieren: »So lange wie möglich versuchen sie, ein Bild der Zufriedenheit aufrechtzuerhalten. Vor allem Kinder müssen ja glücklich machen, das wird gesellschaftlich erwartet. Erst wenn die Frauen wieder anfangen zu arbeiten, erzählen sie, dass sie Angst hatten, zu Haus zu verkümmern und zu verblöden.«[24]

Der Schnittlauch

Zur perfekten Komfortzone gehört unbedingt die Work-Life-Balance. Glücklich die Frau, die das hinkriegt. Diesen wunderbaren Ausgleich zwischen Arbeit und Leben, den Frauen so wahnsinnig erstrebenswert finden und der wahrscheinlich nur für sie erfunden wurde. Da schwingt auf den ersten Blick viel Angenehmes mit: Die Einheit von Körper und Seele, das richtige Maß zwischen Spannung und Entspannung, ein Hauch Yoga, ein Spritzer Schweiß und viele viele Wellness-Produkte.

Es gab mal eine Zeit, ist noch gar nicht so lange her, da waren Frauen in der Regel schlecht ausgebildet und trauten sich wenig zu. Wenn sie beruflich gefordert wurden, hieß es schnell: Das mach ich nicht, denn das kann ich nicht. Heute sind viele Frauen sowohl mit mehr Bildung als auch mit mehr Selbstbewusstsein ausgestattet. Und was hört man heute von ihnen: Das könnte ich zwar machen, aber warum soll ich mir diesen Stress antun? Zu viel Anstrengung stört die Work-Life-Balance.

Vielleicht sollten wir aus diesem Begriff mal die Luft rauslassen. Work-Life-Balance ist ein Kunstprodukt, das von Frauenzeitschriften im Ratgeberjargon erfolgreich propagiert wird. Aus dem Marketingsprech hat es sich in unser Alltagsverständnis hineingestohlen. Und schlussendlich lernen wir dann, dass man Schnittlauch nicht wie üblich mit dem Messer, sondern auch mal mit der Schere schneiden kann.

Selbst das Bundesfamilienministerium meint, dass da irgendetwas nicht stimmt mit der weiblichen Work-Life-Balance. Im 7. Familienbericht kritisierte das Ministerium, dass deutsche Mütter im Vergleich zu ihren europäischen Kolleginnen weniger Zeit im Job verbringen, aber die so gewonnenen Stunden nicht in ihre Kinder investieren, sondern in Freizeit. Beispielsweise hätten finnische Mütter jeden Tag eine Stunde weniger frei als deutsche.[25]

Selbstverständlich ist es angenehm, wenn unsere Tage nicht nur aus Arbeit bestehen, sondern wir auch Zeit für andere Interessen haben. Weder müssen wir alle zu Workaholics mutieren, noch ist es erstrebenswert, sich zwischen Anforderungen aufzureiben. Aber wo steht, dass nur ein bequemes Leben lohnt, eines, in dem wir möglichst wenig gefordert werden?

Work-Life-Balance, dieses Pseudo-Geheimnis eines Lebens im Lot, ist ein abgrundtiefer Schwachsinn. Eine klebrige Wohlfühllotion. Behauptet wird ja: Einerseits gibt es Arbeit, andererseits Leben, und zwischen beidem muss ein Ausgleich geschaffen werden, damit wir glücklich sind. Arbeit ist also kein Leben, sondern irgendetwas jenseits davon? Das kann doch nicht stimmen. Sicher ist Arbeit ein anderes Leben als Freizeit, aber doch wohl auch Leben – und oft ein sehr intensives.

Das Bedürfnis nach möglichst wenig Anforderung kann zu skurrilen Vorstellungen führen, wie Frauke Narjes an ihrem Hamburger Career Center festgestellt hat. »Da sitzen manchmal Studentinnen vor mir, die allen Ernstes glauben, sie könnten später mal eine Halbtagsstelle machen und damit nicht nur sich, sondern auch noch ein Kind ernähren«, sagt sie kopfschüttelnd. »Das heißt aber im Klartext, dass sie dann doch auf den Ernährer hoffen – denn mit dieser Haltung sind sie ja auf einen angewiesen.«[26]

Das Unbehagen

Nehmen wir Sandra. Sandra lebt in einer kleinen Stadt in Süddeutschland. Sie hat Abitur gemacht und wollte Maskenbildnerin werden. Dazu musste sie eine Ausbildung als Friseurin vorweisen. Sie suchte sich eine Lehrstelle, war kurze Zeit später verliebt und wartete auch nicht lange mit der Heirat. Ihren Freundinnen erzählte Sandra: »Jetzt hab ich den Mann fürs Lebens gefunden und kann es lassen mit der Maskenbildnerei. Bald brauch ich nicht mehr zu arbeiten.«

Nach ihrem Abschluss jobbte sie als Friseurin auf einer halben Stelle und bemühte sich, schwanger zu werden. Als das klappte, gab sie den Beruf auf. Ihre Tochter war erst drei, als die Ehe zu Bruch ging. Sandra ist sechsundzwanzig, wird in ihrem Beruf hundsmiserabel bezahlt und hat kaum eine Chance, sich weiter zu qualifizieren, solange ihr Kind klein ist. Dazu fehlt ihr die Zeit, die Kraft und das Geld. Ihr Traum von der Maskenbildnerei rückt in immer fernere Zukunft. Um überhaupt über die Runden zu kommen, lässt sie sich finanziell von ihren Eltern unterstützen. Das Leben, das sie sich einst wünschte, sah anders aus.

Für Männer kommt es häufig als Zumutung daher, wenn sie sich um Haus und Kinder kümmern sollen; für diese Zugabe erwarten sie ein Extralob. Umgekehrt scheint für einige Frauen die Erwerbstätigkeit ein Zugeständnis zu sein. Als hätte der Beruf für sie eine Art Hobby-Charakter, denken sie den Versorger gleich mit und betrachten ihr Leben davor nur als Übergangsphase. Lore Maria Peschel-Gutzeit kennt diese Fälle aus ihrer juristischen Praxis. Meist tritt die Anwältin auf den Plan, wenn ein solches Lebensmodell gescheitert ist. »Diese Frauen denken: Ich mache eine Ausbildung, dann bin ich ein paar Jahre im Beruf, dann heirate ich und krieg Kinder. Punkt. Diese Frauen planen nicht, die verlassen sich auf den Mann und denken nur bis zum Kind.«[27]

Das ist der eine Grund für die weibliche Fluchtbewegung in die Komfortzone. Der andere ist das Unbehagen an der Arbeitswelt. Seit vielen Jahren wird die Frage, warum Frauen karrieremäßig kein Bein auf den Boden bekommen, öffentlich rauf und runter diskutiert. Kaum etwas, das dazu nicht bereits gesagt und geschrieben wurde. Deshalb werde ich auf diesen Bereich nur sehr kurz eingehen.

Da sind zum einen die üblen Strukturen zu beklagen: Die gläsernen Decken, an denen Frauen zerschellen, bevor sie oben ankommen. Die old-boy-networks, die alles Weibliche abstoßen. Das männlich geprägte Arbeitsumfeld, in dem Frauen um ihre Erfolge gebracht werden. Die Rituale und Gesten, die in der weiblichen Sozialisation nicht erlernt werden, die fehlenden Quoten und und und.

Außerdem suchen sich Frauen ihren Beruf selten danach aus, ob er ihnen genug Geld einbringt. Im Vordergrund steht, dass ihr künftiger Job sich mit einer Familie vereinbaren lässt – ein Gedanke, der Männern bei der Berufswahl noch nicht einmal in den Kopf kommt. Die Konsequenz: Frauen landen größtenteils in typisch weiblichen Berufen. Deren Kennzeichen: schlecht bezahlt, wenig gesellschaftliche Anerkennung, wenig Aufstiegschancen.[28]

Das beginnt in Ausbildungsberufen bei der Friseurin und endet bei der Erzieherin. Im akademischen Bereich streben junge Frauen zum Lehrerberuf, weil sie dann nachmittags zu Haus bei den Kindern sein können. Gern genommen werden auch Studienfächer, die zwar interessant, aber auf dem Arbeitsmarkt nicht besonders gefragt sind wie beispielsweise Kunstgeschichte oder Romanistik. Da können sich die Studentinnen doch gleich ein Pappschild umhängen: Bin auf der Suche nach einem Ernährer!

Hinzu kommt, wie Frauen sich in der Arbeitswelt verhalten. Auch das lässt sich in Bergen von Analysen, Artikeln und Untersuchungen nachlesen: Dass Frauen zwar pragmatisch und zielorientiert sind, aber ziemlich leidenschaftslos und ohne starken Antrieb. Dass sie sich nicht die Herausforderung suchen, an der sie wachsen können, sondern auf Sicherheit spielen. Dass sie selten bereit sind, Risiken einzugehen und sich einem offenen Wettbewerb zu stellen. Und dass ihre Anforderungen an den Arbeitgeber wesentlich höher sind als an sich selbst.[29]

Wie viele Ratgeber gibt es? Wie viele Coachs, Trainer und Therapeuten, die sich ausschließlich um die Karriereplanung von Frauen kümmern? Oft bekommt dann das Thema einen komischen Zungenschlag, als sollten alle Frauen zu Aufsichtsrätinnen und Chefinnen abgerichtet werden.

Dabei geht es nicht um Führungsposten und einen konventionellen Karrierebegriff. Bei Frauen – wie auch bei Männern – wird es immer nur eine Minderheit sein, die eine Spitzenposition anstrebt. Es geht um viel mehr: Dass Arbeit einen Lebenssinn stiftet. In der Beraterbranche gibt es deshalb die Unterscheidung zwischen innerer und äußerer Karriere. Die äußere orientiert sich an Status und Macht. Bei der inneren geht es um andere Dinge: Mache ich etwas, was ich machen möchte? Wird mein Können genutzt und geschätzt? Stellt mich die Arbeit zufrieden?

Auch an der inneren Karriere muss man arbeiten. Und beunruhigend ist, dass Frauen – abgesehen von den männlich geprägten Strukturen, die sie objektiv behindern – sich nicht nur bei der äußeren Karriere selbst im Wege stehen, sondern auch bei der inneren. So wartet gleich an mehreren Stellen das Frustpotential, das sie in die Komfortzone treibt. Da kann es um Furcht gehen vor dem nächsten beruflichen Schritt. Um Stress, weil der Job einen hohen Einsatz verlangt. Um die Erfahrung, dass die Arbeitswelt auch unangenehme Seiten hat. Oder um Desillusionierung, weil sich die gläserne Decke nicht durchbrechen lässt.

Klar ist das schwierig und anstrengend. Aber doch kein Grund, mutlos zu werden und beruflich nichts mehr zu wollen. Wenn wir uns nicht trauen, nach der Taube auf dem Dach zu greifen, streicheln wir am Ende nur noch den Spatz in der Komfortzone.

Doch was passiert, wenn uns der Spatz irgendwann nicht mehr reicht? Wenn wir doch wieder Sehnsucht nach der Taube bekommen und deren Versprechen von der Welt? Dann heißt es häufig: Pech gehabt!

»Egal, ob diese Frauen fünf Jahre unterbrochen haben, zehn oder fünfzehn, egal, aus welchen Elternhäusern sie kommen, ob sie eine gute Bildung mitbringen oder eine schlechte, alleinerziehend sind oder nicht – was diese Frauen eint, ist, dass sie sich nichts mehr zutrauen.« Auf diesen Punkt ist Jutta Allmendinger in vielen Gesprächen mit der Bundesagentur für Arbeit gestoßen. »Wenn die Frauen von einem Arbeitgeber nach ihren Kompetenzen gefragt werden, sagen sie eben nicht selbstbewusst: Wir haben die Familie gemanagt, wir haben ehrenamtlich gearbeitet, wir haben dies und das vorzuweisen, nein, sie sind muksch und klein.«

Jutta Allmendinger hat dafür eine Erklärung: »Daraus kann man keiner Frau einen persönlichen Vorwurf machen. Es ist eben so, dass das Arbeitsleben eine andere Taktung hat als das Leben zu Hause. Familie ist vom Arbeitsmarkt ganz weit weg.«[30]

Wie schwierig es sich gestalten kann, in den Beruf zurückzufinden, erfahren tausende Frauen jeden Tag am eigenen Leib. Alle Studien beweisen, was für ein Desaster das ist.[31] Obwohl die Ausgangssituation bei den Frauen sehr unterschiedlich ist, gibt es doch eine klare Tendenz: Die meisten landen auf weniger qualifizierten Stellen, als es ihrer Ausbildung entspricht. Als typische Zuverdienerinnen übernehmen sie irgendwann auch kleine und kleinste Jobs, die weder genügend Geld noch Spaß noch sonst was bringen.

Diese Geschichten kann Anna Gwosch runterbeten, sie beschäftigt sich seit vielen Jahren professionell mit solchen Problemen. Anna Gwosch stammt aus dem alternativen Frauenmilieu in Berlin und war unter anderen mit dabei, als 1989 die Weiberwirtschaft entstand, das inzwischen größte Gründerinnenzentrum Europas. Die Weiberwirtschaft will die Initiativkraft, die ökonomischen Potenziale und die Unternehmenslust von Frauen bündeln.

Anna Gwoschs erste Aufgabe damals war, junge Mütter bei ihrem Einstieg in den Beruf zu beraten. Seitdem hat sie viele Projekte geleitet, sehr viele Frauen unterstützt, sich irgendwann als Karriereberaterin selbstständig gemacht und auch ihre Meinung geändert. »Früher habe ich die Frauen eher als Opfer der Verhältnisse gesehen. Heute denke ich: Wir haben das Potenzial, wir können Entscheidungen treffen und müssen auch die Verantwortung übernehmen.«

Inzwischen findet es Anna Gwosch richtig ärgerlich, wie manche Frauen ihr Leben darstellen. »Das fällt besonders auf, wenn es um Beruf und Kinder geht. Da kam dann das erste Kind, sagen sie, und dann kam das zweite. Als würden die Kinder vom Himmel fallen und sie nichts mit dieser Entscheidung zu tun haben. Und so begründen diese Frauen dann auch, dass sie beruflich schon wieder ausgestiegen sind, bevor sie noch richtig einsteigen konnten.«

Etwas irritiert betrachtet die Beraterin, wie sich manche Frauen beim Wiedereinstieg selbst im Wege stehen. »Da kommt eine Frau, die will sich von ihrem Mann trennen, unabhängiger werden und deshalb auch wieder arbeiten. Erst redet sie von fünfzehn Stunden die Woche, dann kommen sofort die Zweifel: Wie sie dann noch die Hausarbeit schaffen soll und wie das dann mit den Kindern wird. Denn das Essen muss ja immer pünktlich auf dem Tisch stehen, und so und so oft muss geputzt werden, weil sie ja einen so hohen Anspruch an ihren Haushalt hat... Das höre ich mir so an, und es scheint den Frauen völlig neu zu sein, dass sie zugunsten des einen Zieles an anderer Stelle einfach mal Abstriche machen müssen.«[32]

Das Parasitengift

Nehmen wir Ines. Ines ist von Beruf Gattin. Nicht, dass sie das mal gelernt hätte. Es ist ihr Wahlberuf. Es gab Zeiten, da wollte sie eine erfolgreiche Journalistin werden. Das Zeug dazu hatte sie, die nötige Ausbildung auch. Sie war ehrgeizig und wollte in die Welt.

Als sie Frank traf, war ihr anfangs nicht klar, ob er der Richtige sein würde. Nicht straight genug. Doch dann entdeckte sie sein Potenzial und war sicher, dass sie über ihn leichter aufsteigen konnte als mit eigener Arbeit. Sie beschloss, Frank zu heiraten und Kinder zu haben. Er hatte die Aussicht, im öffentlich-rechtlichen Rundfunk Karriere zu machen. Sie plante die Schritte, die ihn nach oben führen sollten. Stachelte seinen Ehrgeiz an, trieb ihn weiter, pushte ihn, ließ nicht locker. Ihr war seine Karriere fast wichtiger als ihm selbst. Frank gefiel das.

Sie hätte weiter als Journalistin arbeiten können. Aber wozu? Regelmäßige Arbeit in einer Redaktion war ihr einfach zu stressig. Als freie Autorin hätte sie sich um Aufträge kümmern müssen – zu mühsam. Außerdem hatte sie ja die Kinder. Kita oder Tagesmutter kamen nicht in Frage, besser später ein englisches Internat, schließlich sollte aus den Kleinen was Ordentliches werden.

Frank stieg weiter auf, alles lief nach Plan, und sie besorgte der Familie erst mal eine anständige Villa. Frank sollte nicht nur Chef sein, sondern auch entsprechend wohnen. Selbstverständlich hatte sie immer alle Hände voll zu tun. Schon die Einladungen an all die Leute, die Frank nützlich sein konnten, und dann die vielen Veranstaltungen, Feste und Events, zu denen sie ihren Mann begleitete… Selbst neben dem Bundespräsidenten hatte sie schon gesessen. Ihr Frank war schließlich wer, das war ihr Verdienst, darauf war sie stolz.

Da gibt es offensichtlich Frauen, die es als ihr verdammt gutes Recht ansehen, ihre wahnsinnig ehrgeizigen Pläne über Mann und Kinder auszuleben. Die aus der Position ihres Gatten das Möglichste für sich heraussschlagen und eine Art parasitärer Existenz führen.

Gemeinhin nennt man sie Gattinnen.

Je erfolgreicher der Mann, desto größer die Chance, eine Gattin in seiner Nähe zu finden. Wahrscheinlich wäre er auch nie so weit aufgestiegen, wenn er sie nicht gehabt hätte. Und diese Dienstleistung lässt sie sich teuer bezahlen. Das Gattinnen-System wird an den unglaublichsten Stellen unterstützt. So gibt es immer noch Rotary- und Lions-Clubs, die keine berufstätigen Frauen aufnehmen – aber Gattinnen.

»Sie können heute als Frau immer noch durch eine Heirat einen hohen sozialen Status erringen, ohne den geringsten eigenen Verdienst, sie bekommen einfach alles geschenkt«, stellt die Nobelpreisträgerin Christiane Nüsslein-Volhard kopfschüttelnd fest. Besonders ärgerlich findet sie das bei wichtigen Veranstaltungen mit ihren Nobelpreiskollegen, wenn deren Frauen dabei sind. Es gibt so wenige Nobelpreisträgerinnen, dass Christiane Nüsslein-Volhard in diesen Runden fast automatisch als Gattin betrachtet wird. »Da krieg ich wirklich die Wut. Da denkt man doch, man ist in einer verkehrten Welt.«[33]

Die Gattin ist Nutznießerin, ohne etwas zu riskieren oder einzusetzen. Die doppelt feige, bequeme Frau. Sie hat die Versorgungsmentalität nicht nur auf die Spitze getrieben, sie hat sie pervertiert und hält sie für einen Ausdruck von Weiblichkeit.

Während Frauen mit dem Anspruch auftreten, frei und gleich zu sein, funkt die Gattin die Störsignale. Sie hat ganz anderes im Kopf.

Selbstverständlich erwarten Gattinnen, dass sie nach einer Trennung von ihrem Mann keinesfalls etwas von ihrem Lebensstandard einbüßen und dass sie für den Rest ihres Lebens versorgt werden. Nach einer zwanzigjährigen Ehe mag das wegen der Investition in den Mann durchaus verständlich sein. Aber die wahre Gattin erhebt diese Ansprüche ja bereits nach zwei Jahren Ehe. Anwaltspraxen leben gut von diesen Geschichten und teilweise absurden Unterhaltsansprüchen.

Christiane Nüsslein-Volhard sieht als Direktorin eines Max-Planck-Instituts Männer von einer weiteren Sorte Gattinnen schwer verschaukelt. »Ich erlebe es gelegentlich, dass junge Männer richtig ausgebeutet werden«, sagt sie. »Die arbeiten hier zwölf Stunden für ihre wissenschaftliche Karriere und das Gehalt der Familie, dann kommen sie nach Hause und sollen noch kochen, sich um das Kind kümmern, Staub saugen… Das ist eine absolute Gemeinheit, wie manche von ihnen zu Hause schuften müssen, obwohl deren Gattinnen den ganzen Tag zu Hause sind. Das verstehen diese Frauen dann unter Emanzipation.«[34]

Der Schwindel

Männer nutzen sehr selten den Ausgang in die Komfortzone. »Ich habe bisher keinen einzigen Mann in meiner Beratung erlebt, der überhaupt auf die Idee gekommen ist, nicht zu arbeiten«, erzählt Karriereberaterin Anna Gwosch. »Das ist für die überhaupt keine Option, das kommt eigentlich gar nicht vor.«[35]

Dass Frauen ihre Erwerbsarbeit unterbrechen, finden Männer »normal«, bei sich und den eigenen Geschlechtsgenossen finden sie es »unnormal«.[36] Männer betrachten diesen Schritt für sich als Verzicht. Frauen, glauben sie, würden sich hingegen nichts anderes wünschen.

Dabei gibt es auch Frauen, die darauf warten, dass ihre Männer den Beruf nicht über alles stellen. Die Europäische Akademie für Frauen in Politik und Wirtschaft unterstützt weiblichen Führungsnachwuchs mit innovativen Programmen und Beratung. Bei einer Befragung zu Beginn des Förderprogramms sollten die Kandidatinnen angeben, ob sie zugunsten ihres Partners beruflich zurückstecken würden. Ja, sagten rund siebzig Prozent. Und ob sie glauben würden, dass umgekehrt auch ihr Partner für sie zurückstecken würde. Ja, sagten wiederum siebzig Prozent.[37] So weit die Hoffnung.

In der Realität pfeifen Männer auf die weiblichen Wünsche und die Frauen ordnen sich ihnen unter. Gerade in der Ehe werden Regeln der Gegenseitigkeit ständig verhöhnt. Eine gern genutzte weibliche Ausrede dazu lautet: Mein Mann verdient ja mehr als ich, deshalb bleib ich zu Hause bei den Kindern, wir würden es sonst finanziell gar nicht schaffen.

Doch auch mit diesem scheinbar harten, weil materiellen Argument können sich Frauen wunderbar in die Tasche lügen. Es gibt schließlich ein paar Gegenargumente.

Erstens: Bei einem jungen Paar starten beide oft gleichzeitig in den Beruf. Das heißt, sie verdienen auch einigermaßen gleich – bis die Frau auf den Job verzichtet und der Mann parallel dazu beruflich Gas gibt. Will sie später wieder einsteigen, kann sie wegen ihrer Unterbrechung oft wirklich nur noch die Zuverdienerin spielen.

Zweitens: Auch wenn eine Frau besser verdient als ihr Mann, gibt in der Regel nicht er, sondern sie den Beruf auf. Hier kann es wohl kaum ein ökonomisches Argument sein, warum sie in der Komfortzone landet.

Drittens: Selbst wenn der Mann besser verdient, ist das Argument wacklig. Dann gibt es zwar eine finanzielle Einbuße, wenn der Vater mit der Kinderzeit dran ist oder auf Teilzeit geht. Aber lohnt sich das nicht, wenn die Mutter dafür den Kontakt zur Arbeitswelt behält? Was bedeutet dieser kurzzeitige Verzicht gegenüber der Aussicht, dass auch sie die kommenden Jahrzehnte einem interessanten und vernünftig bezahlten Beruf nachgehen kann? Statt nach einer mehr oder minder langen Auszeit auf einem unbefriedigenden Teilzeit- oder gar einem 400-Euro-Job zu landen. Denn das ist schließlich auch finanziell ein Desaster.

Viertens: Selbst wenn von zwei Gehältern eines zeitweise für die Kinderbetreuung draufgeht, lohnt es sich immer noch. In verschiedener Hinsicht: Wegen der vielen Arbeitsjahre, die der Frau darüber hinaus noch bleiben, wegen des Selbstwertgefühls durch einen Beruf und letztlich auch wegen der Kinder. Denen tut es allemal gut, wenn sie nicht über Jahre allein von der Mutter betreut werden.

Doch nach wie vor unterwerfen sich Frauen der überkommenen Rolle als Aussteigerin und nehmen die Ambitionen ihrer Männer wichtiger als ihre eigenen. »Männer«, sagt Anna Gwosch, »stellen ihre beruflichen Entscheidungen immer so dar, als hätten sie keine Alternative – egal, was das für ihre Frau und die Familie bedeutet. Dann tut es ihm ja so leid, dass er auf keinen Fall in Elternzeit gehen kann, weil er sonst beim Chef abgeschrieben ist. Ist doch Quatsch!«, stellt Anna Gwosch ungerührt fest. »Natürlich will er nicht. Er will nicht zu Hause bleiben beim Kind, er will den nächsten Karriereschritt machen. Es ist doch nicht so, als würde ihm ansonsten gekündigt. Frauen akzeptieren die Prioritäten der Männer.«[38]

Die Feigheit

Der Soziologe Klaus Hurrelmann kann sich sehr gut in die Lage der Frauen hineinversetzen, wenn sie überlegen, aus dem Beruf auszusteigen. Er sieht das Dilemma, dem sie an dieser biographischen Schnittstelle ausgesetzt sind, und was sie in das typisch weibliche Muster herüberzieht.

Hurrelmann: »Es wird den Frauen einfach zu viel. Gerade denen, die durch ihre Ausbildung schon eine lange Strecke hinter sich gebracht und es bis dahin durchgestanden haben, nicht der traditionellen Rolle zu entsprechen. Da sacken dann die Kräfte auch mal in sich zusammen.«

Ist es nicht auch ihre Bequemlichkeit?

»Ich würde es eher als Ungemach bezeichnen, dem man sich nicht aussetzen möchte.«

Welches Ungemach?

»Es ist zu viel Anspannung, zu viel Unruhe, zu viel Druck auf einmal.«

Auch zu viel Angst?

»Ja, das ist mit Angst verbunden. Dieser Angst weichen die Frauen aus. Das ist Stressvermeidung. Sie wägen ab.«

Aber sie täuschen sich doch über die Folgen und machen sich was vor.

»Beim Abwägen kann man Fehler machen und von falschen Annahmen ausgehen. Um dann die eigene Bilanz in Ordnung zu bringen, betrügt man sich auch schon mal selbst …«

… auch weil den Frauen der Mut fehlt, der Verführung durch die alte Rolle entgegenzutreten?

»Ja klar. So viel möchte man doch nicht kämpfen und sich immer wieder durchboxen müssen. Umgangssprachlich nennt man das eine dann Bequemlichkeit und das andere Feigheit.«[39]

Die Idee

Wie wär's damit: Sich im Kopf und im Herzen endgültig von der Komfortzone zu verabschieden und selbst im Traum nicht mehr an den Versorger zu denken. Endlich mal den Konflikt zu riskieren, endlich mal Nein zu sagen, wenn es um die Frage geht, wer zu Hause das Kind versorgt. Nicht mehr daran zu glauben, dass wir uns jahrelang im Sandkasten tummeln können und dann trotzdem den Job bekommen, der uns zufrieden macht. Und uns nicht mehr damit herauszureden, dass wir nur in der alten Kiste gelandet sind, weil es für alle Beteiligten ganz individuell das Beste so war.

Wie wär's, wenn wir einfach die Verantwortung für uns übernehmen?

Jutta Allmendinger hat eine Idee. Sie glaubt, wenn Frauen lernen, ihr Leben von hinten zu denken, wären sie einen riesigen Schritt weiter. Von hinten denken? »Es geht darum, sich klarzumachen, was mich Entscheidungen denn in der Zukunft kosten. Angenommen, in bin dreißig, schwanger und überlege, ob und für wie lange ich aus dem Beruf aussteige. Dann stelle ich mir vor, ich bin jetzt fünfzig, die Kinder gehen aus dem Haus. Viele Aufgaben und viele Bezugspunkte sind plötzlich weg. Der Mann ist in seinen sogenannten besten Jahren und auf der Höhe seiner Karriere. Voll beschäftigt, mit wenig Zeit für mich. Vielleicht hat er bereits eine andere Frau gefunden, vielleicht sogar weitere Kinder bekommen. Was mache ich dann? Ohne Job und ohne Unterhaltsansprüche? … Ich glaube, wenn Frauen anfangen würden, so zu denken, würden viele Entscheidungen anders ausfallen.«[40]

Und dann würde sich wohl auch gesamtgesellschaftlich endlich mal etwas ändern. Denn solange sich Frauen einen Ernährer zum Vater ihrer Kinder suchen und alle damit rechnen, dass die Ehe eine Versorgungsanstalt bleibt, geraten weder Politik noch Wirtschaft unter Druck. Die antiquierte Förderung des Alleinversorgermodells bleibt dann ebenso unangetastet wie das rudimentäre Kita-Angebot und die familienfeindlichen Arbeitszeiten.

Hilde

Ich heiße Hilde. Von Beruf bin ich Bankerin. Ich habe fünf Kinder, einen Mann, ein Haus, einen Garten und einen Kater. Ganz jung bin ich nicht mehr, vor kurzem war mein achtundsiebzigster Geburtstag. Meine Töchter und Söhne leben über die Republik verstreut; seit sie weg sind, ist das Haus ein bisschen groß. Aber so oft, wie meine Kinder hereinschneien, fällt das kaum auf.

Ich war noch keine dreißig, als mein Mann und ich mit drei Kindern aus Polen in die Bundesrepublik übersiedelten. Das war Ende der fünfziger Jahre. Wir sind deutschstämmige Schlesier, was uns den Start erleichterte. Einfach war es für uns im Westen trotzdem nicht – auch wenn wir sehr bald in ein neu gebautes Mietshaus einziehen konnten und mein Mann schnell Arbeit fand. Anfang der sechziger Jahre bekam ich kurz hintereinander noch einen Sohn und eine Tochter. Jetzt waren wir eine richtig große Familie. Schon damals waren fünf Kinder eher ungewöhnlich, was wir immer mal wieder in unserer Umgebung zu spüren bekamen.

Wir brauchten ein Haus, das war klar. Mit einer so großen Familie ließ sich in einer Mietwohnung nicht leben. Als meine jüngste Tochter fünf Jahre war, fing ich wieder an zu arbeiten, sonst hätten wir den Bau nicht finanzieren können.

Ich bekam eine Stelle in einer großen Privatbank. Im Bankgeschäft kannte ich mich bis dahin zwar nicht aus, weil ich eigentlich Buchhalterin war. Aber ich habe sehr schnell sehr viel gelernt. Das Kundengeschäft, die verschiedenen Abrechnungsarten, die Betreuung der Konten – im Tagesgeschäft einer Bank herrscht Termindruck, und damals lief alles noch ohne Computer. Ich hatte eine volle Stelle, alles andere hätte sich finanziell nicht gelohnt.

Meine Tage ratterten ab wie ein Uhrwerk: Um halb sechs klingelte der Wecker, aufstehen, duschen, anziehen, die Haare machen. Während mein Mann das Frühstück bereitete, weckte ich die Kinder. Auch die mussten dann mitmachen: Waschen, rein in die Sachen, frühstücken, Brote einpacken – die Großen mussten den Kleinen helfen. Um halb acht verließen wir alle das Haus. Meine älteste Tochter brachte die beiden Jüngsten in den Kindergarten, der lag am Weg zu ihrer Schule.

Wenn ich nachmittags um fünf in der Bank fertig war, hetzte ich nach Hause. Die älteren Kinder hatten dann schon die Kleinen vom Kindergarten geholt und das Abendessen vorbereitet. Ich fing an zu kochen. Nach dem Essen ruhte ich mich eine halbe Stunde aus, dann ging es weiter. Küche aufräumen, Bäder putzen, Wäsche waschen, bügeln, die Kleider für die Kinder zurechtlegen – vor Mitternacht war ich nie fertig. Wie auch, es war einfach zu viel. Dann am Wochenende der Einkauf, der Hausputz, der Garten und alles, was sonst noch liegen geblieben war. Als meine Eltern von drüben kamen und zeitweise bei uns im Haus wohnten, wurde es ein bisschen einfacher.

In der Bank war ich eine Exotin. In unserer Hauptstelle arbeiteten rund hundertfünfzig Leute, aber außer mir gab es über viele Jahre keine einzige Kollegin mit Kindern – schon gar nicht mit so vielen. Die jungen Frauen gaben die Arbeit auf, sobald sie Nachwuchs bekamen. Und die älteren Kolleginnen waren alle kinderlos.

Einige meiner Jugendfreundinnen kamen irgendwann auch in die Bundesrepublik. Sie wohnten ziemlich weit weg, aber zwei-, dreimal im Jahr schafften wir es, uns zu treffen. Ich glaube, sie haben mich bemitleidet. Weil ich rund um die Uhr geschuftet habe und sie als Hausfrauen und Mütter ein leichteres Leben hatten. Ich fürchte, sie haben wenig verstanden. Genauso wenig wie meine Söhne und

Töchter. Sie alle sahen nur meinen Stress, zu Hause und in der Bank. Meinen Beruf hielten sie für mein Pflichtprogramm. Sie dachten, dass es dabei nur um das Finanzielle ginge: Damit wir das Haus bezahlen konnten und die Ausbildung der Kinder.

Doch das ist ein Irrtum. Natürlich habe ich ohne Ende gearbeitet, tagsüber im Beruf, abends im Haushalt. Und wir brauchten das Geld. Wie oft war ich unendlich müde und kaputt. Mir hätte es auch besser gefallen, nicht immer diese Berge vor mir zu sehen, die unerledigte Wäsche, den Spül in der Küche, die Böden, die geputzt werden mussten... Ich bin schließlich keine Masochistin. Schon die Kinder hätten mich ausgelastet, und mein Leben wäre sicher entspannter gewesen, wenn ich nicht zusätzlich noch eine Vierzig-Stunden-Woche gehabt hätte. Aber was mir kaum jemand glaubt – ich wollte einfach arbeiten!

So hatte ich meine Familie, aber eben auch noch ein anderes Leben. Da war ich nicht Ehefrau, nicht Mutter, sondern Kollegin. Ich bin so viel selbstbewusster durch die Arbeit geworden. Und ich fühlte mich unabhängig! Sobald ich in die Bank kam, war die Familie weit weg. Was ich tat, war interessant, und mir gefiel, dass ich meine Sache beherrschte. Ich hab mich gefreut auf die kollegiale Atmosphäre und es genossen, fast genau so viel Geld zu verdienen wie mein Mann.

Schon meine Mutter sagte immer: Je weniger man tut, desto fauler wird man. Ich hatte keine Zeit, faul zu werden. Dreiundzwanzig Jahre habe ich in der Bank gearbeitet und es nie bereut. Einfach war es nicht, aber gut so.

Der Phantomschmerz

Sie heißt Monika. Monika träumte immer vom kleinen Glück, von Mann und Haus und Kind. Beruflich hat sie erreicht, was sie wollte – sie arbeitet in einer Werbeagentur in Hannover –, nur privat mochte es nie so recht klappen. Sie war einundvierzig Jahre, als sich endlich alles zum Besten wendete. Sie traf Hans, und zehn Wochen später war sie schwanger. Ob Hans ein Kind wollte? Sie hat nicht gefragt, und er hat sich nicht um Verhütung gekümmert. Auch er hatte noch keine Kinder.

Hans war damals dreiundfünfzig. Wegen Monika und der Schwangerschaft gab er seine jahrzehntelange Beziehung zu Kathrin auf. Er wusste nicht, wie es sein würde mit dem Kind, aber als es da war, nahm er Elternzeit und verliebte sich prompt in seine kleine Tochter. Hans war ein später, aber glücklicher Vater. Nur mit Monika lief es nicht gut. Die erste Krise kam kurz nach der Geburt des Kindes. Zwei Jahre später trennte Hans sich von Monika und kehrte zu seiner alten Freundin Kathrin zurück.

Da steht Monika mit ihrem zerstörten Traum von der Kleinfamilie. Hans hat sie verlassen, das wird sie ihm nie verzeihen. Das Kind ist ihre Waffe. Wenn Hans nicht spurt, wie sie will, droht sie ihm: »Ich sage deiner Tochter, dass ihr Vater sie nie haben wollte.« Wenn Hans die Kleine wie verabredet abholen will, überlegt sie sich, ob sie mit dem Mädchen nicht ganz schnell was Besseres vorhat. Beim nichtigsten Anlass fängt sie Streit an und setzt den Vater anschließend auf Kindesentzug. Wenn sie ihr Verhalten erklären soll, führt sie ihre Rechte als Frau und Mutter an. Wegen des Kindes versuchten es die beiden mit einer Paartherapie, auch das half ihnen nicht weiter.

Vor allem, dass Hans wieder mit Kathrin zusammen ist, kann Monika nicht ertragen. In ihrer Version hat Kathrin die Beziehung kaputt gemacht. Hans hatte doch eine Familie gegründet, davor hätte Kathrin Respekt haben müssen, statt ihn zurückzuholen. Sie verbietet Hans, Kathrin zu sehen, wenn er das Kind bei sich hat. Sollte er sich nicht daran halten, würde er seine Tochter nie mehr zu Gesicht bekommen.

Hans und Kathrin wohnen nicht zusammen, so lässt sich Monikas Forderung sogar umsetzen. Wenn Hans in Begleitung des Kindes ist und sie begegnen Kathrin zufällig irgendwo – auf der Straße, im Supermarkt oder im Restaurant –, tun die Erwachsenen so, als würden sie sich kaum kennen. Die Kleine ist inzwischen sechs Jahre alt und weiß noch immer nicht, wer die wichtigste Frau im Leben ihres Vaters ist.

Auch von Hans' Eltern will Monika ihre Tochter fernhalten. Sie verlangt, dass die alten Menschen sich zwischen ihr und Kathrin entscheiden, wenn sie ihr Enkelkind weiterhin sehen wollen.

Hans könnte seine Rechte als Vater gesetzlich einklagen, doch das will er vermeiden. Er baut darauf, dass seine Tochter sich ihren Papa nicht nehmen lassen und das auch gegenüber der Mutter durchsetzen wird. Und dass Monika ihm vielleicht doch noch verzeiht.

Die Axt

Liebe mir oder ick zerhack dir die Kommode! Diesen Spruch aus dem alten Berlin hat sich Monika offenbar als Motto übers Bett gehängt. Niemand wird gerne verlassen, und über Hans braucht man erst gar nicht zu reden – doch Monika lebt ihre intensive Feindseligkeit geradezu zerstörerisch aus. Wie ein Kind, das ein Spielzeug gegen die Wand wirft, weil das nicht seinem Willen gehorcht, versucht sie, ihren ehemaligen Geliebten kleinzukriegen. Er hat es gewagt, sie allein zu lassen. Jetzt macht sie kaputt, was sie kaputt macht.

Dass Monika dabei auch die Rivalin wütend verfolgt, passt ins Bild. Wenn die Selbstzweifel nagen, weil es mit Männern nicht so recht klappt, gibt man gerne anderen Frauen die Schuld. Monika ist offenbar nicht nur unglücklich, sondern auch haltlos, wenn sie keinen Mann hat, der sie liebt und ihr hilft, den Traum vom Glück zu verwirklichen.

Liebe kann positiv aufgebläht und überfrachtet werden. Doch auch Hass kann die Liebe überhöhen und überbewerten. In Monikas Augen hat der Liebesentzug ihr Leben vernichtet. Um sich Genugtuung zu verschaffen, riskiert sie sogar die Zuneigung und das Wohl ihres Kindes, von ihrem eigenen Seelenfrieden mal ganz zu schweigen.

Vielleicht sollte Monika sich einen zweiten Spruch übers Bett nageln, der den ersten neutralisiert: Aus Liebe zu dir hab ich auf mich verzichtet. Es wäre besser gewesen, ich hätte aus Liebe zu mir auf dich verzichtet.

Die Wunde

Rache! Die Kunst ist voll von verschmähten Liebenden und ihrem düsteren Schmerz. Eine besonders beeindruckende Figur auf diesem Feld ist Heathcliff, der finstere Held aus *Wuthering Heights. Sturmhöhe.* Dieser Roman von Emily Brontë aus dem viktorianischen England ist ein Klassiker der britischen Literatur, ein Meisterwerk an schwelender Leidenschaft und eruptiver Wut, in dem sich der Held und die Heldin an aufsässiger Kraft in nichts nachstehen. Weil Cathy, seine große und einzige Liebe, zu stolz und zu eigensinnig ist, um Heathcliff, das Findelkind, den Zigeuner, zu nehmen, zerstört er gekonnt grausam und mit großem Erfolg zwei Familien über drei Generationen hinweg. Besiegt wird sein Liebesdämon am Schluss wiederum nur durch die Liebe.

Zweifellos sind der Liebe verlustig gegangene Männer zu manchem fähig. In der Kunst und im Leben. Frauen sind das selbstverständlich auch. Und doch scheint es einen deutlichen Unterschied zu geben. Männer reagieren, wenn sie abgelehnt werden, Frauen tun sofort alles, damit es erst gar nicht so weit kommt.

Jeder will geliebt werden. Geschätzt und anerkannt. Das macht Menschen glücklich. Die Frage ist nur, was sind wir bereit, dafür einzusetzen. Und was geben wir auf, um die Zweisamkeit zu erhalten.

Die Angst, verlassen zu werden, gehört zum sorgenvoll monotonen Grundrauschen vieler weiblicher Biographien. Erst sind wir wahnsinnig damit beschäftigt, den richtigen Mann zu finden, dann sind wir noch mehr damit beschäftigt, ihn auf Dauer zu binden. Wo ein Mann dazugehört, damit eine Frau sich vollständig fühlt, muss ihr ganzes Bestreben darauf gerichtet sein, ihn zu halten. Und wo die Gesellschaft mit verlogenem Bedauern auf eine Alleinstehende blickt, wird eine Frau vieles tun, um diesen Zustand zu vermeiden.

Nehmen wir nur mal den Begriff der alleinerziehenden Mutter. Hört sich doch erst mal so an, als wolle man damit eine Heldin ehren. Eine moderne Trümmerfrau und Kriegerwitwe, die sich tapfer ihrer heroischen Aufgabe stellt. Doch wenn man genau hinhört, klingt beim Thema Aufopferung rasch das Motiv des Opfers durch. Die Alleinerziehende als Verlassene und Sitzengelassene, die nun nicht mehr mit einem Doppelprogramm, sondern nur noch als dessen einsame Hälfte in der Welt steht.

Wie viele alleinerziehende Frauen gibt es wohl, die dieses Schicksal frei gewählt haben? Die es so und nicht anders wollen? Die sich lieber allein um ein Kind kümmern, anstatt am Gängelband eines selten vorhandenen Vaters und ungenügenden Mannes zu hängen, und die sich vielleicht auch noch beim Sorgerecht gegen ihn durchgesetzt haben? Doch da die Frau als Opfer dem eingängigeren Bild und alten Klischee entspricht – das von Männern und Frauen gleichermaßen bedient wird –, kommt diese widerständige Version der Alleinstehenden im üblichen Denkhorizont selten zum Zuge.

Eine Frau ohne Mann hat einen menschlichen Makel. Das haben wir verinnerlicht. Um dieser Stigmatisierung zu entgehen, sind wir zu vielem bereit. Die Sitzengelassene gehört noch heute zum weiblichen Schreckenskabinett. Das jahrhundertealte Tanzschulen-Getue um das Mädchen, das niemand auffordert und keiner haben will, kommt so harmlos daher und ist doch das perfekte Sinnbild einer hinterhältigen Drohung – die weibliche Disziplinarstrafe par excellence. Klassenziel nicht erreicht, sechs, setzen! Ist es nicht unsere vorrangige Aufgabe, dafür zu sorgen, dass wir dieser Schmach entgehen?

Wie ein Phantomschmerz zieht sich die Angst vor dem Verlust des Mannes durch unser Leben. Schwer zu lokalisieren und doch vorhanden. So wie Amputierte oft das Gefühl haben, die fehlende Gliedmaße sei in einer schmerzhaften oder verdrehten Position, ist unsere Furcht vor dem Liebstenschwund schmerzhaft verdreht. Uns treibt die Angst vor der Angst, dass die Wunde aufbricht. So weit dürfen wir es gar nicht erst kommen lassen.

Der Bruch

Die Verlustangst ist ein Leitmotiv, das unsere Lebensentscheidungen untermalt. Angst ist es, die uns in die freiwillige Unterwerfung treibt. Sie ist schon da, lange vor der ersten Partnerwahl. Sie redet mit, wenn es um unser Bild von der weiblichen Rolle geht, in die wir hineinwachsen sollen. Befeuert durch die idealisierte Liebe, steuert sie unser Verhalten gegenüber dem Mann, den wir haben wollen. Sie drängt uns, das aufkeimende Ungleichgewicht in einer Beziehung zu akzeptieren und zu dulden, dass es sich dauerhaft festsetzt. Lässt uns die männliche Dominanz schlucken und unsere eigene Ohnmacht als Preis ansehen, den wir zu zahlen haben. Damit wir nicht allein gelassen sind.

Die unaufhörliche Suche nach Liebe – und die damit einhergehende Angst, sie nicht zu bekommen oder wieder zu verlieren – kann ein Mittel sein, unsere Lebensangst zu beschwichtigen. Diese tiefenpsychologische Deutung vertritt Karen Horney, eine deutsch-amerikanische Analytikerin, die zu den bekanntesten Frauen ihrer Zunft gehörte und in den USA ein eigenes psychoanalytisches Institut gründete. Karen Horney hat sich nicht nur ausführlich mit der Psychologie der Frau beschäftigt, sondern vor allem auch mit dem Phänomen der Angst.

Lebensangst, stellt die Analytikerin fest, ist eine allgemein menschliche Erscheinung. In ihrer übersteigerten Form wird sie als Hilflosigkeit gegenüber einer feindlichen und übermächtigen Umwelt erlebt und kann unzählige Formen annehmen, sich zu äußern. Besonders interessant ist, welche Wege kulturell entwickelt wurden, um sich vor Lebensangst zu schützen. Als eines der Schutzschilder führt Karen Horney ein übersteigertes Liebesbedürfnis an. Dessen Motto: Wenn du mich liebst, wirst du mir nichts Böses antun. Als nächster Schutzschild fungiert die Unterwürfigkeit. Motto: Wenn ich nachgebe und tue, was man von mir verlangt, wenn ich mich nicht zur Wehr setze, wird man mir auch nichts antun.[1]

Übersteigertes Liebesbedürfnis und Unterwürfigkeit – wenn wir sie idealisierte Liebe und freiwillige Unterwerfung nennen, klingt die Sache merkwürdig vertraut. Beide sind Teil des Gefühlskanons, ohne den die traditionelle Frauenrolle nicht funktionieren würde. Beide sollen uns vor der Angst schützen – vor der Lebensangst, die sich auch als Verlustangst äußern kann. Aus Sicht der klassischen Psychoanalyse, darauf weist Karen Horney hin, prägt sich die Angst vor Liebesverlust in der weiblichen Seele besonders stark aus.

An jeder Schnittstelle unseres Lebens winkt die Verlustangst mit dem weiblichen Muster der Unterwerfung, die uns vor dem Schmerz schützen soll. Die Verlustangst ist eine starke Kraft, die uns an den biographischen Sollbruchstellen in die alten Rollen treibt und herüberzieht. Wenn wir brav sind und uns unterordnen, werden wir geliebt und nicht verlassen!

Doch wir müssen dieser Angst nicht nachgeben. Sie droht ja nur. Auch hier geht es um eine Mutprobe. Warum bleiben wir nicht stolz und vertrauen darauf, dass wir liebenswürdig und liebesfähig sind?

Wenn der Phantomschmerz Frauen beherrscht, sind sie zu erstaunlichen Unterwerfungsgesten fähig.

Nehmen wir Lisa. Lisa ist Biologin und hat während des Studiums in einer WG mit anderen Biologen gelebt. Einer von ihnen war ihr Freund. Dann kam das Diplom, Lisa machte eine Eins, ihr Freund nur eine Zwei. Da ist er ausgerastet. Er war so gekränkt, dass er seine Freundin anmachte, Witze riss und ihre Note schlechtredete. Und was tat Lisa? »Du, das mit der Note ist mir gar nichts wert«, sagte sie. »Ich würde dir gern meine Eins geben und nehme die Zwei. Das macht mir überhaupt nichts, ich halte ohnehin nichts von diesen Bewertungen.« Und dann zerknüllte sie das Gutachten zu ihrer Arbeit und wollte es allen Ernstes wegwerfen. Sie hätte auf vieles verzichtet, damit er nur wieder lieb zu ihr war – als hätte sie etwas Schlimmes angestellt. Sie wollte ihn einfach nicht verlieren.

Keiner begibt sich in eine Beziehung, damit sie auseinanderbricht. Keiner heiratet, um geschieden zu werden. Eine gescheiterte Ehe ist ein Privatkonkurs. Frauen tun sehr viel, um ihn abzuwenden. Und verstricken sich dabei nur weiter in Abhängigkeit. »Sie wollen sich sehr lange ihren Traum erhalten«, sagt Familienanwältin Lore Maria Peschel-Gutzeit, »es sollte ja mal schön werden. Und dann bewahrheitet sich irgendwann auf eine schlimme Weise, was man auch schon Jahre vorher hätte merken können: Dass die Beziehung kaputt ist. Und auch die Frauen wissen dann, dass sie einem Traum hinterher gejagt sind.«[2]

Das Versprechen

Wie viele unserer Freundinnen sitzen da und klagen.

Die eine: »Wir haben doch am Anfang unserer Beziehung einen Pakt geschlossen, dass wir alles teilen. Die Haus- und die Kinderarbeit. Und kaum war das erste Kind da, hat er das vergessen. Und dann habe ich die ganzen Jahre alles alleine gemacht.«

Und warum, bitte schön?

»Natürlich hatte ich es oft satt und war sauer. Aber ich wollte doch unsere Ehe erhalten.«

Die andere: »Er hat mir doch versprochen, dass er weniger arbeitet und mehr Zeit für mich hat. Und jetzt hat er eine neue Abteilung übernommen und ist noch mehr unterwegs als vorher. Ich bin emotional richtig ausgehungert, und das schon seit Jahren.«

Und was willst du tun?

»Ich knirsche mit den Zähnen und warte, dass es irgendwann besser wird. Was bleibt mir schon übrig?«

Keine Liebe ohne Enttäuschung, keine Beziehung ohne gebrochene Versprechen. Doch wie weit geht unsere Bereitschaft, alles hinzunehmen?

Die Psychoanalytikerin Eva Jaeggi kennt diesen inneren Kampf aus ihrer eigenen Biographie. Sie weiß, wie lange sie früher selbst alles mitgemacht hat. Ihr Mann war Hochschullehrer, und jedes Mal, wenn er die Universität und damit die Stadt wechseln wollte, ging sie brav mit. Sie gab ihre Arbeit auf, brach alle Beziehungen ab, suchte sich in der neuen Stadt einen anderen Job.

Dann bekam ihr Mann einen Ruf nach Berlin und versprach ihr, diesen nur dann anzunehmen, wenn es auch für sie eine Stelle in der Stadt gebe. Er verhandelte mit der Universität und übernahm den Lehrstuhl – ohne sich weiter um sein Versprechen zu kümmern. Er war es ja gewohnt, dass sie sich das gefallen ließ und zurücksteckte. Und das tat sie ein weiteres Mal – wenn auch nicht mehr lange.[3]

Je abhängiger wir uns in der Beziehung gemacht haben, desto schwerer fällt es, einen Schlussstrich zu ziehen, wenn wir nicht mehr mitmachen wollen. Wie bei Eva Jaeggi kann es länger dauern, bis wir unsere Unterordnung nicht mehr ertragen. Und dann völlig frustriert unser kleines Nest in die Luft jagen. Oder es eben auch nicht tun. Weil wir zu ängstlich sind.

»Wenn man nicht tough ist, läuft einem der Mann davon.«

»Man ist schon überwiegend einsam und allein – hat tagsüber niemanden zum Reden ...«

»Wenn das Kind dann aus dem Haus ist, steht man eh alleine da.«

Aussagen von Müttern aus der Studie des Rheingold-Instituts Köln. Gerade Mütter, hat die Untersuchung festgestellt, sind besonders angstbelastet. Und eine der größten Ängste ist die vor dem Alleinsein, vor dem Verlassenwerden und der Einsamkeit. Die klassische weibliche Sorge, für den Mann nicht mehr attraktiv zu sein und ihn zu verlieren, treibe sie um, haben Frauen in den Interviews bekannt.[4]

Und weil alle das wissen, gibt es auch hier einen Markt, der nur darauf abzielt, Frauen in der Unsicherheit zu bestärken. Sie darauf zu trainieren, dass sie um die männliche Gunst buhlen. Kein Ratschlag ist peinlich genug, um nicht irgendwo als Wundermittel gegen angefrorene Liebe und Trennungsangst aufzutauchen. Das Rezept für den modernen Liebestrank reicht vom Kochen mit reichlich Pfeffer über den neuen Anstrich fürs Schlafzimmer bis zu sexy Dessous. All die Zeitschriften, die diesen Mist verbraten, ahnen, wie groß die Verzweiflung ist, sobald der Phantomschmerz sich meldet – und nutzen ihn schamlos aus.

Die hohen Scheidungsraten sind ein ständiges Menetekel. Doch wenn sie ihren eigenen Job, ihr eigenes Geld und keine

Kinder haben, sind Frauen weniger ängstlich sich zu trennen. »Solange Frauen ein selbstbestimmtes Leben führen«, meint Therapeutin Rosemarie Leinemann, »sind sie viel weniger bereit, Kompromisse zu machen. Wenn Kinder da sind, wird das natürlich viel schwieriger. Dabei geht es dann nicht nur um das Wohl der Kleinen. Meist haben die Frauen so viel an eigenem Leben aufgegeben, als die Kinder kamen, dass sie stark auf den Mann fixiert sind – finanziell, aber auch emotional.«[5]

Nehmen wir Karin. Karin ist Anfang fünfzig und hat zwei Kinder. Sie ist eine intelligente Person und hatte als junge Frau reichlich Chancen, ihr Leben nach eigenen Vorstellungen zu gestalten. Doch als sie ihren Mann traf, brach sie ihre Ausbildung ab, hat nie mehr gearbeitet, sich nur noch auf ihn und seine Karriere konzentriert. Die hat er dann auch gemacht, er ist erfolgreicher Steuerberater mit großem Büro. Er war der Mittelpunkt ihres Lebens, sie umkreiste und unterstützte ihn und zog dabei die Kinder groß.

Inzwischen hat ihr Mann sie verlassen. Und vielleicht wäre ihr selbst da noch nicht aufgefallen, dass sie es war, die entschieden hat, nur für andere zu leben. Es sind ihre Kinder, die sie jetzt mit der Nase drauf stoßen. Wie alle Kinder haben sie die allzeit bereite Mutter zwar genossen, doch das hindert sie nicht, ihr nun vorzuwerfen, dass sie nichts aus ihrem Leben gemacht habe. Warum hast du dich immer nur angepasst und untergeordnet? Hättest du nicht doch noch einen Beruf lernen können? Du warst doch auch fit genug für ein Studium.

Karin hört sich das an und erinnert sich nicht mehr, was sie zu Beginn ihrer Ehe gedacht hat, als sie ihr Leben so einrichtete. Wahrscheinlich nicht viel, meint sie heute.

Es gibt viele Gründe, warum Frauen sich in der Liebe unterordnen. Und noch immer glauben sie, dass eine ungleiche Beziehung der Garant dafür ist, den Partner zu halten. Als läge es nicht auch im Wesen von Herrschaftsverhältnissen, dass der Herrscher des beherrschten Objekts irgendwann überdrüssig wird, weil es ihm nichts mehr zu bieten hat.

Wie viele Männer, die eine Ehe mit klassischer Rollenverteilung führten – manchmal jahrzehntelang –, verlassen ihre Frau, weil sie ihnen angeblich nicht mehr das Wasser reichen kann? Er hat sich um seinen Beruf gekümmert, sie hat sich um ihn gekümmert. Er war draußen in der Welt, hat Erfahrungen gemacht und sich verändert. Sie war hauptsächlich drinnen, wo die Selbstbestätigung und die Anreize, sich weiterzuentwickeln, sehr viel spärlicher sind. Heraus kommt das hässlich banale Trennungsdrama, das sich in Mittelschichtmilieus laufend abspielt.

Das ist ungerecht und gemein – ganz klar. So ein Mann hat seine Frau benutzt – wahrscheinlich. Sie ist sein Opfer – ach, wirklich?

Der Betrug

Erst wenn das Trugbild einer Beziehung auseinanderfällt wie ein fauler Fisch, erst dann ahnen Frauen vielleicht, dass sie einem Selbstbetrug aufgesessen sind. Dass sie in ihren persönlichen und individuellen Entscheidungen einem Muster gefolgt sind, das sie in die Irre geführt hat. Dass sie ihre Eigenständigkeit geopfert haben, weil die alte Rolle sich so verführerisch gab. Vielleicht ahnen sie es. Doch gestehen sie es sich auch ein?

Eher kommt die Aggression. Häufig zu spät und oft mit dem falschen Ziel. Wenn eine Liebe am Ende ist, entdecken plötzlich auch Frauen, wie wütend sie sein können. Weil sie merken, dass sie eine Menge Lebenschancen verpasst haben, als sie in der Beziehung zurücksteckten und sich unterordneten.

Das könnten sie durchaus als Vorwurf gegen sich selbst richten und ihren Anteil an dem Schlamassel einräumen. Schließlich haben sie an der Grube mitgegraben, in die sie dann fielen. Doch viel lieber münzen sie ihre eigene Geschichte um und wenden sich rachsüchtig gegen den Mann. Sie fühlen sich nur noch als Opfer, weil sie etwas unwiederbringlich verloren haben. Bitter – aber hat sie jemand gezwungen?

Die Therapeutin: »Nach meiner Erfahrung kommen Frauen nicht auf die Idee: Hätte ich doch mal vor zwanzig Jahren auf den Tisch gehauen und mich durchgesetzt. Sie sind nur ungeheuer gekränkt, weil sie ihrem Mann doch seinen Freiraum gegeben, ihn versorgt, sich um alles gekümmert haben – und dann hat das alles nichts genützt, er hat sie dennoch betrogen. Daraus folgt eine unendliche Kette von Vorwürfen« (Rosemarie Leinemann).[6]

Die Analytikerin: »Die Trauer – warum hab ich nicht mehr gemacht aus meinen Möglichkeiten – ist nicht das dominante Thema für diese Frauen. Die eigene Verantwortung wird auch im Fall des Scheiterns nur schwer zugegeben« (Eva Jaeggi).[7]

Die Familienanwältin: »Es geht immer schief, wenn ich meinen Lebensplan als selbstbestimmte Frau nicht verfolge und einhalte. Das geht einfach schief! So eine Partnerschaft kann nicht halten. Das wissen viele Frauen am Anfang nicht. Frauen, wacht auf aus einem Traum, den man nicht träumen kann, der nicht zu einem guten Ende führt!« (Lore Maria Peschel-Gutzeit).[8]

Thea

Ich heiße Thea, bin zweiundfünfzig Jahre alt und habe einen Mann gegen meine Freiheit getauscht.

Das hab ich nicht zum ersten Mal gemacht. Als ich mit Anfang dreißig schwanger wurde und in der sechsten Woche war, habe ich mich von dem Vater des Kindes getrennt. Er wollte, dass wir sofort heiraten und zusammenziehen, das ging für mich aber gar nicht. Was hab ich damals für einen Ärger mit meiner Familie gekriegt, aber auch mit meinen Freundinnen. Wäre ich die Verlassene gewesen – kein Problem! Das hätten sie akzeptiert und mich wahrscheinlich bedauert. Aber dass ich als Schwangere den Vater meines Kindes in die Wüste schicke, weil ich ihn nicht heiraten will... Ne, das fanden alle daneben.

Ich habe meine Tochter die ersten Jahre ganz allein großgezogen und behaupte immer: Ich bin beruflich so erfolgreich geworden, nicht obwohl – sondern weil ich eine alleinerziehende Mutter war. Ich wollte der Kleinen schließlich alles bieten, da musste der Rubel einfach rollen. Ich lebe in München, bin Betriebswirtin und habe seit ein paar Jahren als Beraterin eine eigene Firma. Eines meiner schönsten Erlebnisse war, als ich eines Abends mal wieder spät nach Hause kam und meine Tochter eine neue Freundin zu Besuch hatte. »Und das ist meine Mutter!«, sagte sie zu dem Mädchen – mit so viel Stolz in der Stimme, dass ich dachte, sie stellt die Königin von England vor. Ich bin überzeugt, dass Kinder es toll finden, wenn ihre Mütter berufstätig sind und erfolgreich. Meiner Tochter jedenfalls hat es nicht geschadet, dass ich immer gearbeitet habe, im Gegenteil. Sie ist heute neunzehn Jahre alt und richtig gut aufgestellt. Und psychische Schäden, wie Kinder sie angeblich schnell bekommen, wenn die Mama nicht immer um sie rum ist, hat sie auch nicht.

Meine Tochter war vier, da habe ich mich in einen Mann mit zwei Kindern verliebt. Das eine Mädchen war acht, das andere sechs Jahre alt. Wir haben eine Patchwork-Familie gegründet und hatten über viele Jahre eine schöne Zeit. Nur beim Geld hakte es. Mein Freund verglich ständig, wer von uns beiden mehr verdiente. Mir war das egal, ich komme doch nicht auf die Idee, in einer Beziehung das Bruttojahreseinkommen zu vergleichen. Aber er fing immer wieder damit an und litt darunter, dass ich mehr nach Hause brachte als er.

Als meine Tochter elf war, wollte ich noch einmal richtig durchstarten und eine eigene Firma gründen. Lange Zeit hatte ich meinen Mann beruflich sehr unterstützt, jetzt wollte mal ich zwölf Stunden am Tag arbeiten, um das Unternehmen aufzuziehen. Da ging der Ärger los. Statt mir beim Start zu helfen, boykottierte er meine Anstrengungen. Ständig hatten wir deswegen Krach und schließlich eine richtige Beziehungskrise.
Irgendwann hat er mich dann vor die Entscheidung gestellt: Er oder meine Arbeit. Ich habe ihn gewarnt: Bring mich nicht in diese Situation, stell mich nicht vor die Alternative! Da hat er das Gespräch mit mir abgebrochen – und ich habe die Arbeit gewählt. Vor vier Jahren haben wir uns getrennt. Und das war auch gut so.

Die ersten zwei Jahre waren hart, ich hab wirklich unter der Trennung gelitten. Aber inzwischen geht's mir prima. Ich habe einen riesigen Freundeskreis, einen gut gehenden Job und freu mich des Lebens. Sogar die beiden Töchter meines Ex-Partners sind zurückgekehrt und wohnen bei mir. Anstrengend sind eigentlich nur die Leute um mich herum. Die fragen ständig: Möchtest du nicht wieder einen Mann? Ist es nicht blöd, so alleine? Als Frau ohne festen Partner darf man offenbar nicht glücklich sein.
Aber im Moment will ich keine neue Beziehung. Ich brauche noch eine Erholungspause. Beim ersten Konfliktgespräch mit einem

neuen Freund würde ich sofort anfangen zu würgen. Man muss schließlich auch allein leben können und herausfinden, dass das geht. Es ist eine absolute Beruhigung, zu merken, dass man dadurch nicht stirbt.

Einige meiner Freundinnen, die sich jetzt scheiden lassen, haben mich gefragt: Geht das denn ohne Mann? Und ich sage ihnen immer: Ohne Beziehung ist es genauso schön wie mit – es ist nur anders. Was nicht heißt, dass ich auf Dauer allein bleiben will. Ich bin überzeugt, dass ich wieder jemanden kennenlernen werde. Aber alles hat seine Zeit.

Das Kribbeln – zum Schluss

Liebessehnsucht, Liebesrausch, Liebesangst.

Was mit der Liebessehnsucht beginnt und sich im Liebesrausch fortsetzt, wird durch die Liebesangst besiegelt – die alte Geschlechterordnung. Unsere freiwillige Unterwerfung.

Da wollen wir aufgeklärte Zeitgenossinnen sein, frei und gleich, und doch schaffen wir es, diesen Anspruch mit unserem Verhalten ständig zu konterkarieren. Gerade in unserem privaten Bereich, mit unserem individuellen Verhalten reißen wir die Kluft auf zwischen unserem modernen Selbstverständnis und unserem gelebten Leben. Dort, wo wir die größte Freiheit haben, uns zu entwerfen, gerade dort beugen wir uns den Vorgaben uralter Muster. Gerade dort bauen wir eine Zwangskulisse auf, die uns angeblich alle Wahlmöglichkeiten nimmt.

Wir wollen unabhängig sein und doch wieder nicht. Unabhängigkeit macht Angst, weil sie allzu oft den Phantomschmerz von Einsamkeit und Verlust wachruft. Die Tiefenpsychologie hat versucht, die biographischen Erfahrungen aufzuspüren, die mit diesen Ängsten verknüpft sind. So beschreibt die New Yorker Psychoanalytikerin Jessica Benjamin, was passieren kann, wenn ein Kind um seine Unabhängigkeit gegenüber den Eltern kämpft.

»Eltern, die den Unabhängigkeitswillen ihres Kindes nicht

ertragen können, werden dem Kind das Gefühl geben, dass Einsamkeit nun einmal der Preis der Freiheit sei. Oder gar, dass Freiheit überhaupt nicht möglich sei. Wenn das Kind nicht auf den Beifall der Eltern verzichten kann, muss es eben seinen Willen aufgeben. Es ›entscheidet‹ sich, lieber brav und folgsam zu sein.«[1]

Wir sind brav und folgsam, weil wir den Preis der Freiheit nicht zahlen wollen. Weil wir glauben, nicht auf den Beifall verzichten zu können – von unserem Partner, unserer Familie, unserem Freundeskreis, dem gesellschaftlichen Umfeld. Weil wir die Angst nicht aushalten, dass wir dann vielleicht nicht mehr geliebt und geschätzt werden.

Die Angst vor Verlust bildet unsere Geiselmentalität in der Beziehung heraus. Sie flüstert uns ein, mit dem Geiselnehmer zu kooperieren und uns als dessen Komplizin zur Verfügung zu stellen. So werden wir zu Stellvertreterinnen einer Ordnung, die uns abwertet. Die Tradition ist unsere Zuflucht.

Aber es gibt ein Gegenprogramm. Die Möglichkeit. Die Lust an Neuem. Die Veränderung. Wenn wir einmal die Erfahrung gemacht haben, dass wir auch etwas bekommen, wenn wir unsere Angst besiegen, ist schon viel gewonnen. Wenn die Gewissheit, dass wir die Angst überleben, vom Kopf ins Herz und in den Bauch wandert, wächst auch der Mut. Wenn wir die Mauer wegsprengen, wartet dahinter nicht einfach Leere auf uns, sondern etwas Neues.

Schon lange wissen wir, dass das Private politisch ist. Aber das Politische ist eben auch privat. In unseren individuellen Entscheidungen spiegelt sich die Struktur einer männlich dominierten Gesellschaft – die alte Frage von Dominanz und Unterwerfung. Und dann zeigt sich, dass unsere angeblich persönlichen Entscheidungen durch überindividuelle Muster geprägt sind, mit denen wir die alten Spielregeln von Über- und Unterordnung befolgen. Rollenmuster, die sich uns eingeschliffen haben und uns deshalb trügerisch anheimelnd erscheinen. Muster, die das alte System aufrechterhalten und stabilisieren.

Wie sollen sich da die gesellschaftlichen Verhältnisse ändern? Wenn wir erkennen, dass das Politische privat ist, wird das Private auch wiederum politisch. Wenn wir dort Macht ausüben, wo wir sie haben, werden unsere persönlichen Entscheidungen gesellschaftlich relevant. Wenn Frauen sich deutlich anders verhalten, wird das durchschlagen auf das Verhalten der Männer und auch auf die Verhältnisse.

Nehmen wir den Weg in die traditionelle Rolle oder suchen wir nach Alternativen? Zu oft erkennen wir die Schnittstellen nicht, an denen wir darüber entscheiden, oder wir unterschätzen ihre Bedeutung. Im technischen Bereich sind Sollbruchstellen sensible Punkte, an denen ein Material reißen kann, wenn es falsch oder zu stark belastet ist.

Auch in unseren Biographien zeigen sich diese Sollbruchstellen. Hier ist die Gefahr besonders groß, dass unsere Vorstellungen von Selbstbestimmung und Autonomie zerbersten und wir eine Richtung einschlagen, in die wir nie wollten. Doch ob das passiert, ist unsere Sache. Denn wir können diese Bruchstellen erkennen, sie sind nicht nur eine Gefahr, sie sind auch eine Chance.

Längst ist nicht ausgemacht, dass wir den Mut zur Eigenständigkeit mit Einsamkeit zahlen. Diese Drohung dient der Einschüchterung. Vielleicht ist sie schlicht eine Lüge. Denn wer weiß denn, ob wir in Freiheit einer größeren Einsamkeit ausgesetzt sind als in unserer Ohnmacht?

Wir haben die Verantwortung. Und die Wahl.

Wir kennen es doch, dieses Kribbeln, wenn sich etwas bewegt. Die Unruhe, die uns erfasst, wenn wir aufbrechen. Vielleicht sind wir ängstlich, aber doch auch voller Erwartung. Es ist nicht das schlechteste Gefühl. »Ich glaube, dass ein Mensch sich ändern kann, solange er lebt«, sagt die Psychoanalytikerin Karen Horney.

Wollen wir willige Dienerinnen sein oder selbstbestimmt? Wollen wir die Verhältnisse, die uns klein halten, im Privaten weiter stabilisieren oder unsere Komplizenschaft aufkündigen? Wollen wir die Anpassung an traditionell weibliche Muster stets von Neuem betreiben oder nach alternativen Rollen suchen? Wollen wir das System stützen oder versuchen, es endlich aufzubrechen? Frauen besiegen lieber sich selbst als die Verhältnisse, heißt es, auch wenn die Verhältnisse die weibliche Selbstentwertung und -entwürdigung betreiben. Wer sagt, dass das immer so weitergehen muss?

Wollen wir frei und gleich sein?

Dann brauchen wir ein Pfund Mut statt einer Tonne Ausreden. Mut liegt nicht in den Genen, mutig sein lässt sich lernen. Das ist mühsam und vielleicht schmerzlich und ganz sicher nicht nur lustig und cool – aber ohne Wagnis wird das nichts mit der Selbstbestimmung. Wir können gleich damit anfangen. Freiwillige Unterwerfung ist nicht unser Schicksal. Freiheit kann frostig sein, aber auch herrlich beglückend. Der Schock der frischen kalten Außenwelt ist bestürzend – und wunderbar.

Danksagung

Das Schönste beim Buchschreiben ist die Danksagung. Wenn man sich all den Menschen noch einmal zuwenden kann, die bei der Verwirklichung des Projekts geholfen haben.

Da sind zunächst meine GesprächspartnerInnen, die mir ihre Geschichten erzählt und ihre Erfahrungen vermittelt haben. Danke für die Offenheit und das Vertrauen!

Da sind die WissenschaftlerInnen und ExpertInnen, die mich in Interviews und Hintergrundgesprächen an ihren Kenntnissen teilhaben ließen. Danke für Ihre Zeit und das Interesse!

Da sind die HelferInnen, die bei praktischen Fragen bereitgestanden und mich entlastet haben. Danke für Euren Einsatz!

Und da sind meine Agentin und meine Lektorin, die mir intensiv und ermutigend zur Seite standen. Danke für den Ansporn und Eure Hartnäckigkeit!

Meinem Liebsten, meiner Familie und den Freunden: Danke, dass Ihr mich immer bestärkt habt und einfach da wart!

Anmerkungen nach Kapiteln

Der Sog – zu Beginn

1 Jutta Allmendinger: Frauen auf dem Sprung. Wie junge Frauen heute leben wollen; Die Brigitte-Studie, München 2009.

2 Vgl. Pierre Bourdieu: Die männliche Herrschaft; Frankfurt am Main 2005, S. 8: »Ich habe immer in der männlichen Herrschaft und der Art und Weise, wie sie aufgezwungen und erduldet wird, das Beispiel schlechthin für diese paradoxe Unterwerfung gesehen, die ein Effekt dessen ist, was ich symbolische Gewalt nenne. Es ist jene sanfte, für ihre Opfer unmerkliche, unsichtbare Gewalt, die im Wesentlichen über die rein symbolischen Wege der Kommunikation und des Erkennens, oder genauer des Verkennens, des Anerkennens oder, äußerstenfalls, des Gefühls ausgeübt wird.«

3 Vgl. Pierre Bourdieu, a. a. O.

4 Vgl. Charlotte Raven: How the ›new feminism‹ went wrong; The Guardian 6. 3. 2010 (auf Deutsch erschienen in Süddeutsche Zeitung Magazin vom 6. 6. 2010 »That's why the Lady is a Tramp«).

Die Liebeslist

1 F. K. Waechter: Wahrscheinlich guckt wieder kein Schwein; Zürich 1989

2 In der Buchvorlage *Bridget Jones's Diary* von Helen Fielding ist das übrigens anders. Da träumt die Titelheldin zwar auch vom Märchenprinzen, aber befragt sich gleichzeitig immer wieder kritisch, was dieser Traum eigentlich mit ihrem Anspruch auf ein modernes Frauenleben zu tun hat.

3 Vgl. Karen Horney: Die Psychologie der Frau; Frankfurt am Main 1994.

4 Vgl. Beck/Beck-Gernsheim: Riskante Freiheiten. Individualisierung in modernen Gesellschaften; Frankfurt am Main 1994.
Ulrich Beck: Risikogesellschaft. Auf dem Weg in eine andere Moderne; Frankfurt am Main 1986.

5 Eva Jaeggi war viele Jahre Hochschullehrerin und hat Ende der neunziger

Jahre die Berliner Akademie für Psychotherapie mit aufgebaut, eine Ausbildungsstätte für Therapeuten, die auch als Jaeggi-Institut bekannt ist.

6 Vgl. u. a. Eva Jaeggi: Liebe lieber ungewöhnlich; Düsseldorf 2002; Dies.: Liebesglück – Beziehungsarbeit; Reinbek 1999; Dies.: Zu heilen die zerstoßenen Herzen; Reinbek 1995.

7 Prof. Dr. Eva Jaeggi im Interview mit der Autorin.

8 Prof. Dr. Klaus Hurrelmann im Interview mit der Autorin.

9 Im Sinne Niklas Luhmanns ist Liebe ein Code, mit dem Sachverhalte kommuniziert und in einen Kontext gestellt werden. Soziologisch betrachtet werden zwei Menschen nicht deswegen zum Paar, weil sie sich lieben; sondern wenn sie ein Paar sein wollen, müssen sie ihre Beziehung als Liebe bezeichnen und nach innen und außen so darstellen. Dabei unterliegen Form und Inhalt des Liebescodes dem gesellschaftlichen Wandel.

Vgl. auch Christine Wimbauer u. a.: Prekäre Balancen – Liebe und Geld in Paarbeziehungen; Leviathan Sonderheft 21/2002, S. 263 ff.

10 Vgl. Elisabeth Badinter: Ich bin Du. Die neue Beziehung zwischen Mann und Frau oder Die androgyne Revolution; München 1987.

11 Laut Bericht des Statistischen Bundesamts aus dem Jahr 2009 lag die Scheidungsrate in der Bundesrepublik 2008 um die 30 Prozent und war gegenüber dem Vorjahr leicht gestiegen.

12 Laut Bericht des Statistischen Bundesamts aus dem Jahr 2009 haben sich 377 000 Paare im Jahr 2008 trauen lassen. Im Vergleich zum Vorjahr ist die Anzahl der Eheschließungen gestiegen.

13 Dr. Rosemarie Leinemann im Interview mit der Autorin.

14 Eva Jaeggi im Interview mit der Autorin.

15 Jessica Benjamin: Die Fesseln der Liebe. Psychoanalyse, Feminismus und das Problem der Macht; New York 1988. Basel/Frankfurt am Main 1990

Als ich die »Fesseln der Liebe« zum ersten Mal las, war ich begeistert. Seit Jahren beschäftige ich mich mit der Frage, warum Frauen immer wieder alten Rollenmustern erliegen, obwohl sie sich doch als frei und gleich verstehen. Jessica Benjamin hat mir mit ihren tiefenpsychologischen Erklärungsansätzen an mancher Stelle den Kopf geklärt. Besonders gut gefällt mir, dass sie die Verhältnisse nicht einfach beklagt, sondern sie ändern will, dass sie an die Möglichkeit zum Besseren glaubt. Sie will Frauen ermutigen – und spricht mir damit aus der Seele.

16 Das Bürgerliche Gesetzbuch (BGB) trat am 1. Januar 1900 in Kraft und hatte Gültigkeit für das gesamte Reichsgebiet.

17 Dr. Lore Maria Peschel-Gutzeit im Interview mit der Autorin.

18 Rosemarie Leinemann im Interview mit der Autorin.

19 Frauke Narjes im Interview mit der Autorin.

20 Julia Niemann: Die verlassenen Macchiato-Mütter, die tageszeitung taz 17./18.7.2010.

21 Eva Jaeggi im Interview mit der Autorin.

22 Lore Maria Peschel-Gutzeit im Interview mit der Autorin.

23 Vgl. Philipp Reemtsma: Im Keller; Hamburg 1997.

Rolf Köthke: Das Stockholm-Syndrom. Eine besondere Betrachtung des Verhältnisses von Geiselnehmer und Geisel. In: Praxis der Rechtspsychologie 9, 1999.

Arnold Wieczorek: Das sogenannte Stockholm-Syndrom. Zur Psychologie eines polizeilich viel beachteten Phänomens; In: Kriminalistik 57, 2003.

24 Vgl. Frauke Koher: Gewalt, Aggression und Weiblichkeit; Hamburg 2007.

Monika Henn: Die Kunst des Aufstiegs. Was Frauen in Führungspositionen kennzeichnet; Frankfurt am Main 2008.

25 Lore Maria Peschel-Gutzeit im Interview mit der Autorin.

26 Rosemarie Leinemann im Interview mit der Autorin.

27 Croson/Gneezy: Gender Differences in Preferences. In: Journals of Economic Literature 2009.

28 Lore Maria Peschel-Gutzeit im Interview mit der Autorin.

29 Lore Maria Peschel-Gutzeit im Interview mit der Autorin.

30 Maja Storch: Die Sehnsucht der starken Frau nach dem starken Mann; München 2002.

31 Jens Weidner, Professor für Erziehungswissenschaften und Kriminologie, ist Aggressionsexperte und Managementtrainer. In seinem Buch *Die Peperoni-Strategie* (Frankfurt am Main/New York 2005) zeigt er auf, wie man Rückgrat und Courage entwickeln kann.

Die Modellzucht

1 Vgl. Josy Wübbchen: Ausbeutung. Casting-Idole und ihre Wirkung, Zapp – Das Medienmagazin 25.11.2009.

2 Vgl. Charlotte Raven: How the ›new feminism‹ went wrong; The Guardian 6.3.2010, a. a. O.

3 Laut Angaben der *Brigitte*-Chefredaktion hatte die Zeitschrift im November 2010 in ihrer Datenbank 26 946 Model-Bewerberinnen.

4 MTV »I want a famous face«; Pro Sieben »The Swan«.

5 Vgl. Jörg Thomann: Die Rückkehr des Sexismus. Frauenquälen für die ganze Familie; Frankfurter Allgemeine Sonntagszeitung 7.2.2010.

6 Thomas Tuma: Das Achselhöhlengleichnis, Der Spiegel 5.5.2008.

7 Charlotte Roche, Spiegel online 14.11.2010.

8 »Eigentlich sollte ich Philosophie studieren« Interview mit Kylie Minogue, Süddeutsche Zeitung Magazin 25.8.2000.

9 Prof. Dr. Christiane Nüsslein-Volhard im Interview mit der Autorin.

10 Vgl. Fred Grimm: Schluss mit süß, Süddeutsche Zeitung 17.6.2005.

11 Internationale Filmfestspiele in Berlin 2007.

12 Marion Knaths im Interview mit der Autorin.

13 Christiane Nüsslein-Volhard im Interview mit der Autorin.

14 Vgl. Bründel/Hurrelmann: Konkurrenz, Karriere, Kollaps. Männerforschung und der Abschied vom Mythos Mann; Stuttgart 1999, S. 9 ff.

15 Marion Knaths im Interview mit der Autorin.

16 Marion Knaths im Interview mit der Autorin.

17 Prof. Dr. Franziska Lamott im Interview mit der Autorin.

18 Daniela Rastetter: Mikropolitisches Handeln von Frauen. In: Haubl/Daser (Hrsg.): Macht und Psyche in Organisationen, Göttingen 2007.

19 Frauke Narjes im Interview mit der Autorin.

20 Franziska Lamott im Interview mit der Autorin.

21 Grimm/Müller/Rhein: Porno im Web 2.0. Die Bedeutung sexualisierter Web-Inhalte in der Lebenswelt von Jugendlichen; Berlin 2010.

22 Natasha Walter: Living Dolls. The Return of Sexism; London 2010.

23 Charlotte Raven: How the ›new feminism‹ went wrong; The Guardian. 6. 3. 2010, a.a.O.

24 a.a.O.

25 Jessica Benjamin: Die Fesseln der Liebe; Basel/Frankfurt am Main 1990, S. 88.

26 a.a.O., S. 87.

27 Vgl. Bründel/Hurrelmann, a.a.O., S. 16f.

28 Vgl. Judith Butler, a.a.O.; Bründel/Hurrelmann, a.a.O.; Hurrelmann/Grundmann/Walper (Hrsg.): Handbuch Sozialisationsforschung; 7. Auflage, Weinheim 2008.

Christiane Micus-Loos: Familien als Orte der Herausbildung, Tradierung und Veränderung von Geschlechtlichkeit. In: Bulletin Texte 26 »Warum noch Familie?«, hrsg. vom Zentrum für interdisziplinäre Frauenforschung Berlin, S. 1–13.

Micus-Loos/Schütze: Gender in der Familienerziehung. Forschungsergebnisse und Handlungsstrategien. In: Glaser (Hrsg.): Handbuch Gender und Erziehungswissenschaft; Bad Heilbrunn 2004, S. 349–361.

Nancy Chodrow: Das Erbe der Mütter. Psychoanalyse und Soziologie der Geschlechter; München 1985.

Ulrike Schmauch: Anatomie und Schicksal. Zur Psychoanalyse der frühen Geschlechtersozialisation; Frankfurt am Main 1987.

29 Vgl. Susan Pinker: Das Geschlechter-Paradox. Über begabte Mädchen, schwierige Jungs und den wahren Unterschied zwischen Männern und Frauen; München 2008.

30 Vgl. u.a. Kirsten Jordan: Gehirn und Geschlecht. So einfach ist das nicht; Die Wochenzeitung WOZ 22.1.2009.

Vgl. Sigrid Schmitz: Sex, gender, and the brain – biological determinism versus socio-cultural constructivism. In: Klinge/Wiesemann (eds.): Sex and Gender in Biomedicine. Theories, Methodologies, Results; Göttingen 2010, S. 57–76.

Sigrid Schmitz: Frauen- und Männergehirne. Mythos oder Wirklichkeit? In: Ebeling/Schmitz (Hrsg.): Geschlechterforschung und Naturwissenschaften. Einführung in ein komplexes Wechselspiel; Wiesbaden 2006; S. 211–234.

31 Vgl. Kirsten Jordan, a.a.O.

Die Neurowissenschaftlerin Kirsten Jordan arbeitet am Lehrstuhl für forensische Psychiatrie und Psychotherapie der Universitätsmedizin Göttingen. In ihrer Forschung beschäftigt sie sich mit der Frage, wie biologische und soziale Faktoren das Denken geschlechtsspezifisch beeinflussen.

32 Debatte im niedersächsischen Landtag, Hannover am 10. 3. 2010.

33 Eva Herman, KOPP-Online 15. 1. 2010.

34 Bründel/Hurrelmann, a. a. O.

35 Klaus Hurrelmann im Interview mit der Autorin.

36 Jutta Allmendinger: Frauen auf dem Sprung. Wie junge Frauen heute leben wollen. Die Brigitte-Studie; München 2009.

37 Vgl. auch Tobias Rapp: Das Prinzip Maßlosigkeit, Spiegel-Online 26. 7. 2010.

38 Klaus Hurrelmann im Interview mit der Autorin.

Das Kümmersyndrom

1 Vgl. die Homepage des Kabarettisten www.horstschroth.de

2 Horst Schroth, zitiert nach Reinhard Mohr: Die Zivilisierung des männlichen Affen, Der Spiegel 26/2008.

3 Obwohl sich am Verhalten der Männer in Sachen Hausarbeit wenig zum Besseren geändert hat (vgl. den Familienreport 2010 des Bundesfamilienministeriums), wird das immer wieder in den Medien behauptet. So zum Beispiel in einem Artikel der Süddeutschen Zeitung vom 28. 5. 2009 unter der Überschrift »Die Arroganz des weiblichen Begehrens«, in dem es um die Frage geht, warum Frauen heute unglücklicher sind als früher. Da heißt es: »Es mag an der Doppelbelastung liegen … Aber das allein kann es auch nicht sein, denn die Männer helfen heute mehr mit als je zuvor … was doch zu einer sanften, aber doch leichten Zunahme des weiblichen Glücks führen müsste.«

4 Institut für Demoskopie Allensbach: Familienmonitor 2009.

5 ebd.

6 Rohmann/Schmohr/Bierhoff: Aufteilung der Hausarbeit, verletzte Erwartungen und Beziehungsqualität. In: Zeitschrift für Familienforschung 2/2002, S. 133–152.

7 Volz/Zulehner: Männer in Bewegung. Zehn Jahre Männerentwicklung in Deutschland; Baden-Baden 2009.

8 Bundesministerium für Familie, Senioren, Frauen und Jugend: Familienreport 2010. Leistungen – Wirkungen – Trends; Berlin 2010.

9 ebd.

10 Germaine Greer: Die ganze Frau. Körper – Geist – Liebe – Macht; München 2000.

11 Rosemarie Leinemann im Interview mit der Autorin.

12 Im Westen sind das inzwischen über neun, im Osten über fünfzehn Prozent der Frauen in Paarhaushalten. Vgl. Brehmer/Klenner/Klammer: Frauen sorgen fürs Geld – und für die Familie. In: Böckler Impuls 11/2010, S. 6–7.

13 a. a. O.

14 Rosemarie Leinemann im Interview mit der Autorin.

15 Vgl. Wassilios Emmanuel Fthenakis. In: Die Frauen-Falle, Spiegel 17/2006.

16 Christiane Nüsslein-Volhard im Interview mit der Autorin.

17 Jan Sternberg: Hotel Mama, Die Zeit 3/2006.

18 Rheingold-Institut: Die deutsche Angst vorm Kinderkriegen; Köln 2010.

19 Vgl. Heinz Bude: Selbständigkeit und Sorge. In: Merkur, 64. Jahrgang, Heft 736/737, September/Oktober 2010, S. 935–943.

20 Vgl. Bundesministerium für Familie, Senioren, Frauen und Jugend. Familienreport 2010, Berlin 2010.

21 Vgl. Wengler et.al.: Partnerschaftliche Arbeitsteilung und Elternschaft; Wiesbaden 2008.

22 Vgl. ebd.

23 Vgl. Volz/Zulehner, a.a.O.

24 Vgl. ebd.

25 Vgl. Fthenakis/Minsel (Hrsg.): Die Rolle des Vaters in der Familie; Stuttgart 2002.

26 Vgl. Bundesfamilienministerium (Hrsg.): Einstellungen und Lebensbedingungen von Familien; Berlin 2009.

27 Vgl. Bundesministerium für Familie, Senioren, Frauen und Jugend: Familienreport 2010, Berlin 2010.

28 Vgl. Bertram/Spieß: Ravensburger Elternsurvey; Ravensburg 2010.

29 Vgl. Lisa Ortgies: Heimspiel. Plädoyer für die emanzipierte Familie; München 2009.

30 Eva Jaeggi im Interview mit der Autorin.

31 Rosemarie Leinemann im Interview mit der Autorin.

32 Vgl. Bertram/Spieß: Ravensburger Elternsurvey; a.a.O.

33 Jutta Allmendinger: Frauen auf dem Sprung; a.a.O.

34 Einige Soziologen beurteilen die Entwicklung der Männer positiver. Sie glauben, seit einigen Jahren eine Trendwende ausgemacht zu haben – hin zum Typ des Vaters als Erzieher, der sich verstärkt für seine Kinder engagiert. Für Wissenschaftler mag ein Fortschritt durchaus messbar sein, doch angesichts der aktuellen Zahlen des Bundesfamilienministeriums ist er wohl noch langsamer als eine Schnecke und in der Praxis schwer zu entdecken.

Vgl. u.a. Heinz Walter (Hrsg.): Männer als Väter; Gießen 2002.

Fthenakis/ Minsel: Die Rolle des Vaters in der Familie; a.a.O.

35 Vgl. Wassilios Fthenakis. In: Trennungsgrund Kind. Wenn Paare am Elternsein scheitern; Das Brigitte Dossier 16/2010.

36 Dr. med. Edith Beckmann im Interview mit der Autorin.

37 Vgl. Stevenson/Wolfers: The Paradox of Declining Female Happiness. In: American Economic Journal: Economic Policy 2009, S. 190–225.

Vgl. Kahneman/Krueger: Developments in the Measurement of Subjective Well-Being. In: Journal of Economic Perspectives Vol. 20, No 1, 2006, S. 3–24.

Das Hormonkomplott

1 Christa Müller, zitiert nach Sebastian Fischer: Mission Mama, Spiegel Online 11.2.2008.

2 ebd.

3 »Klar schaue ich Sibel auf den Hintern«. Bushido in einem Doppelinterview mit der Schauspielerin Sibel Kekilli:

Welt online: An den Texten haben viele Anstoß genommen. Da ging es auf eine Art um Gewalt gegen Frauen, die man etwas zweifelhaft finden kann.

Bushido: Welcher Text soll das sein?

Welt online: »Mit der Rechten werd ich wichsen, mit der Linken dich schlagen.«

Bushido: Das stammt von 1999! Aber ich sage es ehrlich, ich habe schon mal eine Frau geschlagen.

Kekilli: Bushido!

Bushido: Ich hatte einen Grund.

Kekilli: Es gibt keinen Grund, eine Frau zu schlagen!

Bushido: Pass mal auf: Es ist doch ein Unterschied, ob einer seine Ehefrau zu Hause jeden Tag kaputt schlägt. Das macht man nicht, Punkt. Aber wenn ich in einer Disco bin und eine Frau sagt: »Pass mal auf, du Hurensohn ...« – dann hau ich ihr auf die Fresse. WELT ONLINE 10. 2. 2010

4 ebd.

5 Bushido, In: »Zeiten ändern dich«: Bushido als doppeltes Muttersöhnchen, bild.de 4.2.2010.

6 Vgl. Tobias Rapp: Alle außer Mutti, die tageszeitung taz 8. 3. 2006.

7 Vgl. Bründel/Hurrelmann: Konkurrenz, Karriere, Kollaps; a. a. O.

8 Vgl. u. a. Simone de Beauvoir: Das andere Geschlecht; Reinbek 1951.

Elisabeth Badinter: Die Mutterliebe; München 1991;

dies.: Der Konflikt; München 2010.

Judith Butler: Das Unbehagen der Geschlechter; Frankfurt am Main 1991.

Barbara Vinken: Die Deutsche Mutter. Der lange Schatten eines Mythos; München 2001.

Michiko/Saal (Hrsg.): Transkulturelle Genderforschung. Ein Studienbuch zum Verhältnis von Kultur und Geschlecht; Wiesbaden 2007.

Germaine Greer: Die ganze Frau; München 2000.

Shari Thurer: Mythos Mutterschaft; München 1995.

9 F. K. Waechter: Wahrscheinlich guckt wieder kein Schwein; Zürich 1989.

10 Daran ist auch die Frauenbewegung nicht unschuldig. Ein Teil der Bewegung entdeckte in den siebziger Jahren die Mutterschaft als Kern der Weiblichkeit und wollte von der Kritik, dass in ihr auch eine Ursache der jahrtausendealten Unterdrückung liegt, nichts mehr wissen.

11 Lore Maria Peschel-Gutzeit im Interview mit der Autorin.

12 Rheingold-Institut: Die deutsche Angst vorm Kinderkriegen; Köln 2010.

13 Eva Jaeggi im Interview mit der Autorin.

14 Die französische Philosophin Elisabeth Badinter, die sich intensiv mit diesen Fragen beschäftigt hat, beschreibt die Zurichtung zur Mutter sehr drastisch: »Was für eine kinderlose Frau legitim ist, ist es nicht mehr, sobald ein Kind da ist. Die Sorge um sich selbst muss der Selbstaufgabe weichen, und auf das ›ich will alles‹ folgt das ›ich bin ihm alles schuldig‹.« Elisabeth Badinter: Der Konflikt. Die Frau und die Mutter; München 2010, S. 25.

15 Vgl. Bundesministerium für Familie, Senioren, Frauen und Jugend: Familienreport 2010. Leistungen – Wirkungen – Trends; Berlin 2010.

16 Lore Maria Peschel-Gutzeit im Interview mit der Autorin.

17 Rheingold-Institut: Die deutsche Angst vorm Kinderkriegen; Köln 2010.

18 Edith Beckmann im Interview mit der Autorin.

19 Vgl. Elisabeth Badinter: Der Konflikt; a. a. O.

20 Barbara Vinken: Mythos deutsche Mutter. In: Deutscher Juristinnenbund (djb) – Aktuelle Informationen 1/2006, S. 17–20; vgl. dies.: Die deutsche Mutter. Der lange Schatten eines Mythos; München 2001.

21 Vgl. Alexander Kubis u. a.: Kinder, Karriere, Kompromisse: Wie der Nachwuchs die Arbeitsmarktpartizipation und Karrierechancen von Müttern beeinflusst. In: Wirtschaft im Wandel 11/2009, S. 462–471.

22 ebd.

23 Volz/Zulehner: Männer in Bewegung; a. a. O.

24 Vgl. Bundesministerium für Familie, Senioren, Frauen und Jugend: Familienreport 2010, Berlin 2010.

25 Mit großen Plakatwänden warb die Bundesregierung 2007 für die Beteiligung der Väter an der Elternzeit. Darauf war eine Schwangere zu sehen und der Spruch: »Bei Mama lerne ich krabbeln, bei Papa dann laufen.« Schon an diesem Punkt zeigt sich, dass die Elternzeit nie darauf angelegt war, beide Elternteile gleichberechtigt einzubeziehen: Die ersten zehn Monate bis zum Krabbelalter soll selbstverständlich die Mutter zuständig sein, der Vater darf dann für kurze Zeit übernehmen – und nicht zufällig, wenn das Kind den aufrechten Gang lernt.

26 Vgl. Svenja Pfahl: Das neue Elterngeld – Erfahrungen und betriebliche Nutzungsbedingungen von Vätern; Düsseldorf 2009.

27 Edith Beckmann im Interview mit der Autorin.

28 Rosemarie Leinemann im Interview mit der Autorin.

29 Rosemarie Leinemann im Interview mit der Autorin.

30 Lore Maria Peschel-Gutzeit im Interview mit der Autorin.

31 Aus psychoanalytischer Sicht beteiligte sich auch die Hamburger Psychoanalytikerin Ann Kathrin Scheerer an dieser Debatte. Als das Bundesfamilienministerium 2009 verkündete, Deutschland solle zum »Krippenland« werden, sah die Analytikerin die armen Kinder schon scharenweise in der Psychiatrie verschwinden. Sie fühlte sich zu einer öffentlichen Warnung verpflichtet. Aus Verantwortung gegenüber unserer Geschichte dürften gerade wir Deutschen es uns mit dem Mutterbild nicht so einfach machen, wie es unsere europäischen Nachbarn tun, forderte Ann Kathrin Scheerer. Statt das Risiko einer Krippenbetreuung einzugehen, müsse die deutsche Mutter ihr hartes Los akzeptieren. Sie solle Selbstaufgabe trainieren und ihre Überforderung durch das Kind demütig annehmen. Vgl. Ann Kathrin Scheerer: Krippenbetreuung als ambivalentes Unternehmen. In: Psychoanalyse Aktuell 2009.

Ähnlich verquast argumentieren *FAZ*-Herausgeber Frank Schirrmacher, der *Spiegel*-Autor Matthias Matussek, der Verfassungsrichter Udo di Fabio, der Geschlechterforscher Gerhard Amendt, der Soziologe Norbert Bolz und die ehemalige Fernsehfrau Eva Herman. Sie alle quälen die deutsche Öffentlichkeit immer wieder mit ihren Ansichten zur Kinderlage der Nation, behaupten, dass es die deutsche Frau als Mutter richten könne, wenn sie sich nur endlich mal wieder besinne und ihrem Gebärwillen folge.

32 Simone de Beauvoir: Das andere Geschlecht; a. a. O.

33 Judith Butler: Das Unbehagen der Geschlechter; a. a. O.

34 Vgl. Kahneman/Diener/Schwarz (Hrsg.): Well-Being: The Foundations of Hedonic Psychology; New York 2003.

35 Vgl. Luis Angeles: Children and Life Satisfaction; In: Journal of Happiness Studies Vol. 11, No. 4, 2009, S. 523–538.

36 Jennifer Senior: All joy and no fun; New York Magazin 4.7.2010.

37 Franziska Lamott im Interview mit der Autorin.

38 Elisabeth Badinter: Der Konflikt; a. a. O., S. 24.

39 Christiane Nüsslein-Volhard im Interview mit der Autorin.

40 Elisabeth Badinter: Die Mutterliebe; a. a. O.

41 Zitiert nach Badinter, a.a.O., S. 58 f.

42 Vgl. Jutta Hoffritz: Aufstand der Rabenmütter; München 2008.

43 Hartaberfair; WDR-Fernsehen 21.11.2005.

44 Der Spiegel 26/2008; S. 46.

45 Elisabeth Badinter: Der Konflikt; a. a. O.

46 Vgl. Mae/Saal (Hrsg.): Transkulturelle Genderforschung; Wiesbaden 2007.
Vgl. Leibfried/Wagschal (Hrsg.): Der deutsche Sozialstaat; Frankfurt am Main/New York 2000.

47 Barbara Vinken: Mythos deutsche Mutter; a. a. O.

48 Frauke Narjes im Interview mit der Autorin.

Die Komfortzone

1 Heide Oestreich: »Der Sex wird auch besser«. Interview mit Susanne Klingner, die tageszeitung taz 22.3.2008.

2 ZEIT Campus, März/April 2010.

3 Stefan Woinoff: Überlisten Sie Ihr Beuteschema; München 2007.

4 Hat der Mann ein höheres Gehalt, lohnt es sich finanziell häufig nicht, dass die Frau arbeitet, weil das Paar durch das Ehegattensplitting am Ende nicht oder nicht sehr viel mehr Geld zur Verfügung hat, als wenn die Frau zu Hause bleibt.

5 Christiane Nüsslein-Volhard im Interview mit der Autorin.

6 Vgl. Brehmer/Klenner/Klammer: Familienernährerinnen – unter welchen Umständen lebt die Familie vom Einkommen der Frau? In: Böckler Impuls 11/2010.

7 Vgl. zu diesem Phänomen Pierre Bourdieu: Die männliche Herrschaft; Frankfurt am Main 2005, S. 67.

8 Unter anderem durch das Ehegattensplitting. Bei der ersten rot-grünen Koalition auf Bundesebene 1998 stand dessen Abschaffung im Regierungsprogramm, weil es die Hausfrauenehe fördere. Doch nichts ist passiert.

Die konservativen Beharrungskräfte waren selbst bei dieser Regierungskonstellation zu stark. Für die derzeitige schwarz-gelbe Regierung ist die Abschaffung noch nicht mal ein Thema. Das Ehegattensplitting diene, so Finanzminister Wolfgang Schäuble, »der Förderung der Ehe, insbesondere im Hinblick auf ihre bleibende Bedeutung als typische Grundlage der Familie mit Kindern«. Da geschieht es ihm recht, dass nun auch die Lesben und Schwulen in eingetragener Partnerschaft die finanziellen Vorteile des Splittings für sich beanspruchen – was der CDU weder ideologisch noch ökonomisch passt.

9 Eva Jaeggi im Interview mit der Autorin.

10 Jutta Allmendinger im Interview mit der Autorin.

11 Bundesministerium für Familie, Senioren, Frauen und Jugend: Familienreport 2010; Berlin 2010.

12 Marion Knaths im Interview mit der Autorin.

13 Statistisches Bundesamt: Mikrozensus 2008.

14 Im Jahr 2008 gingen über siebzig Prozent der erwerbstätigen Mütter mit minderjährigen Kindern einer Teilzeittätigkeit nach. 1998 war es erst gut die Hälfte. 2008 waren siebenundachtzig Prozent aller Teilzeitbeschäftigten Frauen. Statistisches Bundesamt: Mikrozensus 2008.

15 Bundesministerium für Familie, Senioren, Frauen und Jugend: Familienreport 2010, a. a. O.

16 Vgl. Brehmer/Klenner/Klammer: Familienernährerinnen – unter welchen Umständen lebt die Familie vom Einkommen der Frau? In: Böckler Impuls 11/2010.

17 Klaus Hurrelmann im Interview mit der Autorin.

18 »Der Beruf ermöglicht grundlegende Sozialerfahrungen, er fördert die Persönlichkeitsentwicklung und prägt in der Auseinandersetzung mit der Arbeitstätigkeit das eigene Leben, gibt (in der Idealvorstellung) Sicherheit und ist der soziale Ort, an dem Beziehungen gestiftet werden und Kommunikation erfolgen kann.« Bründel/Hurrelmann: Konkurrenz, Karriere, Kollaps; a. a. O., S. 51.

19 Jutta Allmendinger im Interview mit der Autorin.

20 Heinz Bude: Selbstständigkeit und Sorge. In: Merkur, 64. Jahrgang, Heft 736/737, September/Oktober 2010, S. 935–943.

21 Vgl. Bründel/Hurrelmann: Konkurrenz, Karriere, Kollaps; a. a. O.

22 »Nur 17 Prozent der Frauen glauben, dass die Gesellschaft keine Unterschiede zwischen Hausfrauen und berufstätigen Frauen macht. 44 Prozent der Frauen gehen davon aus, dass Berufstätigkeit für eine Frau unabdingbar ist, um gesellschaftliches Prestige zu erringen.« Barbara Vinken: Mythos deutsche Mutter. In: Deutscher Juristinnenbund (djb) – Aktuelle Informationen 1/2006, S. 17–20.

23 Lore Maria Peschel-Gutzeit im Interview mit der Autorin.

24 Edith Beckmann im Interview mit der Autorin.

25 Bundesministerium für Familie, Senioren, Frauen und Jugend: 7. Familienbericht 2006, Berlin 2006.

26 Frauke Narjes im Interview mit der Autorin.

27 Lore Maria Peschel-Gutzeit im Interview mit der Autorin.

28 Nach wie vor sind Frauen in den sog. Mint-Fächern – Mathematik, Natur-wissenschaft, Technik – kaum vertreten, obwohl die als Zukunftsbereiche gelten.

29 Zu diesen Erkenntnissen ist u. a. die Unternehmensberatung Accenture gekommen. Vgl. deren Studie The Anatomy of the Glass Ceiling. Barriers to Women's Professional Advancement; Bericht 2006.

30 Jutta Allmendinger im Interview mit der Autorin.

31 Vgl. Allmendinger u. a.: Perspektive Wiedereinstieg; a. a. O.

32 Anna Gwosch im Interview mit der Autorin.

33 Christiane Nüsslein-Volhard im Interview mit der Autorin.

34 Christiane Nüsslein-Volhard im Interview mit der Autorin.

35 Anna Gwosch im Interview mit der Autorin.

36 Vgl. Allmendinger u. a.: Perspektive Wiedereinstieg; a. a. O.

37 Vgl. Walther/Lukoschat: Kinder und Karrieren. Die neuen Paare; Gü-tersloh 2008.

38 Anna Gwosch im Interview mit der Autorin.

39 Klaus Hurrelmann im Interview mit der Autorin.

40 Jutta Allmendinger im Interview mit der Autorin.

Der Phantomschmerz

1 Vgl. Karen Horney: Die Psychologie der Frau; Frankfurt am Main 1994

2 Lore Maria Peschel-Gutzeit im Interview mit der Autorin.

3 Eva Jaeggi im Interview mit der Autorin.

4 Rheingold-Institut: Die deutsche Angst vorm Kinderkriegen; Köln 2010.

5 Rosemarie Leinemann im Interview mit der Autorin.

6 Rosemarie Leinmann im Interview mit der Autorin.

7 Eva Jaeggi im Interview mit der Autorin.

8 Lore Maria Peschel-Gutzeit im Interview mit der Autorin.

Das Kribbeln – zum Schluss

1 Jessica Benjamin: Die Fesseln der Liebe. Psychoanalyse, Feminismus und das Problem der Macht; Basel/Frankfurt am Main 1990, S. 38.

Bibliographie

Allmendinger, Jutta: Frauen auf dem Sprung. Wie junge Frauen heute leben wollen. Die Brigitte-Studie, München 2009.

Allmendinger, Jutta/Hennig, Marina/Stuth, Stefan: Perspektive Wiedereinstieg. Die Potenziale nicht erwerbstätiger Frauen auf dem Arbeitsmarkt, Berlin 2009.

Asgodom, Sabine: Lebe wild und unersättlich! 10 Freiheiten für Frauen, die mehr vom Leben wollen, München 2007.

Badinter, Elisabeth: Ich bin Du. Die neue Beziehung zwischen Mann und Frau – oder: Die androgyne Revolution, München 1987.

Badinter, Elisabeth: Die Mutterliebe. Geschichte eines Gefühls vom 17. Jahrhundert bis heute, Zürich 1991.

Badinter, Elisabeth: Der Konflikt. Die Frau und die Mutter, München 2010.

Bauer-Jelinek, Christine: Die helle und die dunkle Seite der Macht, Wien-Klosterneuburg 2000.

Beauvoir, Simone de: Das andere Geschlecht. Sitte und Sexus der Frau, Reinbek bei Hamburg 1951.

Beck, Ulrich: Risikogesellschaft. Auf dem Weg in eine andere Moderne, Frankfurt am Main 1986.

Beck, Ulrich/Beck-Gernsheim, Elisabeth: Riskante Freiheiten. Individualisierung in modernen Gesellschaften, Frankfurt am Main 1994.

Becker-Schmidt, Regina/Knapp, Gudrun-Axeli: Feministische Theorien zur Einführung, Hamburg 2007.

Benjamin, Jessica: Die Fesseln der Liebe. Psychoanalyse, Feminismus und das Problem der Macht, Basel/Frankfurt am Main 1990.

Benz, Ute (Hrsg.): Frauen im Nationalsozialismus. Dokumente und Zeugnisse, München 1993.

Bertram, Hans/Spieß, C. Katharina: Ravensburger Elternsurvey. Elterliches Wohlbefinden – Erwartungen, Voraussetzungen und Unterstützung der elterlichen Ressourcen für die Zukunft des Kindes. Erste Auswertungen, Ravensburg 2010.

Bertrams, Annette (Hrsg.): Dichotomie, Dominanz, Differenz. Frauen platzieren sich in Wissenschaft und Gesellschaft, Weinheim 1995.

Bischoff, Sonja: Wer führt in (die) Zukunft? Männer und Frauen in Führungspositionen der Wirtschaft in Deutschland – die 5. Studie, Bielefeld 2010.

Bourdieu, Pierre: Die männliche Herrschaft, Frankfurt am Main 2005.

Braun, Christina von/Stephan, Inge (Hrsg.): Gender-Studien. Eine Einführung, Stuttgart/Weimar 2000.

Brehmer, Wolfram/Klenner, Christina/Klammer, Ute: Frauen sorgen fürs Geld – und die Familie. In: Böckler Impuls 11/2010, S. 6–7.

Brehmer, Wolfram/Klenner, Christina/Klammer, Ute: Wenn Frauen das Geld verdienen – eine empirische Annäherung an das Phänomen der »Familienernährerin«, Düsseldorf 2010.

Bründel, Heidrun/Hurrelmann, Klaus: Konkurrenz, Karriere, Kollaps. Männerforschung und der Abschied vom Mythos Mann, Stuttgart 1999.

Bude, Heinz: Selbstständigkeit und Sorge. In: Merkur, 64. Jahrgang, Heft 736/737, September/Oktober 2010, S. 935–943.

Bundesministerium für Familie, Senioren, Frauen und Jugend: Familienreport 2010. Leistungen – Wirkungen – Trends, Berlin 2010.

Bundesministerium für Familie, Senioren, Frauen und Jugend: Frauen in Führungspositionen. Barrieren und Brücken, Berlin 2010.

Bundesministerium für Familie, Senioren, Frauen und Jugend: Perspektive Wiedereinstieg. Ziele, Motive und Erfahrungen von Frauen vor, während und nach dem beruflichen Wiedereinstieg, Berlin 2010.

Butler, Judith: Das Unbehagen der Geschlechter. Frankfurt am Main 1991.

Butler, Judith: Psyche der Macht. Das Subjekt der Unterwerfung, Frankfurt am Main 2001.

Croson, Rachel/Gneezy, Uri: Gender Differences in Preferences. Journals of Economic Literature Vol. 47, No. 2, June 2009, S. 448–474.

Dackweiler, Regina-Maria/Hornung, Ursula (Hrsg.): Frauen – Macht – Geld. Forum Frauen- und Geschlechterforschung Band 17, Münster 2003.

Dorn, Thea: Die neue F-Klasse. Wie die Zukunft von Frauen gemacht wird, München 2006.

Faulstich-Wieland, Hannelore: Sozialisation und Geschlecht. In: Klaus Hurrelmann u. a. (Hrsg): Handbuch Sozialisationsforschung. 7., vollst. überarb. Aufl., Weinheim 2008, S. 240–254.

Friday, Nancy: Wie meine Mutter, Frankfurt am Main 1994.

Fthenakis, Wassilios E./Minsel, Beate (Hrsg.): Die Rolle des Vaters in der Familie, Stuttgart 2002.

Greer, Germaine: Die ganze Frau. Körper – Geist – Liebe – Macht, München 2000.

Grimm, Petra/Rhein, Stefanie/Müller, Michael: Porno im Web 2.0. Die Bedeutung sexualisierter Web-Inhalte in der Lebenswelt von Jugendlichen. Schriftenreihe der Niedersächsischen Landesmedienanstalt Bd. 25, Berlin 2010.

Hamann, Sibylle/Linsinger, Eva: Weißbuch Frauen – Schwarzbuch Männer. Warum wir einen neuen Geschlechtervertrag brauchen, Wien 2008.

Haaf, Meredith/Klingner, Susanne/Streidl, Barbara: Wir Alphamädchen. Warum Feminismus das Leben schöner macht, Hamburg 2008.

Henn, Monika: Die Kunst des Aufstiegs. Was Frauen in Führungspositionen kennzeichnet, Frankfurt am Main/New York 2008.

Höhler, Gertrud: Das Ende der Schonzeit. Alphafrauen an die Macht, Berlin 2008.

Hoffritz, Jutta: Aufstand der Rabenmütter: Warum Kinder auch ohne Baby-Yoga und Early-English glücklich werden, München 2008.

Horney, Karen: Die Psychologie der Frau, Frankfurt am Main 1994.

Hurrelmann, Klaus/Grundmann, Matthias/Walper, Sabine (Hrsg): Handbuch Sozialisationsforschung, Weinheim 2008.

Institut für Demoskopie Allensbach: Familienmonitor 2009, Allensbach 2009.

Institut für Demoskopie Allensbach: Monitor Familienleben 2010. Einstellungen und Lebensverhältnisse von Familien. Ergebnisse einer Repräsentativbefragung. Berichtsband, Allensbach 2010.

Jaeggi, Eva: Zu heilen die zerstoßnen Herzen. Die Hauptrichtungen der Psychotherapie und ihre Menschenbilder, Reinbek bei Hamburg 1997.

Jaeggi, Eva: Liebesglück – Beziehungsarbeit. Warum das Lieben heute schwierig ist, Reinbek bei Hamburg 1999.

Jaeggi, Eva: Liebe lieber ungewöhnlich, Düsseldorf 2002.

Kahnemann, Daniel/Diener, Ed/Schwarz, Norbert (eds.): Well-Being. The Foundations of Hedonic Psychology, New York 2003.

Kahnemann, Daniel/Krueger, Alan B.: Developments in the Measurement of Subjective Well-Being. In: Journal of Economic Perspectives Vol. 20, No. 1, 2006, S. 3–24.

Koch-Mehrin, Silvana: Schwestern. Streitschrift für einen neuen Feminismus, Berlin 2009.

Koher, Frauke: Gewalt, Aggression und Weiblichkeit. Eine psychoanalytische Auseinandersetzung unter Einbeziehung biographischer Interviews mit gewalttätigen Mädchen, Hamburg 2007.

Kuchenbecker, Tanja: Gluckenmafia gegen Karrierehühner. Grabenkämpfe helfen nicht. So lösen wir das Familiendilemma, Frankfurt am Main/New York 2007.

Leibfried, Stefan/Wagschal, Uwe (Hrsg.): Der deutsche Sozialstaat. Bilanzen – Reformen – Perspektiven, Frankfurt am Main/New York 2000.

Lenz, Ilse (Hrsg.): Die Neue Frauenbewegung in Deutschland. Abschied vom kleinen Unterschied. Ausgewählte Quellen, Wiesbaden 2009.

Maaz, Hans-Joachim: Die Liebesfalle. Spielregeln für eine neue Beziehungskultur, München 2007.

Maaz, Hans-Joachim: Der Lilith-Komplex. Die dunklen Seiten der Mütterlichkeit, München 2003.

Mae, Michiko/Saal, Britta (Hrsg.): Transkulturelle Genderforschung. Ein Studienbuch zum Verhältnis von Kultur und Geschlecht, Wiesbaden 2007.

McRobbie, Angela: Top Girls. Feminismus und der Aufstieg des neoliberalen Geschlechterregimes, Wiesbaden 2010.

Micus-Loos, Christiane/Schütze, Yvonne: Gender in der Familienerziehung. In: Edith Glaser (Hrsg.): Handbuch Gender und Erziehungswissenschaft. Festschrift für Doris Knab, Bad Heilbrunn 2004, S. 349–361.

Mitscherlich, Margarete/Rohde-Dachser, Christa (Hrsg.): Psychoanalytische Diskurse über die Weiblichkeit von Freud bis heute, Stuttgart 1996.

Ockrent, Christine (Hrsg.): Das Schwarzbuch zur Lage der Frauen. Eine Bestandsaufnahme, München/Zürich 2007.

Ortgies, Lisa: Heimspiel. Plädoyer für die emanzipierte Familie, München 2009.

Pfahl, Svenja: Das neue Elterngeld. Erfahrungen und betriebliche Nutzungsbedingungen von Vätern, Düsseldorf 2009.

Pilgrim, Volker Elis: »Du kannst mich ruhig Frau Hitler nennen«. Frauen als Schmuck und Tarnung der NS-Herrschaft, Reinbek bei Hamburg 1994.

Pinker, Susan: Das Geschlechter-Paradox. Über begabte Mädchen, schwierige Jungs und den wahren Unterschied zwischen Männern und Frauen, München 2008.

Radisch, Iris: Die Sache der Frauen. Wie wir die Familie neu erfinden, München 2008.

Rastetter, Daniela: Mikropolitisches Handeln von Frauen. In: Rolf Haubl/Bettina Daser (Hrsg.): Macht und Psyche in Organisationen, Göttingen 2007, S. 76–99.

Rheingold Institut: »Die deutsche Angst vorm Kinderkriegen«, Köln 2010.

Rohmann, Elke/Schmohr, Martina/Bierhoff, Hans-Werner: Aufteilung der Hausarbeit, verletzte Erwartungen und Beziehungsqualität. In: Zeitschrift für Familienforschung 2/2002, S. 133–152.

Rotter, Ekkehart und Gernot: Die Geschichte der Lust, Düsseldorf 2002.

Scheub, Ute: Heldendämmerung. Die Krise der Männer und warum sie auch für Frauen gefährlich ist, München 2010.

Schissler, Hanna (Hrsg.): Geschlechterverhältnisse im historischen Wandel, Frankfurt am Main/New York 1993.

Schmauch, Ulrike: Anatomie und Schicksal. Zur Psychoanalyse der frühen Geschlechtersozialisation, Frankfurt am Main 1987.

Schmitz, Sigrid: Frauen- und Männergehirne. Mythos oder Wirklichkeit? In: Smilla Ebeling/Sigrid Schmitz (Hrsg.): Geschlechterforschung und Naturwissenschaften. Einführung in ein komplexes Wechselspiel, Wiesbaden 2006, S. 211–234.

Schmitz, Sigrid: Sex, gender, and the brain – biological determinism versus socio-cultural constructivism. In: Ineke Klinge/Claudia Wiesemann (Hrsg.): Sex and Gender in Biomedicine. Theories, Methodologies, Results, Göttingen 2010, S. 57–76.

Shell Deutschland (Hrsg.): Shell Jugendstudie 2010, Frankfurt am Main 2010.

Schrupp, Antje: Was wäre wenn? Über das Begehren und die Bedingungen weiblicher Freiheit, Sulzbach/Taunus 2009.

Stevenson, Betsey/Wolfers, Justin: The Paradox of Declining Female Happiness. In: American Economic Journal: Economic Policy 2009, S. 190–225.

Stöcker, Mirja (Hrsg.): Das F-Wort. Feminismus ist sexy, Königstein/Taunus 2007.

Storch, Maja: Die Sehnsucht der starken Frau nach dem starken Mann, München 2002.

Thurer, Shari: Mythos Mutterschaft. Wie der Zeitgeist das Bild der guten Mutter immer wieder neu erfindet, München 1995.

Vinken, Barbara: Die Deutsche Mutter. Der lange Schatten eines Mythos, München 2001.

Volz, Rainer/Zulehner, Paul M.: Männer in Bewegung. Zehn Jahre Männerentwicklung in Deutschland, Baden-Baden 2009.

Waechter, Friedrich Karl: Wahrscheinlich guckt wieder kein Schwein, Zürich 1989.

Walter, Heinz (Hrsg.): Männer als Väter. Sozialwissenschaftliche Theorie und Empirie, Gießen 2002.

Walter, Natasha: Living Dolls. The Return of Sexism, London 2010.

Walther, Kathrin/Lukoschat, Helga: Kinder und Karrieren. Die neuen Paare, Gütersloh 2008.

Weidner, Jens: Die Peperoni-Strategie. So setzen Sie Ihre natürliche Aggression konstruktiv ein, Frankfurt am Main/New York 2005.

Wengler, Annelene/Trappe, Heike/Schmitt, Christian: Partnerschaftliche Arbeitsteilung und Elternschaft. Analysen zur Aufteilung von Hausarbeit und Elternaufgaben auf Basis des generations and gender survey, Wiesbaden 2008.

Woinoff, Stefan: Überlisten Sie Ihr Beuteschema. Warum immer mehr Frauen keinen Partner finden und was sie dagegen tun können, München 2007.

Ziefle, Andrea: Familienpolitik als Determinante weiblicher Lebensverläufe? Die Auswirkungen des Erziehungsurlaubs auf Familien- und Erwerbsbiographien in Deutschland, Wiesbaden 2009

Personen- und Sachregister